RAD
VERGNÜGEN

DEUTSCHLANDS
SCHÖNSTE  E-BIKE-TOUREN

$30\frac{1}{2}$ RADTOUREN
FÜR E-BIKER

LIEBE LESERIN, LIEBER LESER,

die Lust ist da, mit dem Fahrrad durch die Landschaft zu sausen und die Vielfalt Deutschlands zu erkunden? Aber die Inspiration fehlt, wohin? Die über ganz Deutschland verteilten 30 ½ Tagestouren in diesem Band führen zu landschaftlichen und kulturellen Highlights und bedienen sich dabei sowohl der beliebtesten Radwege als auch unbekannterer Routen. Es geht einmal quer durch Deutschland: vom nördlichen Fehmarn, durch den Taunus, bis ins südliche Bayern.

Abwechslungsreich nehmen sie dich mit auf kleine und große Abenteuer, immer mit einer Empfehlung für die beste Einkehr oder den schönsten Picknickplatz. Eine halbe Tour in Form einer Wanderung ergänzt die Radtour durch Zons Richtung Neuss.

Die Touren wurden so ausgewählt, dass sie sich aufgrund der Länge und den zu überwindenden Höhenmetern besonders für E-Biker anbieten – natürlich lassen sich die Touren aber auch mit Trekking-, Gravel- oder Mountainbike gut bewältigen. Zusätzlich haben wir versucht, die schönsten Routen in der gesamten Bundesrepublik rauszupicken. Das Ergebnis:

30 ½ Touren, die Laune machen, die Heimat vor der Haustüre zu entdecken oder für einen Kurzurlaub aufzubrechen!

TOUREN

ALLES AUF EINEN BLICK

SPANNENDE TAGESTOUREN, DIE JEDER SCHAFFT

RADBASICS

DEINE ORIENTIERUNG

APP & GPX-DOWNLOAD

Alle Touren in der KOMPASS App! Wir erklären dir, wie es geht: Einfach QR-Code scannen, oder Seite über den Link aufrufen, der Anleitung folgen und los geht's!
https://link.kompass.de/ukby7

GPX-Tracks zum Download:
Für das Navigationsgerät deiner Wahl haben wir alle Touren auch als GPX-Track auf unserer Homepage.
https://link.kompass.de/1ypmg

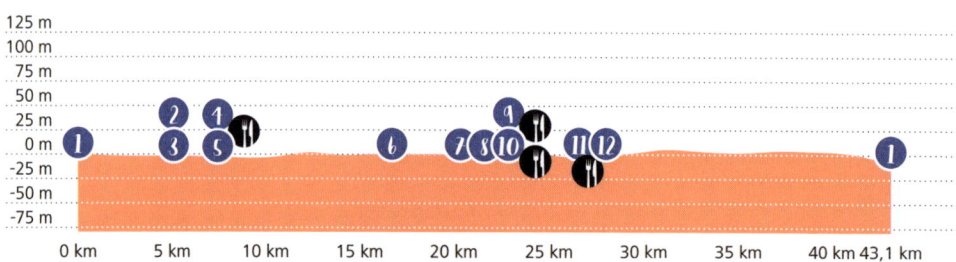

WIND UND WETTER

Ich fahre diese Tour auch gern bei „echtem" Wetter: Scheint die Sonne auf die Brandung, während über dem Meer dunkelgraue Wolken hängen, ist die Ostsee spektakulär!

› 1 / Start am Parkplatz Niobe-Denkmal und Naturschutzgebiet Grüner Brink

› 2 / Von der Ostsee umspült: Nördliche Seeniederung mit Salzwiesen und Lagunen

› 3 / Weiter Ostseeblick am Westermarkelsdorfer Huk, dem äußersten Eck Fehmarns

› 4 / Ostseestöpsel – Bitte nicht ziehen!

› 5 / Ein Fischbrötchen auf die Faust aus Georgs Fischkiste

› 6 / Letzter Auftritt einer Legende: Jimi-Hendrix Gedenkstein

› 7 / Bester Platz zum Sonnenuntergang Leuchtturm Flügge

› 8 / Windige Bucht am Krummsteert und Orther Reede

› 9 / Traditionshafen in Orth in maritimer Klinkerarchitektur

› 10 / Seit 40 Jahren mehr als ein Hafenimbiss: Kap Orth

› 11 / Gute Fischküche in der gemütlichen Aalkate Lemkerhafen

› 12 / Segelwindmühle und Mühlenmuseum, mitten im Feld

125 m
100 m
75 m
50 m
25 m
0 m
-25 m
-50 m
-75 m

0 km   5 km   10 km   15 km   20 km   25 km   30 km   35 km   40 km 43,1 km

SO GEHT FEHMARN!

Durch das *Wasservogelreservat* *der* *Ostseeinsel* von Nicole Raukamp

Die Vogelfluglinie, die kürzeste Reiseroute zwischen Kopenhagen und Hamburg, bringt uns an die Nordküste Fehmarns. Sie ist die Flugroute von Zugvögeln wie Kranichen und arktischen Wasservögeln auf ihrem Weg zwischen Skandinavien und Mitteleuropa. Fehmarn diente großen und kleinen Zugvögeln als Zwischenhalt. Genau diese Gebiete erkunden wir – bei einem konstanten Wind mit 20 Knoten aus Ost. Wir starten also mit Rückenwind, was sehr angenehm ist.

43 Kilometer
10 Höhenmeter
Rundtour

Natürlich-sportliche Koexistenz

Wir starten am Parkplatz beim Niobe-Denkmal, beim Ausgang des Naturschutzgebietes 1 / Grüner Brink. Das knapp 130 Hektar große Areal liegt vor dem Landesschutzdeich und ist der Ostsee direkt ausgesetzt. Der Strand und seine drei Strandseen verändern sich

CHARAKTER
Sportlich ●●●●○
Abkühlung ●●●●●
Schlemmen ●●●●○
Panorama ●●●●●

TOURENINFO / Stets an der Küste und durch Naturschutzgebiete ist ein gut bereiftes Rad zu empfehlen, wenngleich die meisten Deichwege und Nebenstraßen gut befahrbar sind. Dem Ostseewind direkt ausgesetzt sind warme Klamotten wichtig. Am besten in mehreren Lagen, falls es doch sonnig und warm wird.

◄ links / Traumtour für radfahrende Naturfreunde

daher ständig – was für ein besonders gutes Nahrungsangebot für Wasservögel sorgt. So haben sich seltene Arten den Grünen Brink als Brutplatz ausgesucht. Aber auch der Mensch findet es hier schön: Ein beliebter Kitespot befindet sich am östlichen Ende des Strandes. Mensch und Natur finden hier erstaunlich gut zusammen. Die Kiter respektieren die Schutzzonen und die Tiere kommen trotzdem immer wieder – oder fliegen gar nicht erst weg: Einige Kolonien bestehen ganzjährig. Die ersten fünf Kilometer geht es nun immer geradeaus, Richtung Westen. Das nächste Naturschutzgebiet wartet schon.

Vorfahrt für die Natur

IM OSTSEEWIND

Auf Fehmarn weht dank der exponierten Lage immer viel Wind, wie am 7 / Leuchtturm Flügge. Der kommt – Naturgesetz beim Radfahren – immer von vorn. Ein E-Bike ist Gold wert.

Die gesamte nordwestliche Ecke Fehmarns gehört zum Naturschutzgebiet 2 / Nördliche Seeniederung. Wir bleiben unbedingt auf dem Weg und überblicken vom Deich die Landschaft und die dort lebende Vogelwelt. Zu Fuß kommen wir über einen sandigen Naturpfad an die ganz äußerste, nordwestliche Ecke Fehmarns, die 3 / Westermarkelsdorfer Huk. Ein Huk ist ein Haken – erinnert ein bisschen an Captain Hook, nur dass es hier ein natürliches Kap oder eine Landecke ist. Wir überblicken die beiden Binnenseen, die Strandwiesen (auf denen heute Schafe weiden) und natürlich die Ostsee.

Den Stöpsel bitte nicht ziehen!

Der 4 / Ostseestöpsel ist ein echtes Kuriosum! Die Fehmarner erzählen ihren Kindern, dass die Ostsee wie eine Badewanne leerläuft, wenn man diesen Stöpsel zieht. In Wirklichkeit ist es ein umgekipptes Seezeichen, das nur sieben Jahre alt wurde: Erst durch Sturmfluten geschwächt, gab es im Eiswinter 1942 nach, sank und neigte sich in seine heutige Lage. Wer hier Hunger verspürt, findet hinterm Deich bei 5 / Georgs Fischkiste (Westermarkelsdorf 36–42, 23769 Fehmarn, Mo–So, 11–17 Uhr) ein feines Fischbrötchen. Am Fastensee vorbei geht es nach Bojendorf. Bereits 1231 als Boyaenthorp erwähnt,

---

➤ **rechts oben / Natuschutzgebiet Grüner Brink, mit Radwegen vorm Deich**

beschädigte 1872 eine Sturmflut die auf Meereshöhe liegenden Häuser, so dass die Menschen umsiedelten. Einige wenige große Bauernhäuser blieben stehen.

Ein Hauch von Woodstock

Weiter an der Küste entlang, finden wir den 6 / Jimi-Hendrix Gedenkstein. Der Findling ist über zwei Meter hoch und schlappe sechs Tonnen schwer. Ihn zieren eine Fender-Gitarre und der Name der Woodstock-Legende Jimi Hendrix. Warum ausgerechnet hier? Im September 1970 fand auf Fehmarn das legendäre Love-and-Peace-Festival statt. Der gute Jimi hatte hier seinen letzten, öffentlichen Auftritt, bevor er starb und von den Bühnen der Welt verschwand. Wir fahren weiter Richtung Süden, an der Küste entlang, vorbei am Campingplatz nach Flügge. Sobald der Weg auf Wasser trifft, biegen wir rechts ab.

Sonnenuntergang am Leuchtturm

Der 7 / Leuchtturm Flügge ist einer der weltbesten Plätze für Sonnenuntergänge. Hier in der reinen, weiten und atemberaubenden Natur sind kaum Menschen, außer jetzt wir. Der Leuchtturm in polygonaler Klinkerbauweise ist sicher einer der schönsten an der Ostsee. Doch noch schöner ist der endlose, weite Blick. Wer tagsüber ankommt, hat an klaren Tagen eine gute Chance, die dänischen Inseln zu erspähen.

LOVE AND
PEACE

Windige, krumme Bucht

Wir fahren zurück zur weiten Bucht 8 / Krummsteert und Orther Reede. Krummsteert ist plattdeutsch für „krummer Schwanz", denn das Landschaftsschutzgebiet an der Orther Reede wird von einer gebogenen Landzunge nach Westen eingerahmt. Sie entstand durch Sand und Steine, die die Brandung der Ostsee der Insel im Nordwesten abgerungen hatte. Bis heute trägt die starke Strömung Material nach Süden, das sich hier ablagert. Allein in den letzten 50 Jahren wuchs der Krummsteert um knapp einen Kilometer. Dieser Lebensraum ist wichtig für den Erhalt der Biodiversität, da er unterschiedlichsten Vogelarten Heimat bietet, wie der vom Aussterben bedrohten Zwergseeschwalbe. In den Tümpeln der Salzwiesen, durch die wir fahren, leben zahlreiche Amphibienarten wie die letzten Fehmarner Rotbauchunken. Auch Fehmarnsche Nachtigall genannt, weil die Unke wie der Vogel nachts tönt, wenngleich nicht ganz so lieblich.

Traditionsreicher Hafenort

Wir erreichen das hübsche 9 / Orth und haben uns nach einer Strecke mit heftigem Gegenwind eine Pause und Stärkung verdient. Am inneren Ende des langgezogenen Hafenbeckens gibt es im rustikal-maritimen Hafenimbiss 10 / Kap Orth seit über 40 Jahren von Fischbrötchen bis Live-Musik quasi alles. Gern frequentiert von Kitesurfern, die im Stehrevier Orther Reede bei Süd- und Südwestwind optimale Bedingungen vorfinden. Wir streifen durch den Hafen, dessen Promenade von maritimen Gebäuden in Klinkerarchitektur geprägt ist. Gerade versucht ein Traditionssegler aus Holland festzumachen und hat in der engen Fahrrinne seine Mühe. Dann fahren wir an der Küste zum nächsten Hafen.

Räucherfisch vom Feinsten

Wer sein Hungergefühl nicht schon zuvor gestillt hat, findet im traditionellen und sehr heimeligen Fischrestaurant 11 / Aalkate Fehmarn in Lemkenhafen den perfekten Platz für ein gutes Essen. Aal ist vielleicht nicht der Inbegriff des Lieblingsgerichtes. Aber wenn wir irgendwo mit ihm warm werden können, dann hier. Von der Terrasse gibt es einen sagenhaften Blick auf die weite, von Kitern und Surfern frequentierte Bucht. So geht Fehmarn! Aus Lemkenhafen hinaus, passieren wir die Holländer-Windmühle „Jachen Flünk", eine 12 / Segelwindmühle und Mühlenmuseum. Der Name geht auf den Fehmarner Joachim Rahlff zurück, einen Kornhändler und Schiffsreeder, der sie 1787 erbaute. Heute steht sie unter Denkmalschutz.

Zurück mit dem Wind

Um zum Ausgangspunkt zu gelangen, fahren wir dann wie im Zickzack durch die weiten, flachen Felder (im Mai und Juni leuchten viele zur Rapsblüte in strahlendem Gelb) und die Dörfer Altjellingsdorf, Lemkendorf, Vadersdorf. Wir orientieren uns am Windpark, hinter dem Gammendorf auf uns wartet. Von dort geht es schnurstracks zu unserem Ausgangspunkt 1 / Grüner Birk – mit Glück weht der kräftige Wind aus Südwest, dann sind wir in Nullkommanichts da.

100

Jahre gingen ins Land, bis die Vogelfluglinie vollständig war: Geplant schon 1863, war die Reiseroute erst 1963 vollständig. Die letzte Lücke schloss die Fähre Puttgarden-Rødby, die auch den Zug übers Meer transportiert und die wir vom Start 1 / Grüner Brink sehen.

▲ oben / Kitesurfer am Ostseestöpsel Westermarkelsdorf

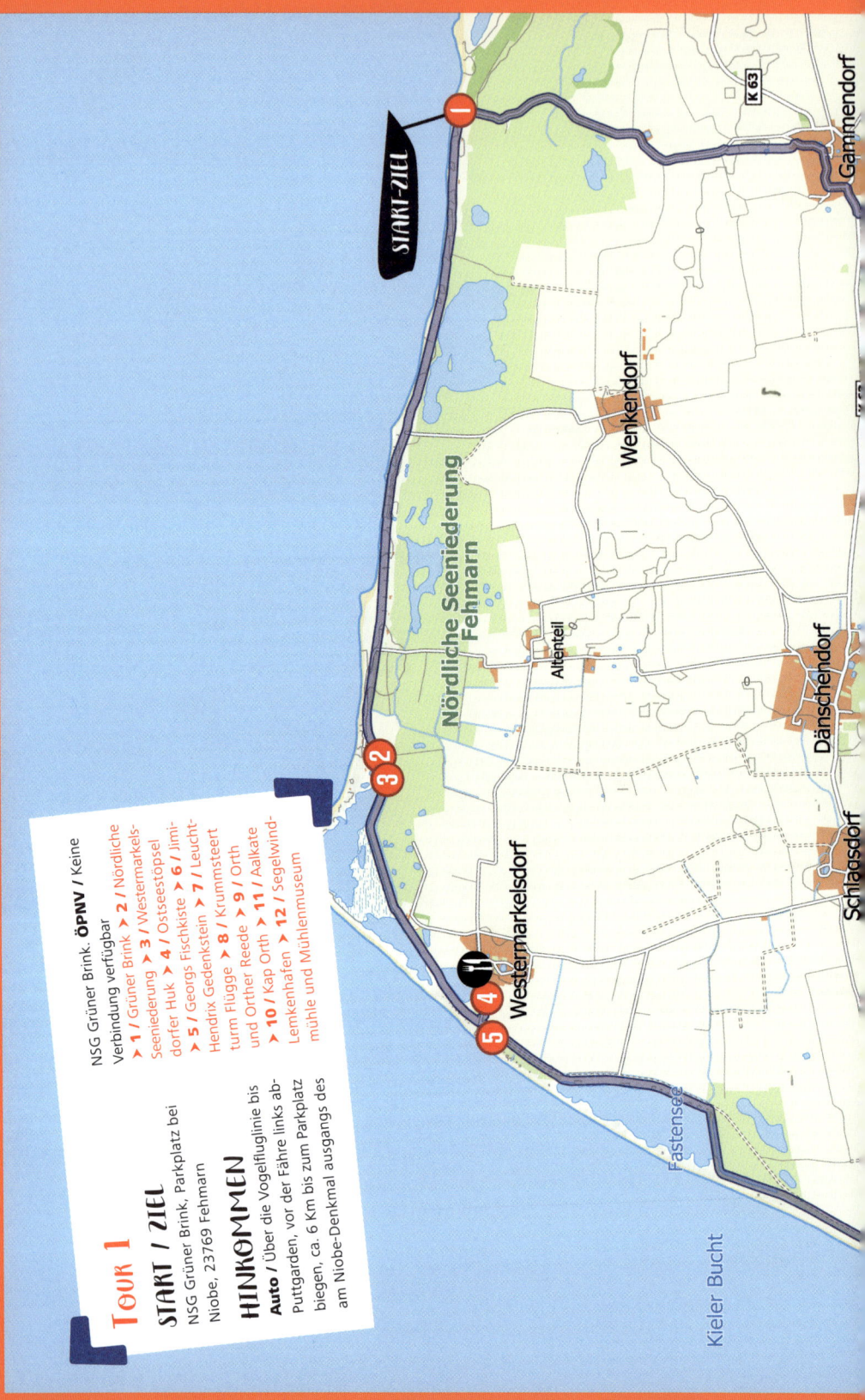

Gammendorf

K 63

Wenkendorf

START-ZIEL

1

Nördliche Seeniederung Fehmarn

Altenteil

Dänschendorf

Schlaasdorf

3 2

Westermarkelsdorf

4

5

Fastensee

Kieler Bucht

TOUR 1

START / ZIEL

NSG Grüner Brink, Parkplatz bei
Niobe, 23769 Fehmarn

HINKOMMEN

Auto / Über die Vogelfluglinie bis
Puttgarden, vor der Fähre links abbiegen, ca. 6 Km bis zum Parkplatz
am Niobe-Denkmal ausgangs des

NSG Grüner Brink. **ÖPNV** / Keine
Verbindung verfügbar
› 1 / Grüner Brink **› 2** / Nördliche
Seeniederung **› 3** / Westermarkelsdorfer Huk **› 4** / Ostseestöpsel **› 6** / Jimi-
› 5 / Georgs Fischkiste **› 7** / Leucht-
Hendrix Gedenkstein **› 8** / Krummsteert
turm Flügge **› 9** / Orth
und Orther Reede **› 11** / Aalkate
› 10 / Kap Orth **› 12** / Segelwind-
Lemkenhafen mühle und Mühlenmuseum

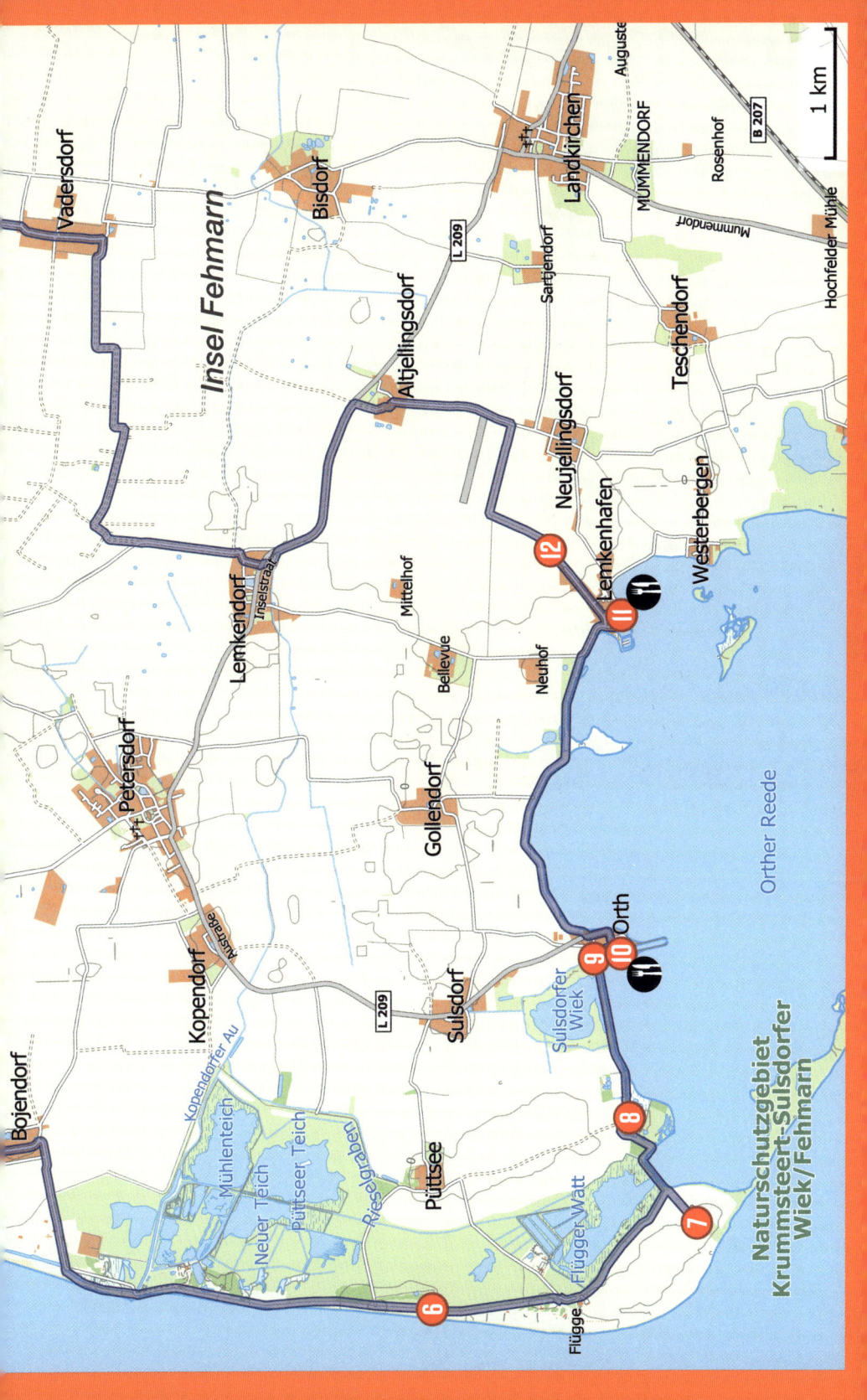

![Fachwerkhaus in der Neuen Klosterstraße]

ENDLICH STRAND!

Ich genieße nach der Fahrt durch das Ribnitzer Moor den Sprung in die erfrischenden Ostseewellen. Danach schmeckt ein leckeres Fischbrötchen im Dierhäger Hafen am Besten.

➤ **1 /** Im Bernsteinmuseum am alten Ribnitzer Kloster lassen wir die Tour starten und enden

➤ **2 /** Die Flugkünste der Flussseeschwalben am Bernsteinsee bewundern

➤ **3 /** Durch Omas Welt im Freilichtmuseum Klockenhagen flanieren

➤ **4 /** Entspannen am Naturpfad beim Infozentrum Wald und Moor

➤ **5 /** Abkühlen in den Ostseewellen von Dierhagen Strand

➤ **6 /** Im Geschichtshaus Dändorf staunen

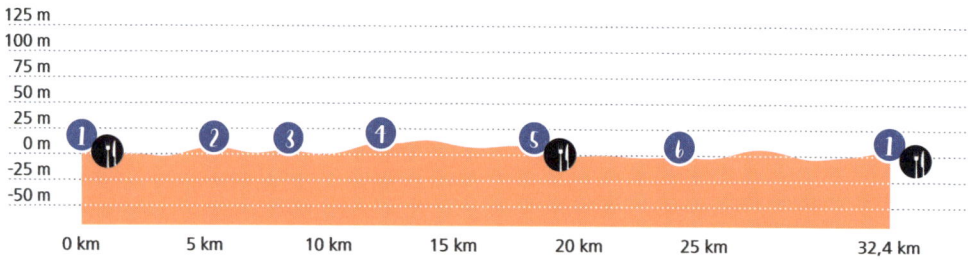

BERNSTEINTOUR

Durchs Große Moor *zum*
Ostseestrand in Dierhagen von Kay Tschersich

Vom Ribnitzer Hafen begleitet uns eine frische Seebrise in die urwüchsigen Waldgebiete rund um das Große Moor. In Dierhagen warten schon der weiße Sandstrand und die rauschenden Ostseewellen, bevor wir am Saaler Bodden zurückradeln.

32 Kilometer
12 Höhenmeter
Rundtour

Alles dreht sich um den Bernstein

Im ehemaligen Klarissenkloster in Ribnitz ist heute das berühmte 1 / Bernsteinmuseum untergebracht (April–Okt. tgl. 9:30–18:00, Nov.–März Di–So 9:30–17:00 Uhr, Im Kloster 1–2, 18311 Ribnitz-Damgarten, www.deutsches-bernsteinmuseum.de). Und weil sich auch sonst vieles um den edlen, honiggelben Stein dreht, vermarktet sich Ribnitz-Damgarten gern als Bernstein-stadt. Trotz des Namens sind die begehrten Schmuckstücke der Natur keine Steine, denn vor 35 Millionen Jahren erblickten sie als zähflüssiges Harz das Licht der Welt. Die klebrige Flüssigkeit tropfte zu Boden und schloss dabei hin und wieder Insekten und Pflanzenteile ein – für immer. Selbst kleine Echsen und Skorpione ereilte (sehr selten) dieses Schicksal – solche Inklusen gehören heute zu den Schätzen des Museums.

CHARAKTER
Sportlich ●●○○○
Abkühlung ●●●●●
Schlemmen ●●●○○
Panorama ●●●○○

◄ **links / In Ribnitz-Damgarten startet unsere Tour**

Aufgesattelt!

Bei diesem steigen wir in den Sattel, radeln die wenigen Meter zum Bernsteinfischerbrunnen am Markt zu Füßen der wuchtigen Stadtkirche St. Marien und gelangen gleich zum Hafen. Meist tanzen hier zahlreiche Schiffe auf den Wellen. Verführerisch liegt der leckere Duft von frischem Räucherfisch in der Luft. Warum sollte man sich vor der Tour nicht noch eine Stärkung gönnen? Die Beschilderung Dierhagen leitet uns dann am Hafen vorüber. Bald radeln wir über eine Holzbrücke und danach immer am Schilfsaum entlang. Hin und wieder gibt das wogende Schilf einen Blick auf den in der Sonne blitzenden Saaler Bodden frei. In Körkwitz nutzen wir die Verkehrsbrücke und biegen danach sofort rechts ein. Wenig später schwenkt die Route beim Weiser am Klärwerk links in Richtung Klockenhagen. Wir queren die viel befahrene Bäderstraße und folgen dem Sträßchen gegenüber, das eine Rechtskurve beschreibt.

Wasserski auf dem Bernsteinsee?

Nur einige Pedaltritte weiter gelangt man zum (wie könnte er anders heißen?) 2 / Bernsteinsee. Keinesfalls solltest du dir das Spektakel entgehen lassen, das während der Brut- und Aufzuchtzeit im Frühjahr und Sommer auf einer kleinen Insel im See beobachtet werden kann: Unüberhörbar ist hier eine angriffslustige Flussseeschwalbenkolonie zu Hause, von der man lieber Abstand hält. Nur einige Meter entfernt haben wir dann die Chance auf eine Mutprobe ganz anderer Art: Wer mag, kann sich hier im Wasserski ausprobieren – von einer Seilwinde wird man über den See gezogen. Das Schwierigste ist der Start, wie der (in dieser Sportart leider wenig erfolgreiche) Autor zu berichten weiß. Nervenkitzel ist auf jeden Fall garantiert. Zahlreiche Bänke am Seeufer laden aber auch ganz risikofrei zur Rast ein. Entlang einer schönen Eichenallee erreichen wir dann die Landstraße.

➤ rechts / Vogelinsel im Bernsteinsee

Abstecher in die Vergangenheit

Hier hat man die Möglichkeit, den ausgesprochen lohnenden, gut beschilderten Kurzabstecher zum 3 / Freilichtmuseum Klockenhagen (April–Okt. Di–So 10–17, Juli/Aug. bis 18 Uhr, Mecklenburger Str. 57, 18311 Ribnitz-Damgarten, www.freilichtmuseum-klockenhagen.de) zu unternehmen: Beim Schlendern durch die liebevoll arrangierten historischen Häuser fühlt man sich in Omas Zeiten zurückversetzt. Wirf ruhig auch einen Blick in den Dorfladen, der „die guten alten und oft nützlichen Dinge" im Sortiment führt. Mecklenburgische Küche vom Feinsten kann man dann im Museumsrestaurant Up dei Däl probieren. Schließlich radeln wir zurück zu unserem Weiser an der Eichenallee, überqueren die Landstraße und gelangen nach 2 km zum 4 / Infozentrum Wald und Moor (Juni–Okt. Mi–Fr 10–17 Uhr) mit einer kleinen Ausstellung, die uns einiges zur Entstehung des Ribnitzer Großen Moores sowie zu dessen Fauna und Flora verrät. Auch der umzäunte Naturpfad gegenüber lohnt einen Besuch. Eine ganze Reihe von informativen Stationen wurden hier mit viel Engagement errichtet. Zudem eignet sich das Areal wunderbar für eine Rast. Ganz entspannt kann man hier unter dem rauschenden Blätterdach die Seele baumeln lassen und dem Gezwitscher der Vögel zuhören. Und doch steigen wir schließlich wieder aufs Rad, denn es zieht uns ans Meer.

IN DIE VERLÄNGERUNG

E-Biker können die Tour von 5 / Dierhagen Strand aus problemlos bis in den pittoresken Nachbarort Wustrow erweitern.

Endlich Strand!

Unsere Tour setzt sich gegenüber dem Infozentrum in Richtung NSG Ribnitzer Großes Moor fort. Gleich radeln wir durch schattiges, dichtes Grün – mächtige Buchen, Eichen und Fichten säumen den Weg. An einer großen Kreuzung stößt die Route auf den Fischländer Weg, auf dem sie nun nach rechts, das Schild weist nach Neuhaus, verläuft. Vorbei an einigen schönen Rastplätzen gelangen wir bald zu einer Straße, welcher die Tour fahrbahnbegleitend bis 5 / Dierhagen Strand folgt, wo auch Tour 6 startet (s. S. 49). Um im Ort zum Strand zu gelangen, biegen wir in die Ahornstraße und stehen dann gleich am schneeweißen Ostseestrand. Zudem führen hier eine ganze Reihe von Ständen Eis und andere Köstlichkeiten im Angebot. Wie wäre es nach einem erfrischenden Bad mit einem Strandspaziergang? Die Chance auf Bernstein-Finderglück ist hier aber nur am frühen Morgen nach stürmischen Nächten gegeben. Das beruhigende Rauschen der Wellen im Ohr machen wir uns wieder auf den Weg. Aus Dierhagen Strand heraus leitet uns wieder die Durchgangsstraße (Ernst-Moritz-Arndt-Straße). Sie führt zur Ampelkreuzung, die geradewegs Richtung Dierhagen-Hafen überquert wird. Bald bringt uns die Hafenstraße zum kleinen Boddenhafen. Kleine Fischerboote dümpeln im Hafenbecken. Wir können unseren Blick über den Bodden hinweg bis hinüber zum Festland schweifen lassen. Auch hier gibt's leckeren, frisch geräucherten Fisch zu kaufen.

Am Saaler Bodden

Die Tour orientiert sich nun an unserem nächsten Stopp Dändorf. Wir radeln auf einem befestigten Weg am Schilfsaum und an Pferde-

---

WIE ZU OMAS ZEITEN

Was 1970 mit einem Bauernhof begann, hat sich bis heute zu einem Dorf im Dorf ausgewachsen: 20 Beispiele norddeutscher Dorfarchitektur bilden heute im 3 / Freilichtmuseum Klockenhagen ein beeindruckendes Ensemble. Gerade kleine Radler werden von den vielen Mitmachangeboten begeistert sein.

TOURENINFO / Gut geeignet für Familien mit Anhänger, asphaltierte Radwege und befestigte Waldwege, keinesfalls Badesachen vergessen.

koppeln entlang – bezaubernde Blicke auf den Saaler Bodden inklusive. Kleine Boote mit weißen Segeln bahnen sich ihren Weg am Horizont, Möwen kreischen über unseren Köpfen. Am besten lässt sich die Szenerie von einem der schönen Rastplätze genießen. Durch 6 / Dändorf leitet uns dann die zuweilen etwas versteckte Beschilderung in Richtung Ribnitz-Damgarten. Dabei kommen wir auch am Geschichtshaus mit der sehenswerten Fotoausstellung über das Wrack von Dierhagen vorüber – unbedingte Empfehlung! Anhand alter Schwarz-Weiß-Fotos wird hier die Strandung des Dreimastschoners Janne nachgezeichnet. Am kleinen Rastplatz davor kannst du zudem genüsslich in der Bücherzelle stöbern. Entsprechend unserer Destination geht es bald fahrbahnbegleitend, ein kurzes Stück auch an der Bäderstraße, weiter. Bei Körkwitz Hof schwenkt die Route nach links (weiterhin Ribnitz-Damgarten). Wir passieren kurz darauf das uns bereits bekannte Klärwerk und gelangen endlich zurück nach 1 / Ribnitz. Hier kannst du die Tour gemütlich im Hafenrestaurant ausklingen und dir die frische Meeresbrise um die Nase wehen lassen.

AHOI!

Zwischen 5 / Dierhagen und Ribnitz verkehrt ein Ausflugsschiff, mit dem man ganz bequem quer über den Saaler Bodden zurück zum Ausgangsort schippern kann.

⌃ oben / Urwaldstimmung im Ribnitzer Moor

TOUR 2

START / ZIEL
Das Bernsteinmuseum in Ribnitz

HINKOMMEN
Auto / Parkplatz beim Museum
ÖPNV / Bhf Ribnitz-Damgarten-West. Über Ulmenallee und Nizzestraße wird nach wenigen hundert Metern das Bernsteinmuseum erreicht
➤ **1 /** Bernsteinmuseum ➤ **2 /** Bernsteinsee ➤ **3 /** Freilichtmuseum Klockenhagen ➤ **4 /** Infozentrum Wald und Moor ➤ **5 /** Dierhagen Strand ➤ **6 /** Dändorf

Saaler Bodden

Langendamm

Beiershagen

Ribnitzer See

Pütnitz

kwitz

K 1

RIBNITZ-DAMGARTEN

START-ZIEL

L 22

Borg

B 105

B 105

2 km

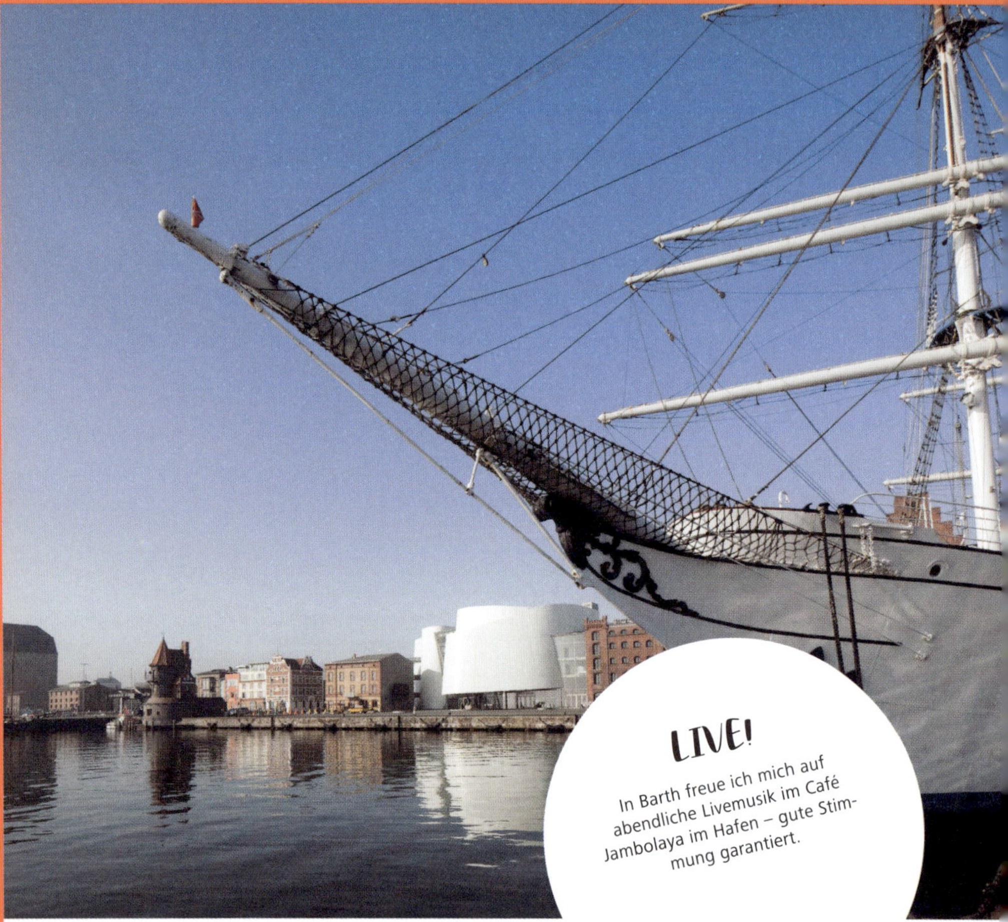

LIVE!

In Barth freue ich mich auf abendliche Livemusik im Café Jambolaya im Hafen – gute Stimmung garantiert.

› 1 / Keinesfalls einen Besuch im Ozeaneum in Stralsund auslassen

› 2 / Abkühlung suchen im Strandbad Stralsund

› 3 / Wie wär´s mit einem Volleyballmatch am Strand von Klein Damitz?

› 4 / Alles über Kraniche erfahren im Kranichzentrum Groß Mohrdorf

› 5 / Am Rast- und Badeplatz Nisdorf den Boddenblick genießen

› 6 / Pausieren am winzigen Hafen von Zühlendorf

› 7 / Sich vom Kaffeeduft beim Hafenbistro Dabitz verführen lassen

› 8 / Die Vinetastadt Barth erkunden

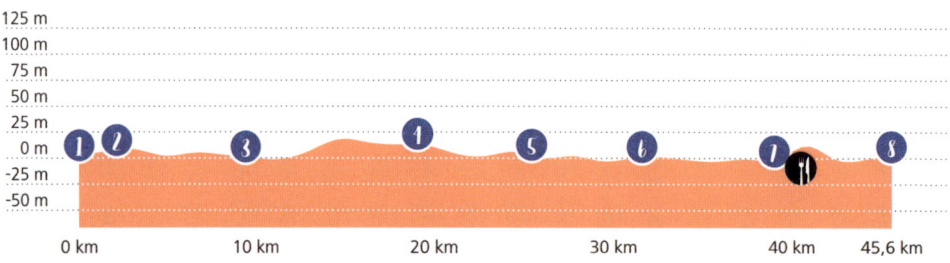

125 m
100 m
75 m
50 m
25 m
0 m
-25 m
-50 m
1
2
3
4
5
6
7
8
0 km
10 km
20 km
30 km
40 km
45,6 km

VON HANSE- BIS VINETA-STADT

Der Ostseeküstenradweg *zwischen* Stralsund *und* Barth *von Kay Tschersich*

Die prachtvolle Skyline der alten Hansestadt Stralsund begleitet dich beim Tourenstart. Zuvor solltest du einen Besuch des spektakulären Ozeaneums nicht versäumen. Dann radelst du immer dicht an der Boddenküste und vorbei an idyllisch gelegenen Badestellen sowie kleinen Häfen bis nach Barth.

46 Kilometer
22 Höhenmeter
Streckentour

Start in geschichtsträchtiger Hansestadt

Auf der Stralsunder Hafeninsel und direkt am Strelasund gelegen, wurde 2008 ein ganz besonderes Highlight eröffnet. Das 1 / Ozeaneum beeindruckt mit seiner modernen Architektur und ermöglicht dir eine Entdeckungsreise durch die Welt der nördlichen Meere, ohne nasse Füße zu bekommen. Ein Besuch ist eine unbedingte Empfehlung! Unsere Radtour starten wir am Eingang des Museums. Du radelst gleich um die Ecke in die Neue Semlowerstraße, überquerst die Brücke und biegst rechts in die Straße Am Fischmarkt ein. Dieser sowie bald der Seestraße folgen wir vorbei am bunten und gut besuchten Hafen. Hunderte Jachten aus aller Herren Länder schaukeln hier sacht am Kai. Stralsunds hanseatische Wurzeln sind auf Schritt und Tritt zu

CHARAKTER
Sportlich ●●●○○
Abkühlung ●●●●○
Schlemmen ●●●○○
Panorama ●●●●○

‹ links / Der Blick auf Stralsund ist aus jeder Richtung schön

spüren, gehörte die Stadt im Mittelalter doch zu den bedeutendsten Fernhandels- und Umschlagplätzen in Nordeuropa. Du bleibst direkt am Ufer und fährst entlang der sehr gut ausgebauten Strandpromenade. Wir passieren dabei das Ernst-Thälmann-Denkmal. Der nicht unumstrittene deutsche Kommunistenführer wurde 1944 im KZ Buchenwald ermordet und ist in der heutigen Denkmalkultur nur noch selten präsent. Wenig später erreicht die Route das 2 / Strandbad von Stralsund – eine gute Gelegenheit, Abkühlung in den Wellen zu suchen.

HANSE CONTRA KÖNIGSHAUS

1259 war es soweit: Lübeck, Wismar und Rostock schlossen sich zur Hanse zusammen. Auf dem Höhepunkt ihrer Macht schlugen sie später gar den dänischen König.

Himmel, Meer und weite Landschaft

Die Kennzeichnung des Ostseeküstenradweges leitet uns nun bis zu unserem Ziel in Barth. Entsprechend geht es geradewegs auf dem breiten Asphaltband weiter. Parkanlagen begleiten dich aus der Stadt heraus. Bald gelangst du zum kleinen Jachthafen von Parow, wo du dem Radweg landeinwärts bis zum Kreisverkehr folgst. Hier hältst du dich rechts und biegst beim Haus Nr. 3F beschildert in den Gartenweg. Gleich darauf wird die Route auf den Wiesenweg geleitet. An der nahen Vorfahrtstraße radeln wir fahrbahnbegleitend nach links in Richtung Damitz. Bereits nach 500 m verlassen wir den Radweg wieder und folgen nun dem schmalen Sträßchen nach Groß Damitz in Richtung Barth. Endlose Felder ermöglichen dir einen unverstellten Blick über das weite Küstenhinterland, ganz von selbst stellt sich ein Gefühl von Freiheit ein. Die Pneu surren über den Asphalt und bringen dich durch Groß und Klein Damitz. In Letzterem gelangen wir erneut zur Küste und rollen bald an einem kleinen 3 / Strand mit Volleyballfeld vorüber. Diese Gelegenheit, vom Rad zu steigen und eine Pause einzulegen, solltest du nicht ungenutzt verstreichen lassen. Wie wär's mit einem Volleyballmatch mit der Klein Damitzer Jugend?

➤ **rechts / Keinen Strand auslassen auf unserer Tour**

Die unter Naturschutz stehende Uferzone begleitet uns nun bis ins nahe Klausdorf. Hier orientieren wir uns an der Durchgangsstraße links, biegen aber schon 150 m weiter recht undeutlich markiert rechts auf das Sträßchen nach Hohendorf ein. Du radelst durch das Straßendorf, biegst bei Haus Nr. 4 links auf den Radweg ein und folgst dann an der Bushaltestelle dem Bisdorfer Weg. Meist wirst du am Ortsausgang von recht zutraulichen Ponys auf der Koppel verabschiedet.

Kranich-Stopp

Bis zum Horizont dehnen sich die Getreidefelder. Im Sommer tauchen sie die Landschaft in ein wogendes Goldgelb. Am Ortseingang von Bisdorf solltest du dich unbedingt für den lohnenden Abstecher zum 4 / NABU-Kranichzentrum in Groß Mohrdorf entscheiden. Zu diesem Zweck hältst du dich hier links. In Groß Mohrdorf stoßen wir bereits nach wenigen Metern auf die informative Ausstellung. Engagierte Mitarbeiter, Schautafeln und eindrucksvolle Präparate bringen uns Wissenswertes über den Graukranich näher, der Jahr für Jahr im Oktober in den Flachwassergebieten zwischen Rügen und Darß einen Zwischenstopp einlegt. Zu Zehntausenden rasten dann die eleganten Großvögel hier, bevor sie ihre Weiterreise in die Überwinterungsgebiete Südspaniens und Nordafrikas antreten (März–April tgl. 10–16, Mai–Juli Mo–Fr 10–16, Aug. tgl. 10–16:30, Sept.–Okt. tgl. 9:30–17:30, Nov. Mo–Fr 10–16 Uhr, Lindenstraße 27, 18445 Groß Mohrdorf, www.kraniche.de). Schließlich radeln wir zurück nach Bisdorf und durch den Ort.

PONYS & KRANICHE

Küstenblicke & Badestelle

Unser nächstes Ziel trägt den schönen Namen Kinnbackenhagen – ein Dorf, das mit seiner reizvollen Lage am Bodden punkten kann. Wir bleiben auf der Strandstraße und rollen auf bestem Untergrund und spektakulär aussichtsreich an der Küste entlang. Nur hin und wieder passieren wir kleine Wäldchen aus knorrigen Eichen. Zur Idylle passt auch gut der wunderbare 5 / Rastplatz mit angeschlossener Badestelle kurz vor Nisdorf. Hier bietet sich eine entspannte Pause an. Über deine ausgestreckten Beine hinweg kannst du den weiten Blick über den Bodden genießen.

Am Grabower Bodden entlang

Durch Nisdorf leitet uns dann zuverlässig die Beschilderung, wobei sich die Route noch im Ort rechts auf einen Radweg hält, der erneut zum Grabower Bodden führt. Durch ausgedehnte Wiesen radelst du weiter und kommst an einer weiteren schön gelegenen Schutzhütte vorbei. Wenig später erreicht die Tour den einsam und malerisch gelegenen 6 / Hafen Zühlendorf. Nur das Plätschern der Wellen und das Rauschen des Windes im Schilf und in den kugeligen Weiden sind hier zu hören. Eine kleine Abkühlung gefällig? Auch das ist möglich! Wir radeln im Anschluss auf der Deichkrone weiter, dann mäandriert die Route durch das Küstenhinterland. Wir orientieren uns stets an der Destination Barth und kommen an einem weithin sichtbaren Windkraftschöpfrad neben einer Schutz-

---

TOURENINFO / Die Tour verläuft auf Radwegen sowie kleineren Straßen und ist gerade für Kinder gut geeignet. Badesachen einpacken.

hütte vorbei. Es wurde 1914 zur Entwässerung der eingedeichten Flächen errichtet. Kurvenreich gelangen wir zum winzigen Hafen Flemendorf, wo sich die Tour zum schmalen Pfad auf dem Deich hin wendet. Bereits nach 250 m haben wir wieder Asphalt unter den Pneus und gelangen zum 7 / Hafen von Dabitz, wo ein kleines, schön gelegenes Bistro (tgl. 9–17 Uhr, Boddenstraße 1, 18314 Kenz-Küstrow) zur Rast verleitet. Kaffeeduft liegt in der Luft. Warum nicht? Schließlich sind von hier nur noch wenige Kilometer bis zum Ziel zurückzulegen. Geradewegs setzt sich die Tour dann fort, die bald recht hügelig landeinwärts verläuft. Gut beschildert erreichen wir den Barther Ortsteil Glöwitz. Beim Trafohäuschen biegt die Route links in Richtung Barth ein. Der Straßenverlauf bringt uns nun hinein nach 8 / Barth, wohin uns auch Tour 9 führt (s. S. 73). Am Hafen kannst du im Café Jambolaya (tgl. 14–24 Uhr, Am Osthafen 3, 18356 Barth, www.jambolayya.de) die Hafenatmosphäre genießen und auch gleich noch einen Blick auf die hauseigene Galerie mit Kunsthandwerk aus Westafrika werfen.

PIRAT

Stürz den Becher! Der legendenumwobene Pirat Klaus Störtebeker soll seinen Namen seiner Trinkfestigkeit verdankt haben. Er verbarg sich häufig im insel- und buchtenreichen Barther Bodden.

⌃ oben / Immer neugierig – Ponys in Klausdorf

TOUR 3

START
Ozeaneum im Stralsunder Hafen

ZIEL
Hafen in Barth

HINKOMMEN
Auto / Parkplatz an der Hafen-
straße
ÖPNV / Mit dem Zug zum Bahn-
hof Stralsund
> 1 / Ozeaneum Stralsund
> 2 / Strandbad **> 3 /** Strand
Klein Damitz **> 4 /** Kranichzentrum
Groß Mohrdorf **> 5 /** Rast- und
Badeplatz Nisdorf **> 6 /** Hafen
Zühlendorf **> 7 /** Hafen Dabitz
> 8 / Hafen Barth

Zingst

Swinbrod

Trog

Barther
Bodden

ZIEL

8

5

7

Dabitz

6

Küstrow

L 21

BARTH

Zühlendorf

Neu Bartelshagen

Buschenhagen

L 213

Rubitz

Flemendorf

Groß Kordshagen

L 21

Lassenti

Kenz

L 23

Uhlenbäk

Karnin

Löbnitz

B 105

Friedrichshof

Barthe

B 10

Velgast

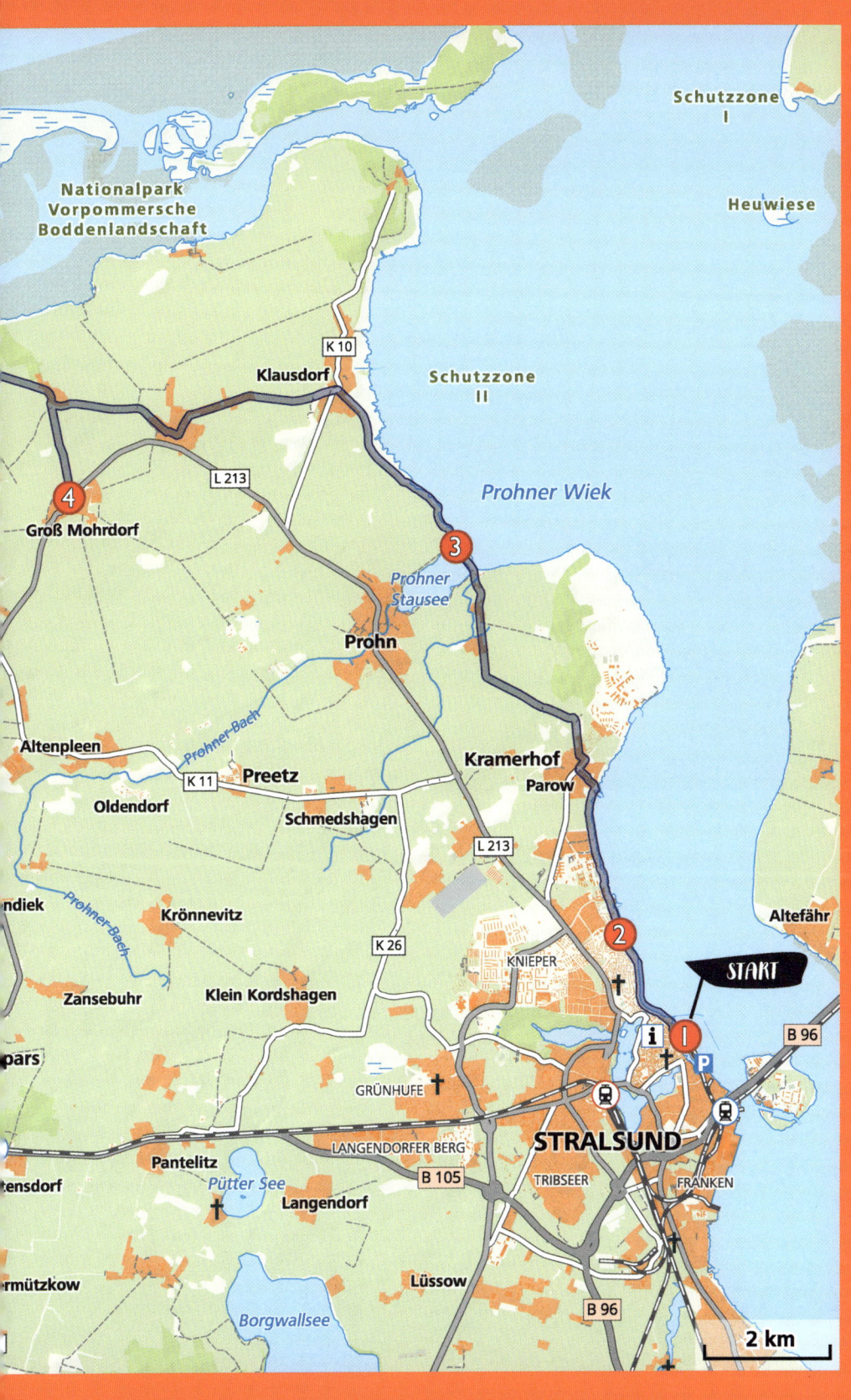

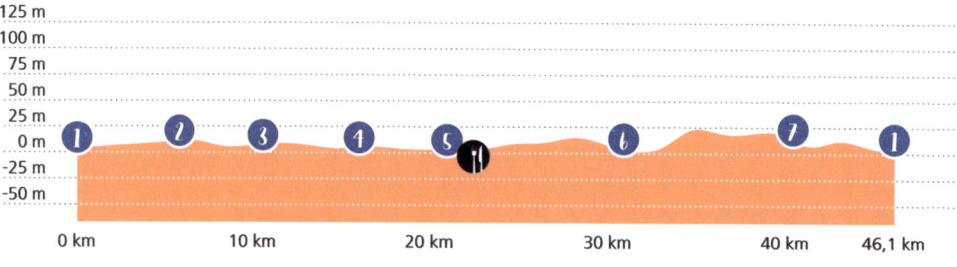

VOGELSCHAU

Meist habe ich im Naturschutzgebiet Peenewiesen ein Fernglas dabei – gibt es hier doch eine reiche Vogelwelt zu entdecken.

➤ **1 /** Am beschaulichen Alten Markt in Jarmen starten und beenden wir die Tour

➤ **2 /** Ruhe tanken beim Dorfteich vor der Kirche Bentzin

➤ **3 /** Nahe des Wasserwanderrastplatzes Alt Plestlin das Grab des Pferdes Hanko aufsuchen

➤ **4 /** Füße kühlen am Wasserwanderrastplatz Sophienhof

➤ **5 /** Einen Kaffee am Hafen von Loitz genießen

➤ **6 /** Schmetterlinge bewundern im Naturschutzgebiet Peenewiesen

➤ **7 /** Die Kapelle beim Rastplatz Kuntzow ansehen

| 125 m | 100 m | 75 m | 50 m | 25 m | 0 m | -25 m | -50 m |

0 km   10 km   20 km   30 km   40 km   46,1 km

AM AMAZONAS DES NORDENS

Rundtour durchs **Peenetal**
zwischen **Jarmen** *und* **Loitz** *von Kay Tschersich*

Vom Landstädtchen Jarmen radeln wir durch die idyllischen Dörfer des Peenetals. Die Füße kannst du dir dann an urigen Rastplätzen direkt am Ufer des Flusses kühlen. Mächtige Speicherbauten prägen das schmucke Loitz, bevor wir durch die urwüchsigen Peenewiesen zurückradeln.

Ruhe tanken in Bentzin!

Der beschauliche 1 / Alte Markt zu Füßen der Jarmener Kirche ist der Start- und Endpunkt unserer Rundtour. Hier steigen wir aufs Rad, folgen der Speicherstraße und biegen bei der nächsten Gelegenheit rechts in die Fabrikstraße ein. Deren Hauptstraßenverlauf (!) leitet uns aus dem kleinen Landstädtchen heraus. Bald schon rollst du an einem größeren Solarpark vorüber. Danach begleiten uns nur noch die ausgedehnten Peenewiesen und Felder rechts und links des gut ausgebauten Radweges. Ein kleiner Spielplatz kündigt das winzige Leussin an. Hier wird die Kreuzung gerade überquert. Wir radeln an einem weiteren Solarpark vorbei und erreichen nach einer Linkskurve das Ortseingangsschild von 2 / Bentzin. Hier solltest du den Kurzabstecher zu

46 Kilometer
32 Höhenmeter
Rundtour

CHARAKTER
Sportlich ●●●○○
Abkühlung ●●○○○
Schlemmen ●●●○○
Panorama ●●●●○

◄ links / **Der Name der Peene kommt aus dem Slawischen und bedeutet der schaumige Fluss**

Kirche und Dorfteich unternehmen – der kleine Park um das baum-
bestandene Ufer des Sees ist ein guter Ort, um abzuschalten und
zur Ruhe zu kommen. Und Ruhe gibt es hier wahrlich genug, nur
ein paar Enten drehen ihre Runden auf dem Wasser. Die urige
Kirche gleich nebenan ist ein neugotischer Feldstein-Ziegelbau aus
dem Jahre 1862.

Rasten an der Peene

Du trittst nun wieder in die Pedale und gelangst zur kleinen Landstraße. Hier schwenkt die Tour rechts in Richtung Alt Plestlin ein.
Auch hier lohnt sich ein kurzer Ausflug von unserer Radroute:
Knapp 100 m hinter dem Alt Plestliner Ortseingangsschild folgen wir der Beschilderung zum Wasserwander-

AMAZONAS DES NORDENS

**Das träge strömende, braune
Wasser hat der Peene den
Beinamen „Amazonas des
Nordens" eingebracht. Die
Niederung ist eines der
größten Niedermoorgebiete
Mitteleuropas.**

rastplatz direkt am Peeneufer. Dabei hältst du dich bei
der schönen, hinter einer Steinmauer fast versteckten
Kirche aus dem 17. Jahrhundert rechts. Gleich wird auch
das sehr viel jüngere ehemalige Herrenhaus der von Lan-
gen-Keffenbrinks passiert. Unweit des Baus erinnert eine
recht besondere Grabstädte an den Pferdesportler und
Olympiasieger Carl Freiherr von Langen-Keffenbrink: Sein
Pferd Hanko wurde hier begraben. Wenige (holprige)
Meter weiter erreichst du dann den 3 / Wasserwanderrastplatz
Alt Plestlin. Idyllischer kann man angesichts der träge strömenden
Peene nun wirklich nicht rasten! Kein Wunder, dass der Fluss auch
als Amzonas des Nordens tituliert wird. Er ist einer der letzten un-
verbauten Flüsse Deutschlands. Zwischen 1720 und 1815 diente
er hier übrigens als Grenze zwischen Preußen und Schwedisch-
-Pommern. Schließlich kehren wir zum Landsträßchen zurück –
unser nächstes Ziel ist nun 4 / Sophienhof. Auch hier leiten Weiser
zu einem nahen und wunderbaren Rastplatz am Fluss. Auf dem
Wege dorthin hat ein improvisierter Dorfladen mit erstaunlich brei-

> rechts / Dorfteich in Bentzin

ter Angebotspalette (Anglerbedarf, Brötchen, Eis, …) im Sommer seine Pforten geöffnet (Mai–Sept. tgl. 9–20 Uhr, Zur Peene 10, 17121 Sophienhof, www.dorfladen-sophienhof.de). Selbstbelegte Brötchen sind vorrätig. Einfach klingeln, du wirst es nicht bereuen!

Schlemmen im alten Bahnhof

Auf der Straße verlassen wir schließlich wieder den Ort. Die Räder surren nun bis 5 / Loitz, dessen wuchtiger Speicherturm schon weithin zu sehen ist. Gleich hinter der 2012 eingeweihten Peenebrücke biegt die Route rechts ab und folgt dem Straßenverlauf. Zuvor solltest du aber einen Blick auf den beeindruckenden Großen Speicher werfen, zumal dahinter ein kleiner Hafen und das schöne Restaurant Korl Loitz (Sommer Mo/Di 17–21, Mi–So 11–21 Uhr, Mühlentorvorstadt 10, 17121 Loitz, www.restaurant-loitz.de) im ehemaligen Bahnhof der Stadt zu finden sind. Wie wäre es mit einem leckeren Stück Kuchen? Mit einem duftenden Kaffee in der Hand stellt sich sofort Urlaubsstimmung ein. Vom gemütlichen Biergarten aus sind Hafen und Peene zu überblicken – Entspannung pur! Auf der Vorfahrtstraße gelangen wir über die Schlossbergstraße zur Goethestraße, wo sich die Tour rechts hält. Auf dem fahrbahnbegleitenden Radweg verlas-

sen wir die Stadt. 800 m nach dem Ortsausgangsschild schwenkt die Route rechts auf das Landsträßchen in Richtung Görmin. Auf dem kurzen Stück bis Vierow solltest du aufmerksam fahren, denn hier herrscht nun ein etwas regerer Verkehr. Wir radeln durch Trantow und Vierow.

Natur, wohin das Auge blickt

SPEICHERTURM & PEENEBRÜCKE

Am Ortsausgangsschild von Vierow biegt die Tour schließlich rechts auf den Vierower Damm ein. An der Verzweigung circa 1,5 km weiter radeln wir geradeaus, nicht rechts. Unser Weg geht in einen etwas holprigen Betonplattenweg über, der nun durch das wunderbar urwüchsige 6 / Naturschutzgebiet in den Peenewiesen führt. Nur das Rascheln des Schilfes und das Quaken der Frösche begleitet uns. Libellen schwirren durch die Luft und Schmetterlinge gaukeln vor unserer Nase. Die unberührte Natur entschädigt uns für den recht ruppigen Untergrund. Einen ersten nach links abgehenden Weg bei einem Weiser ignorieren wir. Erst nach einem weiteren Kilometer schwenken wir bei einer Kreuzung mit Bank und Holzskulptur auf den befestigten Weg nach links ein. Zuvor solltest du aber noch einmal den Blick über die Wiesen im Peenetal schweifen lassen. Vielleicht lässt sich ja noch der eine oder andere Reiher oder gar die seltene Bekassine sehen.

Letzte Rast und Ruhestätte

Im nahen Görmin biegen wir sofort in das Sträßchen in Richtung Trissow ein. Auf bestem Asphalt rollem wir durch das kleine Dorf. Anschließend passieren wir inmitten ausgedehnter Getreidefelder Neu Jargenow und erreichen Kuntzow. Hier erwartet uns bei der Bushaltestelle noch einmal ein schöner 7 / Rastplatz mit einer Schutzhütte, wo wir rechts in die Nebenstraße (Peenestraße

---

TOURENINFO / Der größte Teil der Tour verläuft auf Radwegen und kleineren Straßen. Im NSG Peenewiesen sind wir auf einem sehr holprigen Plattenweg unterwegs. Die 5 km vor Vierow sind etwas stärker befahren.

6–24) einbiegen. Zuvor lohnt sich noch ein kurzer Blick auf die ungewöhnliche Fachwerkkapelle auf dem Friedhof gegenüber. Sie wurde 1840 geweiht.

Zurück nach Jarmen

Noch einmal geht es auf Kopfsteinpflaster aus dem Ort. 800 m nach dem Ortsausgangsschild folgt die Route der Linkskurve unseres Plattenweges. Am Ortseingang von Neuendorf wählst du dann die rechte Wegvariante und schwenkst vor der Bushaltestelle in der Ortsmitte rechts auf den Asphaltweg in Richtung Jarmen ein. Gleich nach Breechen unterqueren wir die A20 und folgen dem straßenbegleitenden Radweg über die Peenebrücke zurück nach Jarmen. Wirf hier ruhig auch einen Blick in den Hafen – die riesigen Speicher und Mühlenbetriebe erzählen von der einstigen Bedeutung der Flussschifffahrt. Heute liegen sie meist verlassen da. Nur die Angler sitzen wie eh und je an den Kaianlagen und hoffen auf den einen oder anderen Fang. Wir wünschen ihnen Petri Heil und kehren zum 1 / Alten Markt zurück.

BLAU

Auf dem Zeltplatz Amazonascamp beim 5 / Loitzer Hafen kann man Kanus leihen. Auf Nachfrage werden auch Peene-Safaris angeboten, bei denen mit Glück sogar die Sichtung von lichtblauen Eisvögeln möglich ist (www.urlaub-peenetal.de).

▲ oben / Der alte Speicher in Loitz

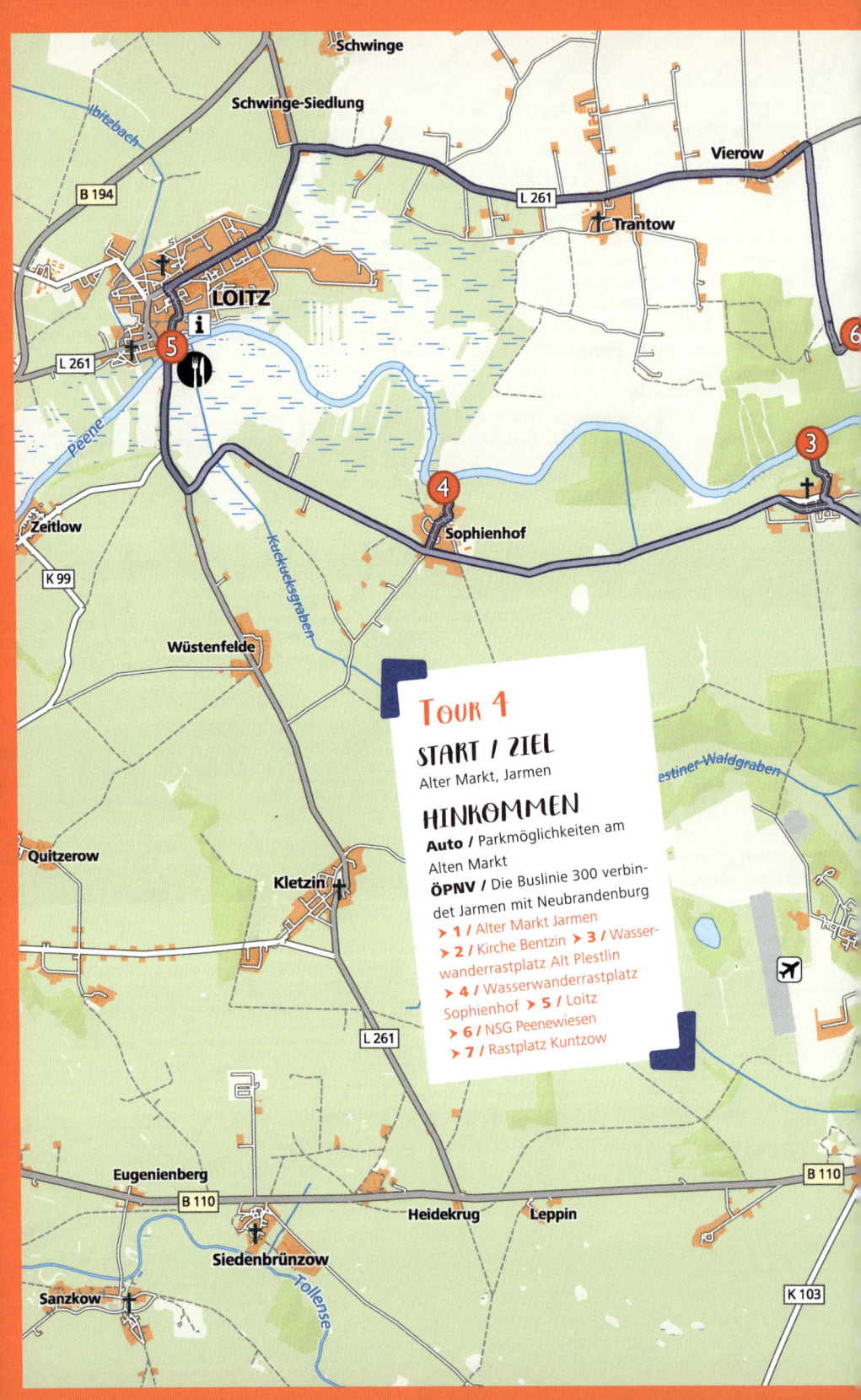

Schwinge

Schwinge-Siedlung

Ibitzbach

Vierow

B 194

L 261

Trantow

LOITZ

L 261

6

Peene

3

4

Sophienhof

Zeitlow

Kuckucksgraben

K 99

Wüstenfelde

estiner Waldgraben

Quitzerow

Kletzin

L 261

Tour 4

Start / Ziel
Alter Markt, Jarmen

Hinkommen
Auto / Parkmöglichkeiten am
Alten Markt
ÖPNV / Die Buslinie 300 verbindet Jarmen mit Neubrandenburg
➤ **1 /** Alter Markt Jarmen
➤ **2 /** Kirche Bentzin ➤ **3 /** Wasserwanderrastplatz Alt Plestlin
➤ **4 /** Wasserwanderrastplatz
Sophienhof ➤ **5 /** Loitz
➤ **6 /** NSG Peenewiesen
➤ **7 /** Rastplatz Kuntzow

Eugenienberg

B 110

B 110

Heidekrug

Leppin

Siedenbrünzow

Sanzkow

Tollense

K 103

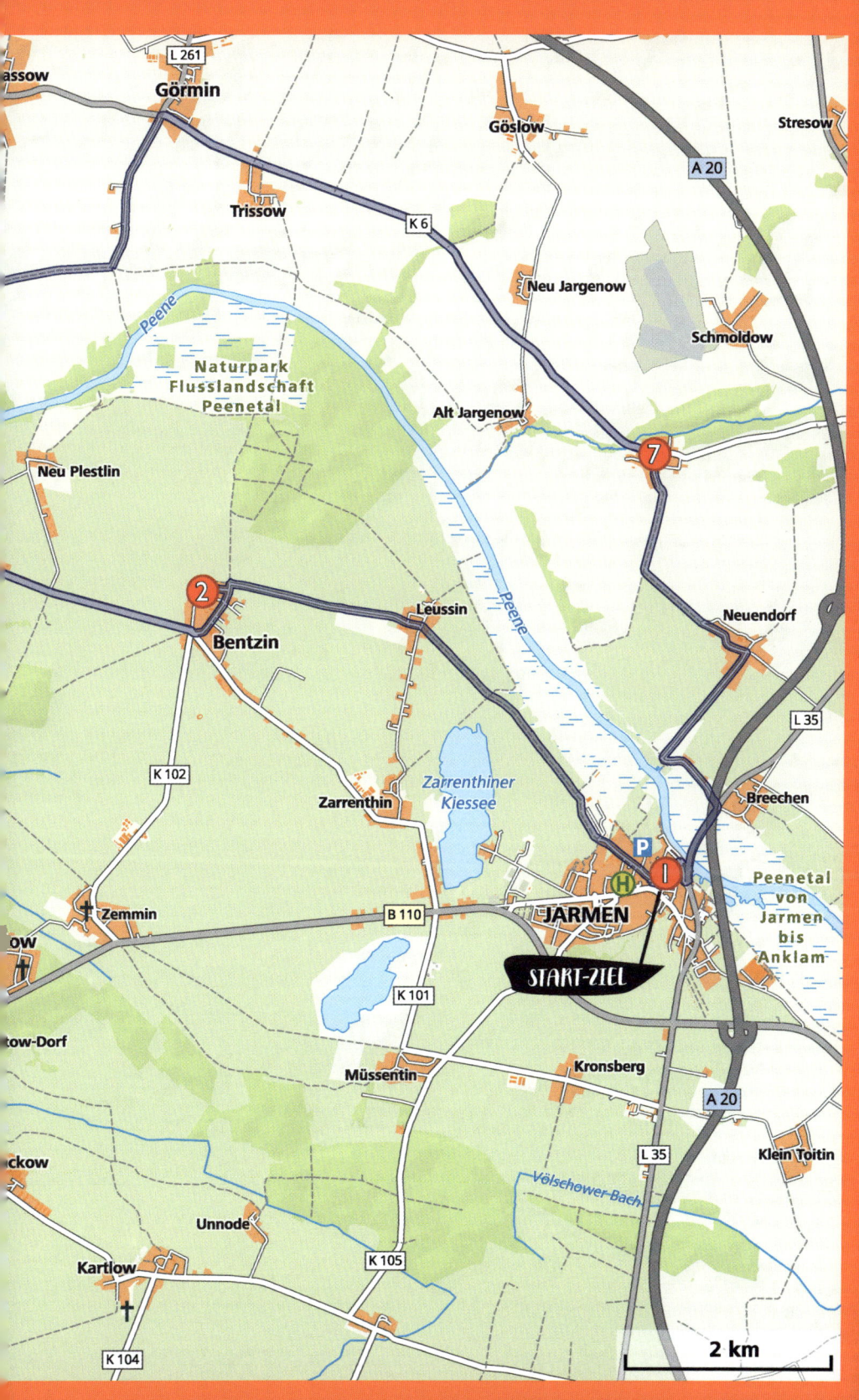

KONTRASTE

Ich mag, wie abwechslungsreich diese Tour ist – Kulturlandschaft und unberührte Natur liegen eng beieinander: ländliche Vororte und Großstadt, Flussromantik mit Stränden neben gepflegten Parkanlagen und architektonischen Highlights.

➤ **1 /** Am S-Bahnhof Wedel steigen wir in den Sattel

➤ **2 /** Was es nicht alles gibt: Schiffsbegrüßungsanlage Willkomm-Höft

➤ **3 /** Vielleicht der schönste Elbstrand: Wittenbergener Strand

➤ **4 /** Römischer Garten: einer von vielen Parks am Wegesrand, aber ein besonders schöner

➤ **5 /** Abstecher auf einen Berg? 72 m müssen wir auf den Süllberg hochsteigen

➤ **6 /** Einkehr im Restaurantschiff Nelsons Kajüte

➤ **7 /** Am Oevelgönner Elbstrand liegt der Findling Alter Schwede

➤ **8 /** Historische Kutter im Museumshafen Oevelgönne bewundern

➤ **9 /** Das erste Highlight von vielen in Hamburg: Altonaer Fischmarkt

➤ **10 /** Der Abzweig zur Elbphilharmonie muss sein

➤ **11 /** Ehemaliges Wasserwerk auf der Elbinsel Kaltehofe, ein eindrucksvolles Industriedenkmal

➤ **12 /** Wir enden am Bahnhof Mittlerer Landweg in Billwerder

WELTSTADT AM STROM

An der Elbe von Wedel nach Hamburg-Billwerder von Raphaela Moczynski

Von Wedel mit der Schiffbegrüßungsanlage geht es zwischen der breiten und von den Gezeiten geprägten Elbe und dem Geesthang nach Hamburg. Vorbei an kilometerlangen Stränden und Leuchtzeichen gelangen wir am Elberadweg in die Hansestadt. St. Pauli aus der Radsattelperspektive – das ist doch mal was anderes? Über eine Elbinsel und einen Deich beenden wir in Billwerder die abwechslungsreiche Tour.

38 Kilometer
110 Höhenmeter
Streckentour

Aufgesattelt!

Vom 1 / S-Bahnhof Wedel (Rathausplatz 1, 22880 Wedel (Holst)) radeln wir über die Gorch-Forck-Straße zur Schulauer Straße, wo wir auf den Elberadweg stoßen. Links geht es zum Fluss hinunter. Hier können wir rechts einen kurzen Abstecher zum Hamburger Jachthafen, mit rund 2.000 Liegeplätzen dem größten tidenunabhängigen Sportboothafen Nordeuropas, ma-

CHARAKTER

Sportlich ●●○○○
Abkühlung ●●●●○
Schlemmen ●●●○○
Panorama ●●●●●

TOURENINFO / Elberadweg mit sehr guter Wegequalität. Mit dem offiziellen Logo gut ausgeschildert (innerstädtisch geringere Schilderdichte). Ident mit Verlauf der D-Route 10, deren Symbol weniger häufig gesetzt ist. Innerorts auf von KFZ befahrenen Straßen. Kleidung gegen Nordseewind einpacken.

◀ links / Die Elbphilharmonie in Hamburg

chen. Wir radeln direkt am zweiten Mega-Jachthafen, dem Schulauer Hafen, vorbei sowie am Strandbad Wedel. Direkt daneben liegt eine der großen Institutionen Hamburgs, die 2 / Schiffsbegrüßungsanlage Willkomm-Höft. Seit 1952 wird hier jedes vorbeifahrende Schiff mit Nationalhymne und Willkommenstext begrüßt bzw. verabschiedet. Im Internet lässt sich nachlesen, wann ein Schiff erwartet wird. Am Ortsende beginnt das Bundesland Hamburg – am Parkplatz ist Hamburg-Altona erreicht.

Zwischen Steilufer und Strom durch Hamburgs Westen

Die flache Marsch wird hier der abwechslungsreichen Geest abgelöst. Als Geest wird das bis zu 100 m aus der flachen Marsch aufragende Grund- und Endmoränenland bezeichnet. Bis ins Zentrum sind wir überwiegend autofrei unterwegs – auf einer der schönsten Passagen des Elbradwegs. Der verläuft am Wasser unterhalb des Geesthangs, vorbei am Naturschutzgebiet Wittenbergen. Das schützt den höchsten Hamburger Elbhang, eine Binnendüne, Heidelandschaften und Elbwiesen. Auf dem Weg nach Hamburg führt die Fahrt immer wieder an Seezeichen vorbei, alle sind wichtige Landmarken für die Schifffahrt auf der Elbe. Nächster landschaftlicher Höhepunkt ist der schier endlose 3 / Wittenbergener Strand, ein Naturstrand am Falkensteiner Ufer zwischen dem Leuchtfeuer Wittenbergen und dem Leuchtturm Blankenese. Begrenzt wird der Strand durch Wald, der im Westen zum Naturschutzgebiet Wittenbergen, im Osten zum Waldpark Falkenstein gehört. Im Hauptstrom trennt die Insel Neßsand die Elbe in die Unterelbe und die Nebenelbe. Ein verstecktes Juwel ist der kurz darauf links auftauchende 4 / Römische Garten, der sich über mehrere Ebenen erstreckt.

LEUCHTTÜRME
Sie leisten schon lange Dienste: Der kaiserliche Leuchtturm Tinsdal (Oberfeuer) und das rot-weiß gestreifte Leuchtfeuer (Unterfeuer) Wittenbergen sind seit 1900 in Betrieb.

Durch Blankenese mit dem Süllberg

Wenig später ist der Elbstrand Blankenese erreicht, darüber liegt das berühmte Treppenviertel Blankenese. Oberhalb des Unterfeuers Blankenese erheben sich zwei der höchsten Berge Hamburgs. Der Wa-

seberg ist mit 87 m die dritthöchste Erhebung der Hansestadt und hat mit Hangneigungen von durchschnittlich 16 % schon fast alpinen Charakter. Der 72 m hohe 5 / Süllberg ist ein möglicher Abstecher. Über Treppen gelant man nach oben, wo es ein Restaurant und einen Biergarten gibt. Der Radweg folgt dem Ufer weiter stromaufwärts vorbei am Anleger der Fähre von Blankenese zum Hafen des Blankeneser Segel-Clubs. Hier können wir in 6 / Nelsons Kajüte, einem Restaurantschiff einkehren. Alternativ haben sich am Uferabschnitt in Blankenese bis hierhin bereits einige Restaurants befunden. Bei klarer Sicht lohnt der Abstecher zu Fuß auf einer der Blankeneser Treppenfluchten in den gegenüberliegenden Baurs Park, einen romantischen Landschaftspark im englischen Stil mit Tempeln, verschlungenen Wegen und einem chinesischen Pagodenturm. Oben auf der Höhe steht der Leuchtturm Oberfeuer Blankenese. Gleich darauf folgt der Hirschpark, der um 1855 im französischen Stil angelegt wurde.

Noch mehr Parks, Strände und Häfen

Auf dem autofreien Elbuferweg geht es stromaufwärts zum Hafen Teufelsbrück an der Mündung des Flüsschens Flottbek. Vom Hafen radelt man auf dem Hans-Leip-Ufer am Hindenburgpark und dem

⌃ oben / Der Süllberg in Blankenese, dem Villenviertel am Elbhang

Elbstrand vorbei in Schröders Elbpark in Othmarschen. Der Elbpark mit seinem alten Baumbestand und den großzügigen Wiesenflächen bietet einen exzellenten Blick auf die Elbe – ein willkommener Rastplatz. An den Park schließt der Oevelgönner Elbstrand an – hier trifft sich Hamburg zum Sonnenbaden, Spazierengehen, Joggen, Grillen und Einkehren. Ein Blickfang ist der 217 t schwere 7 / Findling Alter Schwede, der bei Ausbaggerarbeiten in der Elbe gefunden wurde. Hinter der Brücke präsentiert der 8 / Museumshafen Oevelgönne historische Wasserfahrzeuge.

Durch Altona in die Altstadt

Auch auf der weiteren Fahrt reihen sich nun linker Hand Park an Park: Rosengarten, Donners Park und Altonaer Balkon. Der „Balkon" (27 m) ist eine Aussichtsplattform auf dem bewaldeten Elbsteilufer mit weitem Blick über das Treiben im Hamburger Containerhafen, das alte Terminal und die Köhlbrandbrücke. Eindrucksvoll sind auch die umliegenden Herrschaftshäuser und stattlichen Villen, die teilweise aus dem 18. Jh. stammen. Nun geht es Schlag auf Schlag, ein Hamburger Highlight jagt das nächste: Der 9 / Altonaer Fischmarkt, die Altonaer Fischauktionshalle, Sankt Pauli und schließlich die 688 m langen Sankt-Pauli-Landungsbrücken. Zu ihrer Bauzeit legten hier große Schiffe mit Kohlebefeuerung an – wegen der Brandgefahr außerhalb des damaligen Stadtgebiets. Hier befindet sich übrigens auch der Nordeingang zum 426,6 m langen Alten Elbtunnel, über den Radfahrer und Fußgänger auf die Elbinsel Steinwerder wechseln können.

Am Binnenhafen

Die Straße Baumwall ist nach dem vormals hier befindlichen Wall als Teil der 1616–1625 errichteten Stadtbefestigung benannt, weil die Zufahrten zum Binnenhafen nachts mit Baumstämmen abgesperrt wurden. Hier liegt auch das rote Restaurantschiff Feuerschiff LV13 vor Anker. Wer möchte, kann von der U-Bahn-Haltestelle Baumwall einen Abstecher über die Niederbaumbrücke zur 10 / Elbphilharmo-

BIOTOP

Vier große Absatzbecken nutzten die Hamburger Wasserwerke auf der Billwerder Insel ab Beginn des 20. Jh. zur Trinkwasseraufbereitung. Heute ist das tidebeeinflusste Areal mit Prielen, Wattflächen und Gehölzinseln gestaltet und wird ein Biotop für die Ansiedlung des Schierlings-Wasserfenchels, einer Sumpfpflanze, die es weltweit nur im Gebiet der Tide-Elbe gibt.

nie machen. Danach folgt der Radweg weiter dem Binnenhafen am Südrand der Hamburger Altstadt ostwärts. Dieser älteste Teil des Hamburger Hafens wird noch immer als Hafenanlage genutzt. Niederbaum- und Brooksbrücke sowie die Fußgängerbrücken Kehrwieder- und Kibbelsteg führen über den Zollkanal von der Altstadt in die Speicherstadt, heute eines der angesagtesten Viertel der Hansestadt und Mekka aller Architekturinteressierten. Der Radweg führt über den Meßberg am Südrand der Altstadt, einen der fünf Hauptplätze der Stadt.

Über Halb- und Elbinsel nach Billwerder

Anschließend radeln wir am Zollkanal, später Oberhafenkanal auf die Halbinsel Entenwerder im Stadtviertel Rothenburgsort, wo der Elbpark Entenwerder einen letzten Blick auf den Hafen und die Elbbrücken erlaubt. Auf Entenwerder folgt die 11 / Elbinsel Kaltehofe mit den Backsteinhäuschen des ehemaligen Wasserwerks. Der Kaltehofer Hauptdeich leitet uns weiter auf die Billwerder Insel und zur Tatenberger Schleuse, die an der Dove Elbe, einem Nebenarm, liegen. Weiter am Deich und nach dem Eichbaumsee links geht es zum 12 / Bahnhof Mittlerer Landweg.

INDUSTRIEDENKMAL WASSERWERK

Auf der künstlich angelegten 11 / Elbinsel Kaltehofe wurde knapp 100 Jahre lang in einer „Langsamsandfiltrationsanlage" aus dem Fluss- Trinkwasser für die Hamburger Bevölkerung gewonnen. Heute ist das ehemalige Wasserwerk ein Mix aus Industriedenkmal, Museum, Naturlehrpfad und Café.

⌃ oben /Eines der 40 Schieberhäuschen des alten Wasserwerks Kaltehofe

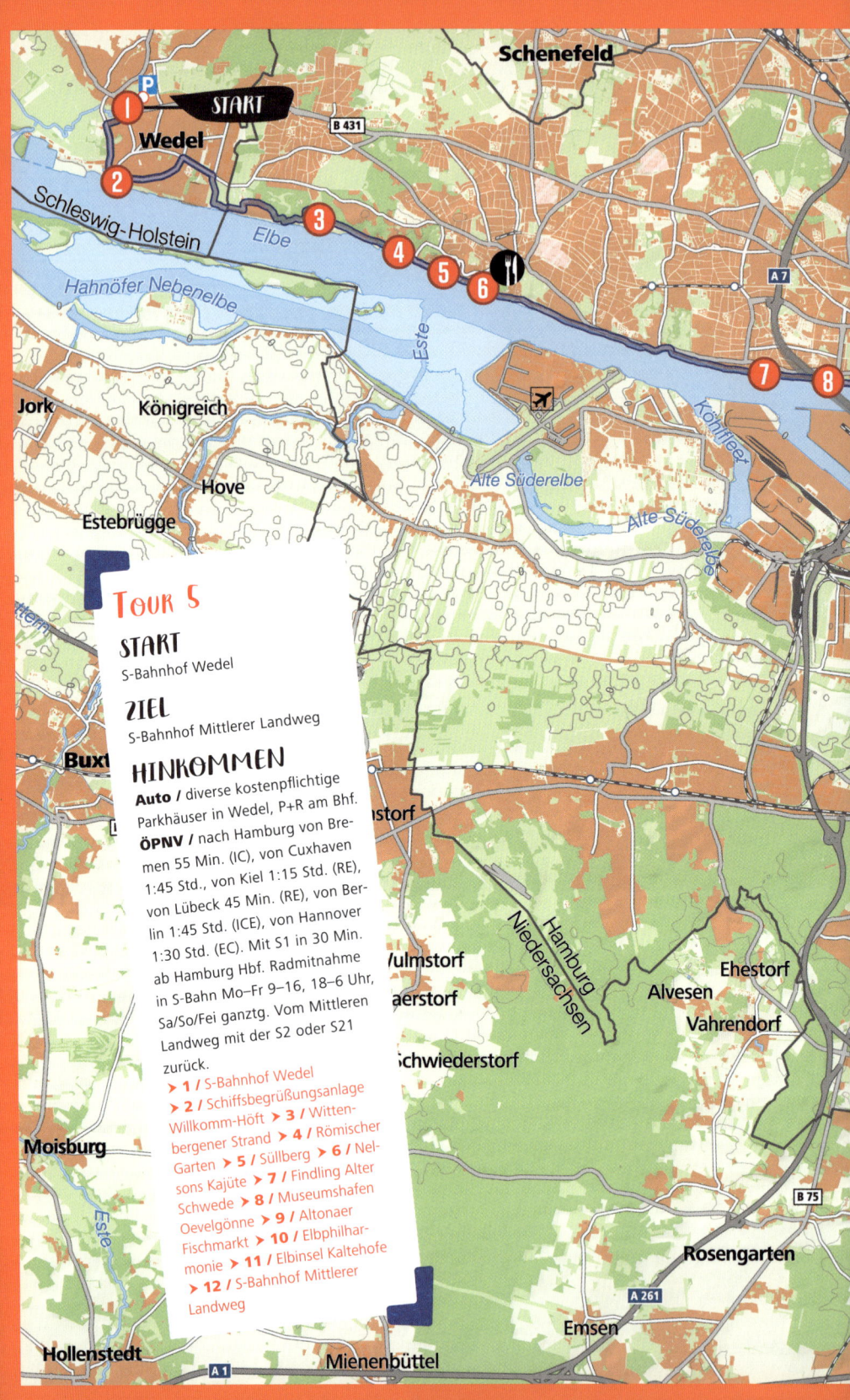

START

Wedel

Schleswig-Holstein

Elbe

Hahnöfer Nebenelbe

Schenefeld

B 431

A 7

Königreich

Jork

Hove

Estebrügge

Alte Süderelbe

Alte Süderelbe

Köhlfleet

TOUR 5

START
S-Bahnhof Wedel

ZIEL
S-Bahnhof Mittlerer Landweg

HINKOMMEN
Auto / diverse kostenpflichtige Parkhäuser in Wedel, P+R am Bhf. **ÖPNV /** nach Hamburg von Bremen 55 Min. (IC), von Cuxhaven 1:45 Std., von Kiel 1:15 Std. (RE), von Lübeck 45 Min. (RE), von Berlin 1:45 Std. (ICE), von Hannover 1:30 Std. (EC). Mit S1 in 30 Min. ab Hamburg Hbf. Radmitnahme in S-Bahn Mo–Fr 9–16, 18–6 Uhr, Sa/So/Fei ganztg. Vom Mittleren Landweg mit der S2 oder S21 zurück.

> **1 /** S-Bahnhof Wedel
> **2 /** Schiffsbegrüßungsanlage Willkomm-Höft **3 /** Wittenbergener Strand **4 /** Römischer Garten **5 /** Süllberg **6 /** Nelsons Kajüte **7 /** Findling Alter Schwede **8 /** Museumshafen Oevelgönne **9 /** Altonaer Fischmarkt **10 /** Elbphilharmonie **11 /** Elbinsel Kaltehofe **12 /** S-Bahnhof Mittlerer Landweg

Buxt

Moisburg

Hollenstedt

A 1

Mienenbüttel

storf

Schwiederstorf

Wulmstorf

erstorf

Hamburg / Niedersachsen

Emsen

Rosengarten

A 261

B 75

Vahrendorf

Alvesen

Ehestorf

Este

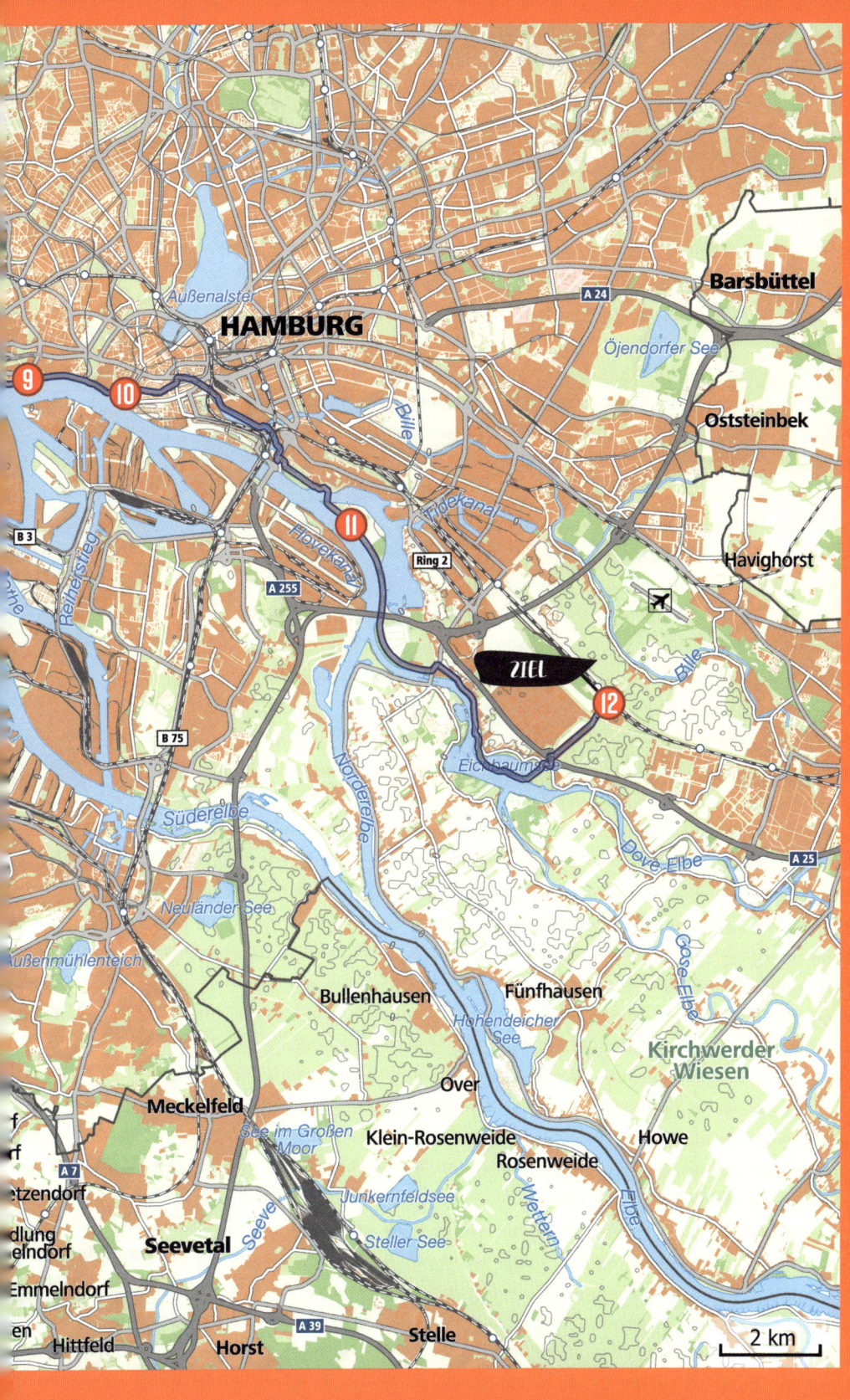

WAT'N WATT!

Das Wattenmeer ist nicht umsonst Weltkulturerbe – immer wieder erstaunt mich die Schönheit des Watts, wenn es die Küste entlanggeht.

> **1 /** Start am Haupt-bahnhof Bremerhaven

> **2 /** Zu viele Highlights für einen Tag: die Haven-welten

> **3 /** Großer Fernsehstar, der Leuchtturm Kleiner Preuße

> **4 /** Dorum-Neufeld lockt mit dem National-parkhaus der Wurster Nordseeküste

> **5 /** Frische Nordsee-krabben bei Kocken & Ehlerding

> **6 /** Noch mehr regiona-le (Milch-)Produkte finden wir im Melkus in Arensch

> **7 /** Sich schlau machen übers Watt im Watten-meer-Besucherzentrum

> **8 /** Halt am Wahrzei-chen von Cuxhaven, dem Seezeichen Kugelbake

> **9 /** Von der Aussichts-plattform Alte Liebe das Treiben im Hafen von Cuxhaven beobachten

> **10 /** Unsere Strecke en-det am Bahnhof Cuxhaven

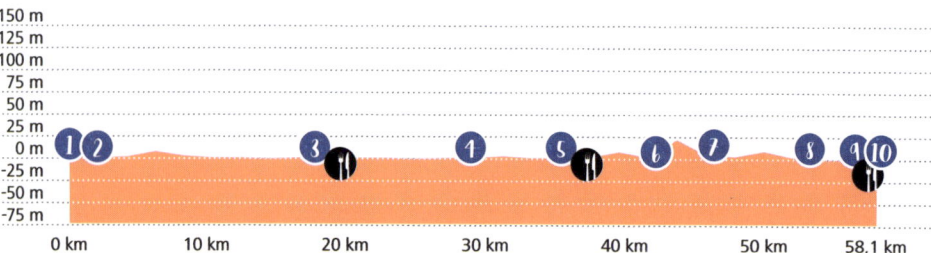

DEICHLANDSCHAFTEN

Von **Bremerhaven**
nach **Cuxhaven** *von Ralf Enke*

Auf der Tour nach Cuxhaven liegen die imposanten Havenwelten Bremerhavens, die idyllischen Kutterhäfen der Wurster Nordseeküste, das Weltnaturerbe Wattenmeer und schließlich das Nordseeheilbad Cuxhaven.

Durch die Havenwelten

Vom 1 / Hauptbahnhof Bremerhaven (Friedrich-Ebert-Str. 73, 27570 Bremerhaven) folgen wir der Friedrich-Ebert-Straße zur Geeste. Linkerhand liegt das Historische Museum Bremerhaven. Wir radeln über die Geeste und nach links an das Weserufer. Der Radarturm, wie der Richtfunkturm liebevoll genannt wird, mit Aussichtsplattform und 360°-Blick weist den Weg zum Eingang in die überwältigenden 2 / Havenwelten. Sie beginnen beim Deutschen Schifffahrtsmuseum am Museumshafen. Es gibt viel zu sehen auf dieser maritimen Erlebnis- und Bummelmeile, die direkt am Wasser liegt, nur wenige Hundert Meter von der

58 Kilometer
30 Höhenmeter
Streckentour

CHARAKTER
Sportlich ●●●●○
Abkühlung ●●●●○
Schlemmen ●●●○○
Panorama ●●●●●

TOURENINFO / Fast ausschließlich an der Küste geht es auf dem Weser-Radweg bei guter Ausschilderung flach dahin. Warme Kleidung gegen den Nordseewind ist empfehlenswert. Am besten in mehreren Lagen, falls es doch sonnig und warm wird.

◄ **links / Leuchtturm Kleiner Preuße in Wreme**

Innenstadt entfernt. Hier die Attraktionen: Klimahaus, Atlantic Hotel Sail City mit der Aussichtplattform auf dem höchsten Gebäude der Stadt, Mein Outlet & Shopping-Center, eine der schönsten Einkaufspassagen Norddeutschlands, Deutsches Auswandererhaus, Museum am größten deutschen Auswandererhafen Richtung neue Welt, Zoo am Meer, das Deutsche Schifffahrtsmuseum, das U-Boot „Wilhelm-Bauer" und das letzte deutsche Vollschiff „Schulschiff Deutschland". Bei so vielen Highlights direkt am Start bietet sich auch ein Aufenthalt in Bremverhaven an, bevor es am nächsten Tag auf Tour geht. Wir wollen aber das Ziel nicht aus den Augen verlieren. Vom Zoo am Meer kann man einfach der H.-H.-Meier-Straße über die Sportboot-schleuse folgen. Aufgrund der Sperrung der Drehbrücke ist aber eine Befahrung durch die Überseehäfen zurzeit nicht möglich. Es ist daher empfehlenswert, nach der Schleuse in der Lohmannstraße rechts in die Schleusenstraße abzubiegen, dann links auf die Barkhausenstraße bis zum Zolltor Roter Sand und weiter über die Franziusstraße und Brückenstraße bis zur Kreuzung Am Erzhafen zu fahren, wo wir uns am Osthafen befinden.

8° OST

Das Klimahaus ist ein überaus spektakuläres Bauwerk der **2 / Havenwelten,** architektonisch wie thematisch. Besuchende begeben sich auf eine Reise entlang des achten Längengrads, an dem Bremerhaven liegt. Dabei spüren sie die unterschiedlichen Klimazonen direkt am eigenen Leib, vom heißen Wüstenklima bis zu arktischen Temperaturen.

In die Deichlandschaft

Die Route führt nun am Eurogate-Containerterminal entlang zur Bahnbrücke an der Wurster Straße. Nach so viel Hafen radelt man nun links nach Weddewarden und auf dem Strompfad hinaus in die Deichlandschaft zum Ochsenturm. Der restaurierte Turm ist eine ideale Aussichtsplattform für den Blick auf das Wattenmeer. Über Schottwarden erreicht man Wremertief und den 3 / Leuchtturm Kleiner Preuße (Wremer Straße 118, 27639 Wurster Nordseeküste), der schon einige Male die Kulisse von Fernsehaufnahmen abgab. Besucher können den Kleinen Preußen samstags und sonntags sowie an Feiertagen von 13 bis 15 Uhr besteigen. Appetit auf ein Glas frischer Milch? Gleich am Kirchweg in Wremen, nicht weit

![image](top photo)

vom Leuchtturm, liegt das Melkhus Hof Schüssler (Wremen, Kirchweg 2, 27639 Wurster Nordseeküste, Tel.: 04705/641).

Am Wurster Watt

Der Deich ist weiterhin ständiger Begleiter nach Grohden. Bei
Solthörn verlässt der Weser-Radweg die Küste Richtung Dorumer
Altendeichum, um bei 4 / Dorum-Neufeld wieder an die Küste zu
stoßen. Ein Abstecher vor den Deich lohnt sich, denn hier wartet
das Nationalparkhaus der Wurster Nordseeküste (Am Kutterhafen 3, 27639 Wurster Nordseeküste), das Wellenfreibad „Watt'n
Bad", der Kutterhafen und der Leuchtturm Obereversand.

Krabbenschälmaschine und Melkhus

Über Cappel-Neufeld gelangt man nach Spieka-Neufeld zur
5 / Kocken & Ehlerding Krabbenhandels-GmbH (Zum Kutterhafen
20, 27637 Spieka-Nordholz) mit der legendären Krabbenschälmaschine von Alwin Kocken. Sie erlaubt eine sofortige Verarbeitung
der frischen Nordseekrabben ohne Transportwege. Perfekt für
eine kleine Rast am Wegesrand mit täglich fangfrischen Krabben-
und Fischbrötchen. Durch Berensch, das „Dorf in der Heide am

▲ oben / U-Boot Wilhelm Bauer in den Havenwelten Bremerhaven

Meer", wie es in einem Heimatgedicht genannt wird, erreicht man 6 / Arensch. Hier kann man noch einmal ein gemütliches Melkhus besuchen und sich auf Selbstbedienungsbasis die leckeren Milchprodukte und frischen Bauernkuchen schmecken lassen.

Zum See- und Wahrzeichen von Cuxhaven

Durch den Wernerwald geht es dann nach Cuxhaven-Sahlenburg an den Strand. Zwischen Heide und Watt am Sahlenburger Strand liegt der architektonisch eindrucksvoll gestaltete Holzbau des 7 / Wattenmeer-Besucherzentrum (Nordheimstr. 200, 27476 Cuxhaven-Sahlenburg). Die attraktiv gestaltete Ausstellung zeigt alles Wissenswerte über das Weltnaturerbe Wattenmeer. Unterwegs nach Cuxhaven-Duhnen kann man von der Aussichtsplattform Duhner Heide den Blick über die Cuxhavener Küstenheiden und das Wattenmeer schweifen lassen und dabei eine frische Brise Nordseeluft auf der Haut spüren. In Cuxhaven-Duhnen gelangt man an den kilometerlangen Sandstrand, der bis zur Kugelbake reicht. Der Strand ist den Badegästen vorbehalten, sodass man als Radler erst einmal durch den Wehrbergsweg und in Verlängerung auf der Cuxhavener Straße radeln muss. Hier kann es schon mal eng werden. Am Erlebnisspielplatz Duhner Kreisel geht es links hinunter an den Steinmarner Seedeich. Der Radweg nach rechts führt uns direkt zum Fort Kugelbake und dem Wahrzeichen von Cuxhaven, das sich auch im Stadtwappen findet, der 8 / Kugelbake. Sie ist das offizielle Ziel des Weser-Radwegs. Geografisch endet an der Kugelbake die Elbe und es beginnt die Nordsee. Das rund 30 Meter hohe hölzerne Seezeichen markiert den nördlichsten Punkt Niedersachsens. Seit dem späten Mittelalter waren die Hamburger bemüht, den Handelsweg zu ihrem Hafen auch für fremde Seefahrer sicher zu gestalten. So entstand um 1440 an der äußersten Landspitze Cuxhavens, die sich zwischen die Trichtermündungen von Elbe und Weser schiebt, ein System von Fahrwassermarkierungen als Tagessichtzeichen. Das „Kugelbakenlicht", als dauernde nächtliche Orientierungshilfe, wurde erst 1853 eingerichtet.

1869

Gut 10 Jahre bauten die Preußen am Fort Kugelbake, der Befestigungsanlage neben der Kugelbake. Ab 1869 wurde es zur Verteidigung der Elbmündung und des Schifffahrtsweges verwendet. Wer auf der Aussichtsplattform des Forts steht, dem wird die einmalige Lage deutlich vor Augen geführt, da das schiffbare Fahrwasser direkt am Fort vorbeiführt. Heute dient es als Event-Location.

Schiffe schauen

Gönnt man sich noch den Abstecher zur 9 / Aussichtsplattform Alte Liebe, dem ehemaligen Pier im Hafen von Cuxhaven, mit Radarturm und Feuerschiff Elbe1, radelt man am grünen Strand der Elbmündung entlang Richtung Neuer Fischereihafen und Amerikahafen. Am Hafen von Cuxhaven trifft man sich, um die großen Pötte aus aller Welt vorbeiziehen zu sehen. Der Schiffsansagedienst Cuxhaven informiert die Gäste über Größe und Herkunft der Schiffe. Mehr als 30.000 passieren jährlich den Weltschifffahrtsweg und machen Cuxhaven zum Treffpunkt der Ship-Spotter. Von hier wenden wir uns nach rechts, um anschließend über die Klappbrücke zwischen dem Alten Fischereihafen und dem Schleusenpriel Richtung 10 / Bahnhof Cuxhaven zu fahren. Auch hier gibt es in der Nähe einiges zu entdecken.

So etwa das Steubenhöft in den historischen Abfertigungshallen der Hamburg-Amerika-Linie (HAPAG), das den Besucher über den Überseepassagierverkehr von Cuxhaven seit 1889 informiert, oder das Wrack- und Fischereimuseum. Oder wir lassen unsere Tour mit einem Rundgang auf der Cuxhavener Fischmeile ausklingen.

FEUERSCHIFFE

Am 22. April 1988 ging in der Elbmündung vor Cuxhaven die mehr als 172-jährige Geschichte bemannter Feuerschiffe – schwimmender Seezeichen, um sicher durch die Untiefen der Elbmündung zu kommen – zu Ende. Die „Elbe1" liegt an der Innenseite am historischen Bollwerk 9 / Alte Liebe, wenn sie nicht gerade auf Reisen ist..

⌃ oben / Blick von der Aussichtsplattform Alte Liebe: Feuerschiff Elbe 1

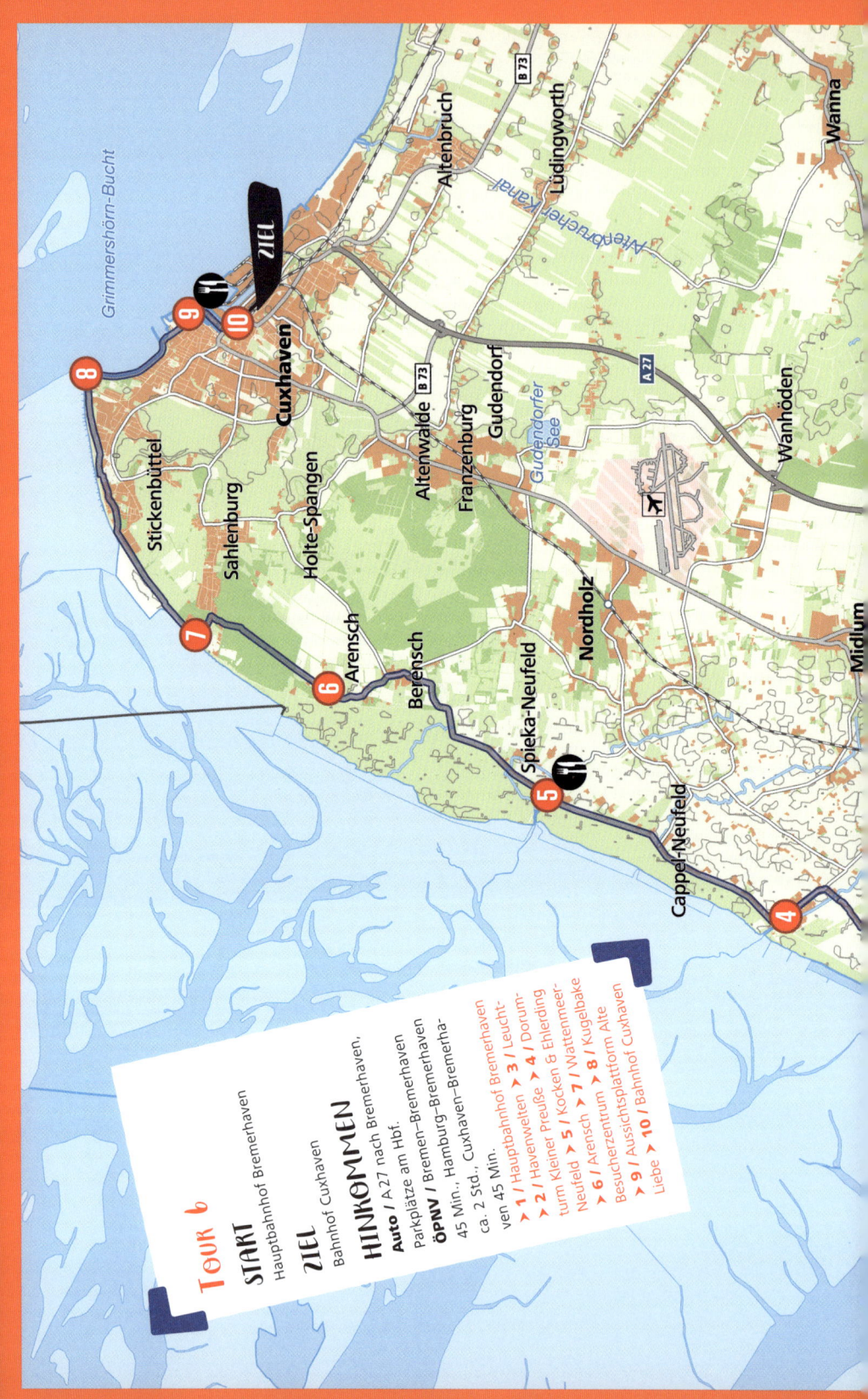

Tour 6

START
Hauptbahnhof Bremerhaven

ZIEL
Bahnhof Cuxhaven

HINKOMMEN
Auto / A 27 nach Bremerhaven, Parkplätze am Hbf.
ÖPNV / Bremen–Bremerhaven 45 Min., Hamburg–Bremerhaven ca. 2 Std., Cuxhaven–Bremerhaven 45 Min.

▶ **1** / Hauptbahnhof Bremerhaven ▶ **2** / Havenwelten ▶ **3** / Leuchtturm Kleiner Preuße & Ehlerdring ▶ **4** / Dorum-Neufeld ▶ **5** / Kocken ▶ **6** / Arensch ▶ **7** / Wattenmeer-Besucherzentrum Alte Liebe ▶ **8** / Kugelbake ▶ **9** / Aussichtsplattform Alte Liebe ▶ **10** / Bahnhof Cuxhaven

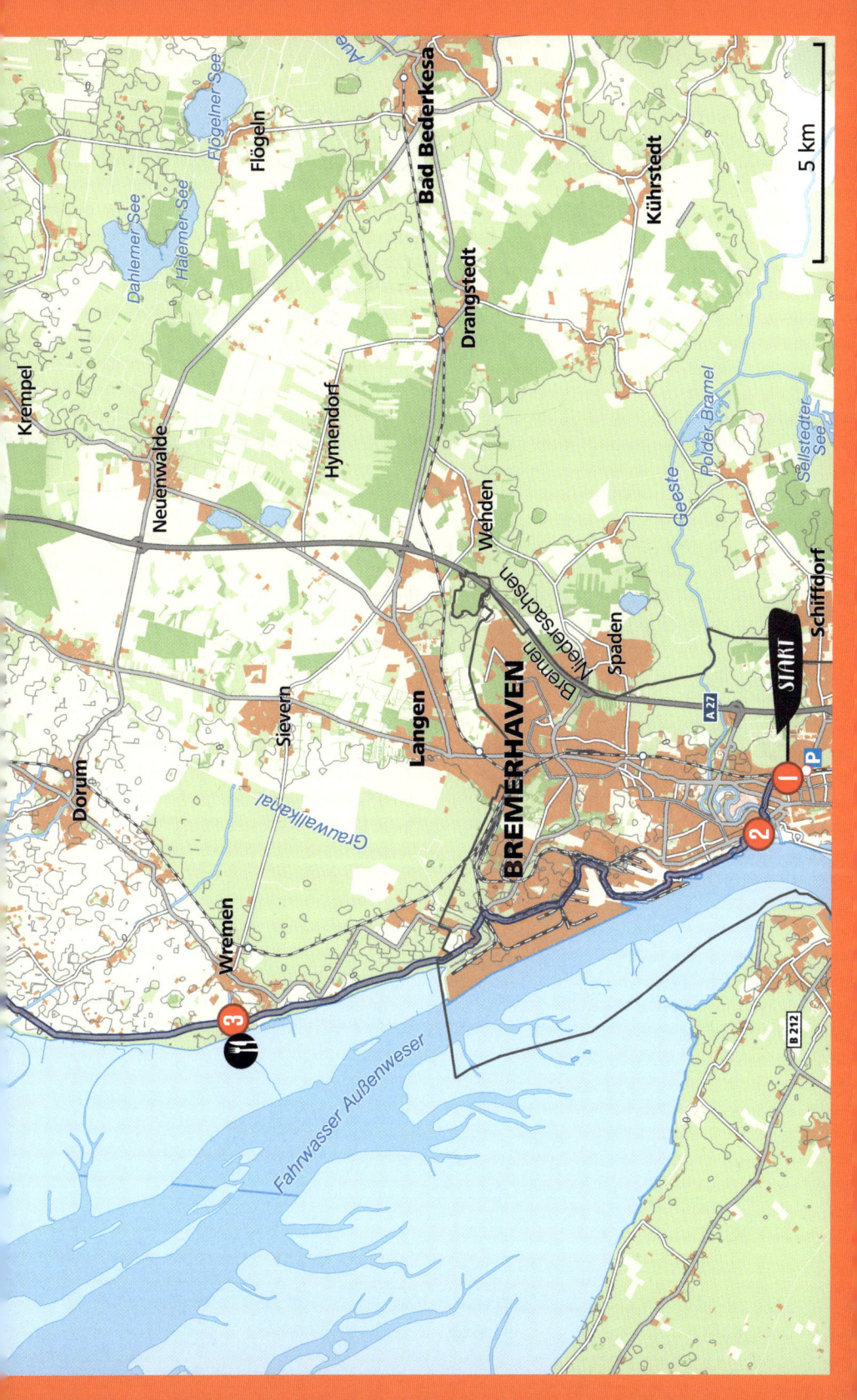

VARIATIONEN

Je nach Zeit und Laune reicht mir die Strecke von Burg nach Tangermünde. Oder ich nehme den Elberadweg auf der anderen Flussseite, um am selben oder nächsten Tag wieder retour zu radeln. Auch die andere Richtung ab Tangermünde bietet sich an.

➤ 1 / Wir starten am Bahnhof Burg (Magdeburg)

➤ 2 / Kurzer Abzweig zur Paltrockwindmühle in Parey

➤ 3 / Derben hat eine Jugendstilkirche, ein kleines Schiffermuseum und eine Heimatstube

➤ 4 / In Ferchland einkehren, bevor es mit der Fähre nach Grieben geht

➤ 5 / Eine hübsche Bockwindmühle erwartet uns in Grieben

➤ 6 / Im kleinen NABU-Elbeland-Museum gibt es eine Storchenkamera

➤ 7 / Vom Natur-Beobachtungsturm Böldorfer Haken nach Tieren Ausschau halten

➤ 8 / Reise in die Vergangenheit in Tangermünde

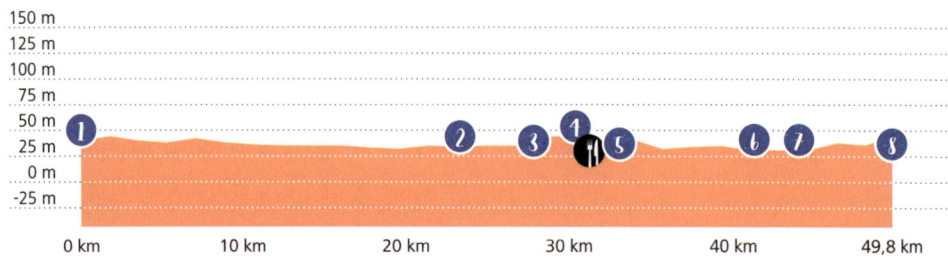

BACKSTEINGOTIK AN DER ELBE

Von Burg (Magdeburg)
nach Tangermünde <small>von Raphaela Moczynski</small>

Auf dieser Tour begeistert alte Architektur ebenso wie beschauliche Elbauen. Augen auf bei der Fahrt entlang der Deiche, denn sie führt durch das Reich von Weißstorch, Kranich und Biber. Sie alle lieben die Elbwiesen, die Reste der einst weitläufigen Auenwälder, die Altarme und Überschwemmungsflächen. Kulturell ist die Fahrt eine Reise in die Vergangenheit: Es geht in die Hansestädte Tangermünde.

50 Kilometer
30 Höhenmeter
Streckentour

Los geht's in Burg

Vom 1 / Bahnhof Burg b. Magdeburg nehmen wir die Bahnhofstraße und folgen dem Telegraphenradweg, bis dieser nach dem kleinen Park in der Bergstraße auf den Elberadweg stößt. Wir queren die Bahngleise und den Elbe-Havel-Kanal, um geradeaus bei Kilometer 7,5 in den kleinen Ort Parchau zu gelangen. Zur Elbe hin grenzt das Auengebiet Havelsche Mark an

CHARAKTER

Sportlich ●●●○○
Abkühlung ●●○○○
Schlemmen ●●●○○
Panorama ●●●●○

TOUKENINFO / Sehr gute Wegequalität auf dieser flussbegleitenden Route. Wir folgen dem blauen Logo des Elberadwegs und ab Parchau dem roten der D-Route 10, Zweiteres etwas weniger häufig gesetzt. Nur punktuell und gelegentlich innerorts radelt man auf von KFZ befahrenen Straßen.

◄ **links / Tangermündes mittelalterliches Stadtbild mit Rathaus und Stadttoren im Stil der Backsteingotik**

den Ort, der von Kiefernwäldern und dem am nördlichen Ortsrand gelegenen Parchauer See eingerahmt wird. Der See ist schmal und langgezogen, es handelt sich wie so oft bei den Gewässern entlang des Radwegs um einen Altarm der Elbe. Durch Wiesen und Felder gelangen wir unter der Stromleitung hindurch auf den Deich und in die Flusslandschaft.

Durch die Flusslandschaft zur Windmühle

Auf den folgenden knapp 9 Kilometern Kilometern zum Pareyer Verbindungskanal ist die Elbe nie weit weg. Vor dem Kanal, der Elbe und Elbe-Havel-Kanal verbindet, halten wir uns rechts. Nach der Brücke über den Kanalnebenarm folgen wir dem Gewässer rechts nach Parey. Bevor es links in den Ort hineingeht, kommen wir zur hübschen 2 / Paltrockwindmühle. Durch das Ortszentrum fahren wir zum Verbinungskanal zurück, den wir queren und fast schnurgerade nach Norden knapp 3 km später 3 / Derben erreichen. Der Ort kann mit einer Jugendstilkirche, einem kleinen Schiffermuseum und einer Heimatstube aufwarten. Zwischen Derben und der Elbe liegt ein Altarm, der Radweg verläuft nun zwischen Elbe-Altarm und dem rechts liegenden von Kiefern bestandenen Derbenschen Berg (56 m) hindurch.

FÄHRMANN, HOL ÜBER!

Mehr als dreißig Fähren verbinden die Ufer der Elbe. Zu beachten sind die Fährzeiten und ob Hoch- oder Niedrigwasser ist, denn dann können Fähren ausfallen. Die Motorfähre Ferchland–Grieben fährt bis auf vier 15-minütige Pausen im Sommer durchgehend von 5:30 (Mo–Fr) bzw. 8:30 Uhr (Sa/So/Fei) bis 20 Uhr abends.

Elbquerung

Wir erreichen die ersten Häuser von 4 / Ferchland bei Kilometer 30 unserer Tour. Der Ort ist bekannt für seine Fachwerkkirche, die eine interessante Geschichte hat: Ursprünglich an der Elbe gelegen, wurde sie durch die Verlagerung des Flussbettes zerstört und 1729 an ihrem heutigen Platz errichtet. In Ferchland lockt die Ursula Lüde Gaststätte Storchennest mit idyllischem, grün überwuchertem Gastgarten (Hauptstraße 5, 39317 Elbe-Parey). Alternativ kann man in der Gaststätte Elbestrand einkehren. Noch vor dem Ortszentrum biegen wir anschließend links zur Fähre Ferchland–Grieben ab. Der Wechsel auf das andere Elbufer empfiehlt sich, da wegen Deichbauarbeiten

auf der Strecke zwischen Jerichow und Fischbeck der Radweg bis 2024 unterbrochen ist. Wer dennoch nach Jerichow fahren möchte, findet vor Ort eine Umleitung über Mangelsdorf ausgeschildert. 5 / Grieben empfängt uns mit einer hübschen Bockwindmühle, die hier 1837 gebaut wurde; sie ist eine von einst drei Windmühlen des Ortes. Wir fahren rechts auf die Kreisstraße (Bittkauer Straße, dann Friedensstraße) und bis zur Gabelung am Ortsende bei Knotenpunkt 39, wo wir rechts der Kreisstraße 3,5 km nach Schelldorf folgen.

Durch die Elbauen zum Storchen-TV

Der Weg nach Schelldorf führt uns schnurgerade durch die Elbauen. Westlich des Ortes schützt ein Naturschutzgebiet den Schelldorfer See, einen Altmäander der Elbe. Wer mehr über die Elblandschaft erfahren möchte, dem sei das 6 / NABU-Elbeland-Museum im NABU-Zentrum für Ökologie, Natur- und Umweltschutz in Buch empfohlen. Vorbei an einem Rastplatz bei Knotenpunkt 17 gelangen wir links in den Ort. Die Elbauengemeinde gehört schon zu Tangermünde. Das Zentrum bietet Unterkünfte (in der Heuherberge) sowie Exkursionen in die angrenzende Flusslandschaft an, z. B. mit dem Kanu. Es gibt Beobachtungstürme und eine Storchenkamera.

⌃ oben / **Nicht nur Tangermünde ist für seine Storchennester berühmt**

NATUR-ERLEBNISSE

Neben dem 6 / NABU-Elbeland-Museum gibt es im Zentrum für Ökologie, Natur- und Umweltschutz (ZONU) auch einen Bauerngarten, eine Kräuterduftspirale und einen Lehmbackofen.

Das überrascht nicht, denn Buch liegt in einer der storchenreichsten Gegenden Deutschlands, das „Storchenfernsehen" bietet vor allem im Frühjahr einen spannenden Einblick in die Aufzucht der Storchenkinder. Ein dem Zentrum angeschlossener Hofladen verkauft Erfrischungsgetränke.

AN DER ELBE

Das Kommen und Gehen des Wassers bestimmt die Landschaft nicht nur des Naturschutzgebiets Bucher Brack – Bölsdorfer Haken. Wenn sich das Hochwasser zurückzieht, bleiben nährstoffreiche, schlammige Flächen übrig, die im Sommer zum Teil vollständig austrocknen. Die Elbufer sind unter anderem ganz hervorragende Habitate für Vögel, wie die vom Aussterben bedrohte Trauerseeschwalbe.

Artenvielfalt im Naturschutzgebiet

Der Elberadweg verläuft anschließend am Rand der von Altarmen durchzogenen Elbniederung. Um dorthin zu gelangen, folgen wir von der Kirche der Bucher Kirchstraße nach Norden. Am Ende der Bebauung macht die Straße einen Rechts-Links-Schwenk, quert einen Graben und führt für rund 800 m geradeaus, ehe wir rechts zur Elbe abbiegen. Hier am Deich wenden wir uns links Richtung Tangermünde. Rechts des Radwegs erstreckt sich das Naturschutzgebiet „Bucher Brack – Bölsdorfer Haken", ein ökologisch wichtiges Feuchtgebiet im Überflutungsbereich der Elbe. Auf beiden Seiten des Stroms liegen ausgedehnte Grünlandbereiche. Da das Naturschutzgebiet nicht eingedeicht ist, unterliegt es der natürlichen Flussdynamik. Es ist ein wichtiger Lebensraum für Elbebiber, Fischotter und verschiedene Fledermausarten; auch Seeadler, Rohr- und Wiesenweihe brüten hier und drehen ihre Kreise über den Radfahrern. Für Zugvögel wie Kraniche, Weiß- und Schwarzstörche sind die Wiesen ein wichtiges Nahrungsgebiet. Auf dem Deich vobei am 7 / Natur-Beobachtungsturm Böldorfer Haken kommt schon bald die Stadtsilhouette von 8 / Tangermünde in Sicht. Bei den Gebäuden des Tangermünder Wassersportvereins biegen wir links in die Straße Am Hafen, überqueren den Tanger und erreichen die von Backsteinarchitektur geprägte alte Hansestadt Tangermünde.

Fachwerk und Backsteinarchitektur vom Feinsten

Backsteingotik, romantische Fachwerkgebäude, ein einzigartiges Rathaus – die Stadt an der Mündung des Flüsschens Tanger in die Elbe hat viel zu bieten und lohnt einen längeren Aufenthalt. Die Stadt zählt zu Recht zu den sehenswertesten Städten der Altmark

und ist ein Traum für Freunde mittelalterlicher Stadtbilder. Der Reichtum der Bürger der Hanse- und Kaiserstadt spiegelt sich bis heute in so manchem Prachtbau im mittelalterlichen Zentrum wider. Manche der Fachwerkhäuser sind bis zu 370 Jahre alt, dazwischen findet sich die für Norddeutschland so typische Backsteinarchitektur. Nach der Brücke biegen wir von der Stendaler Straße rechts in die Kirchstraße. Vorbei am bekannten Neustädter Tor, das links von uns aufragt, steuern wir auf die Burg zu. Die auf einer erhöhten Fläche über den Elbauen erbaute mittelalterliche Burg ist die Keimzelle des Städtchens. Erhalten blieb nicht nur die Burganlage aus dem 14. Jh, sondern auch 12 der einst 30 Türme der Stadt, darunter das eben genannte Neustädter Tor. Besonders eindrucksvoll ist die 1300 erbaute Stadtmauer vom Elbufer aus. Wir umrunden die St. Stephanskirche, in der sich die Schererorgel befindet, die zu den 10 wertvollsten historischen europäischen Orgeln gehört. Hier häufen sich die Restaurants. Die Exempel Gaststuben direkt neben der Kirche verbinden Genuss, Gaudi und Geschichte. Man genießt die bodenständige Küche u. a. in Omas Wohnzimmer, einer alten Wäschekammer oder dem Bügelzimmer. Von der Burg hinter der Kirche geht es links zum Bahnhof Tangermünde.

BACKSTEINGOTIK

In seiner Art einzigartig ist auch das 1430 erbaute 24 m hoch aufragende freistehende Rathaus mit schönem Schmuckgiebel. Innen hat das Stadthistorische Museum seine Räumlichkeiten, auf dem Dach finden sich Storchennester.

▲ **oben / Morgendämmerung in der Elbaue bei Tangermünde**

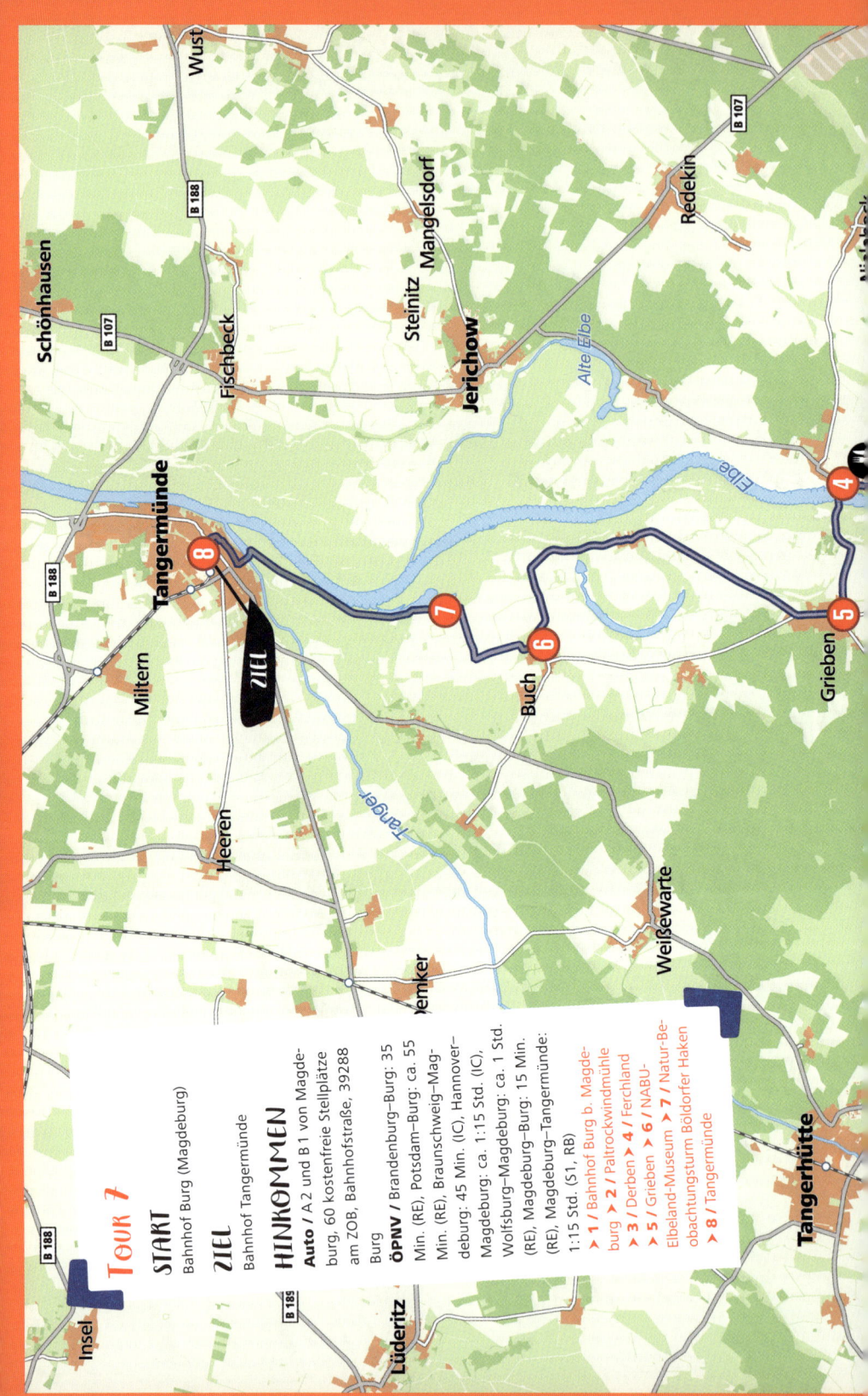

Schönhausen · Wust · Fischbeck · Steinitz · Mangelsdorf · Redekin · Jerichow · Tangermünde · Miltern · Heeren · Buch · Weißewarte · Grieben · Tangerhütte · Lüderitz · Insel

ZIEL

START

TOUR 7

START
Bahnhof Burg (Magdeburg)

ZIEL
Bahnhof Tangermünde

HINKOMMEN
Auto / A2 und B 1 von Magdeburg, 60 kostenfreie Stellplätze am ZOB, Bahnhofstraße, 39288 Burg
ÖPNV / Brandenburg–Burg: 35 Min. (RE), Potsdam–Burg: ca. 55 Min. (RE), Braunschweig–Magdeburg: 45 Min. (IC), Hannover–Magdeburg: ca. 1:15 Std. (IC), Wolfsburg–Magdeburg: ca. 1 Std. (RE), Magdeburg–Burg: 15 Min. (RE), Magdeburg–Tangermünde: 1:15 Std. (S1, RB)

➤ 1 / Bahnhof Burg b. Magdeburg **➤ 2** / Paltrockwindmühle **➤ 3** / Derben **➤ 4** / Ferchland **➤ 5** / Grieben **➤ 6** / NABU-Elbeland-Museum **➤ 7** / Natur-Beobachtungsturm Böldorfer Haken **➤ 8** / Tangermünde

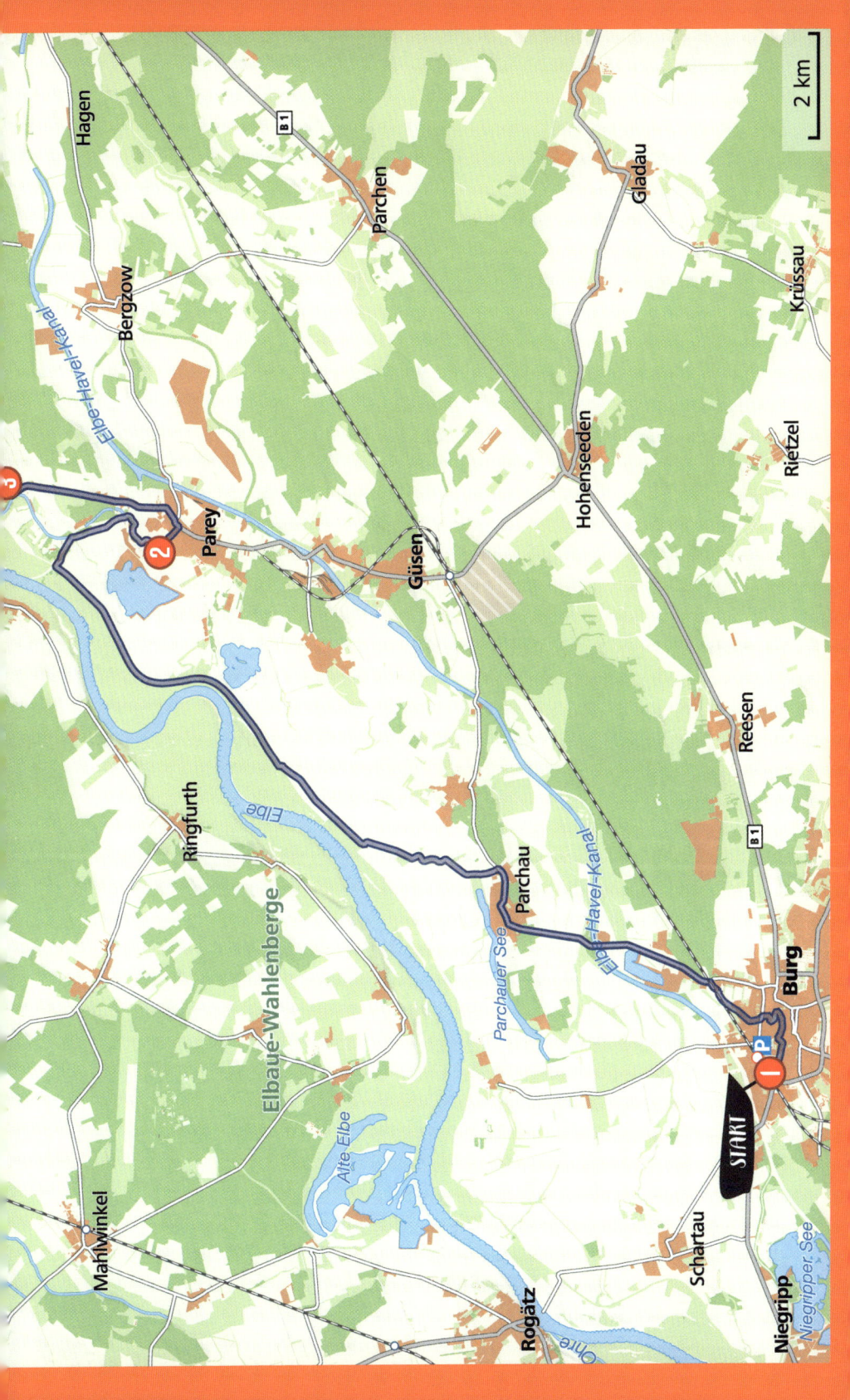

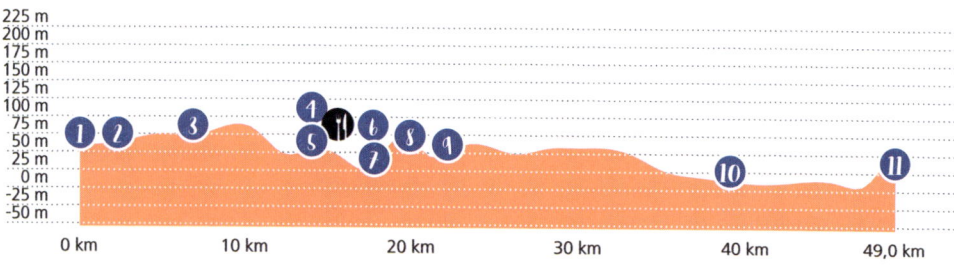

ABWECHSLUNG PUR

In jeglicher Hinsicht – zwischen hügeliger Märchenlandschaft und kultureller Schlössertour liebe ich die Vielfalt dieser anspruchsvolleren Tagestour.

➤ **1 /** Die Regionalbahn bringt uns aus Berlin an unseren Startpunkt, dem Bahnhof Rehfelde

➤ **2 /** Vorbei an der größten Feldsteinpyramide Deutschlands, der Pyramide Garzau

➤ **3 /** Der Europaradweg R1 führt uns durch den Tag

➤ **4 /** Perfekter Radlerstopp im Café Tilia

➤ **5 /** Die historische Buckower Kleinbahn wird elektronisch betrieben

➤ **6 /** An der Radstation in Buckow lassen sich die Akkus wieder aufladen

➤ **7 /** Auch zu Fuß wunderschön, der Schlosspark Buckow

➤ **8 /** Über die Berge des vielfältigen Naturparks Märkische Schweiz

➤ **9 /** Sand ist typisch auf Brandenburger Wegen, die Flugsanddüne ist etwas Besonderes

➤ **10 /** Pracht und Programm am Schloss Neuhardenberg mit traumhaftem Schlosspark

➤ **11 /** Am Bahnhof Seelow-Gusow können wir stündlich zurück nach Berlin fahren

AUF HÖHENMETER-SUCHE

Von Schloss *zu* Schloss *durch die*
Märkische Schweiz *von Juliane Schumacher*

Diese Tour hat es in sich: Vollgepackt mit Sehenswürdigkeiten reiht sich Schloss an Schloss, und Höhenmeter an Höhenmeter. Gepaart mit der wunderbaren Naturkulisse und entspannten Radwegen verspricht die Route den Tag abwechslungsreich zu füllen!

Eine Pyramide in Brandenburg

Unsere vielfältige Tagestour in die Märkische Schweiz startet im Osten von Berlin am 1 / Bahnhof Rehfelde, wo stündlich Züge aus der Hauptstadt halten. Von hier geht es direkt auf den Radweg und der Straße folgend durch den Ort Garzau. Kurz nach dem im Privatbesitz befindlichen Schloss biegen wir nach links auf eine Nebenstraße ab in den ehemaligen, nun verwilderten Landschaftspark. Das alte Kopfsteinpflaster macht den Weg etwas ungemütlich, aber die Mühe lohnt sich. Mitten im Grünen steht hier Deutschlands größte Feldsteinpyramide, die 2 / Pyramide Garzau (Am Gutshof, 15345 Garzau-Garzin, pyramide.garzau.de) aus dem 18. Jahrhundert, die in der Brandenburger Landschaft definitiv Eindruck macht.

49 Kilometer
110 Höhenmeter
Streckentour

CHARAKTER

Sportlich ●●●●○
Abkühlung ●●○○○
Schlemmen ●●●○○
Panorama ●●●●●

◄ links / Radweg bei Garzau

Auf dem R1

Wir steigen auf die Räder und fahren uns nun erstmal etwas ein. Auf den folgenden ca. 10 Kilometern können wir abseits vom Straßenverkehr idyllisch an Feldern entlang und durch Wald radeln. Der Feldabschnitt ist eher ungewöhnlich ausgebaut worden. Während mittig altes Kopfsteinpflaster verläuft, können wir an den Wegrändern auf gut fahrbarem Pflaster radeln. Die Strecke ist Teil des 3 / Europaradwegs R1, der uns den Großteil des Tages leiten wird. Auf dem asphaltierten Waldweg wird das Gelände hügeliger und deutet an, was uns heute noch erwarten wird. Es geht an der Bergschäferei vorbei, weiter über die B 168 und wir gelangen ins hübsche Waldsieversdorf. Der anerkannte Erholungsort lockt mit vielen kleinen Sehenswürdigkeiten, wie einem sanierten Wasserturm, einer Blumenuhr, dem Sommerhaus des Dadaisten John Heartfield oder dem Strandbad am Großen Däbersee. Für uns bedeutet es aber auch die erste, reizvolle Pausengelegenheit.

BRANDENBURGER BERGE

In der hügeligen Märkischen Schweiz lohnt der Antrieb umso mehr, inklusiveLademöglichkeit an der Radstation der Touristinfo Buckow.

Radlerrast unter Linden

Auf der Sonnenterrasse des ADFC-Bett+bike-zertifizierten 4 / Café Tilia (Mo, Do, Fr 14–17, Sa–So 13–18 Uhr, Dahmsdorfer Str. 27, 15377 Waldsieversdorf) direkt am R1 lässt es sich für Radfahrende ideal pausieren. Kühle Getränke und hausgemachter Kuchen sorgen genauso dafür wie die im Notfall vorhandenen Repair-Kits fürs Fahrrad. Perfekt!

Mit der Kleinbahn nach Buckow

Am Bahnhof Waldsieversdorf biegen wir nach links ab und radeln auf dem asphaltierten Radweg durch den Wald an den Bahngleisen entlang. Dort fährt ein über 120 Jahre altes Kleinod durch die malerische Kulisse des Naturparks – die elektrisch betriebe-

➤ rechts / Pyramide Garzau

ne Museumsbahn 5 / Buckower Kleinbahn (Sa–So und Feiertage, 3/1,50 €, buckower-kleinbahn.de). Sie nimmt bei Platzverfügbarkeit sogar Fahrräder mit.

Die Perle der Märkischen Schweiz

Kurz nach dem Bahnhof Buckow biegen wir nach rechts auf die Hauptstraße ab und fahren auf dieser durch den einzigen staatlich anerkannten Kneippkurort Brandenburgs ins Herz der Märkischen Schweiz. Am türkisfarbenen Wasser des bis zu 45 Meter tiefen Schermützelsees gelegen, verzaubert der kleine Ort Buckow in vielerlei Hinsicht. Wir kommen am geschäftigen Marktplatz und kurz darauf an einer 6 / Radstation mit Ladeoption für E-Bikes und Reparaturstation vorbei, die sich direkt an der Touristinfo (saisonal, Di–So ab 10 Uhr, Sebastian-Kneipp-Weg 1, 15377 Buckow, maerkischeschweiz.eu) befindet. Von dort ist es nicht weit bis zum herrlichen 7 / Schlosspark Buckow aus dem 17. Jahrhundert. Auch wenn das Schloss nicht mehr erhalten und im Park Radfahren verboten ist, sollte man einen Besuch in Betracht ziehen, um etwas auf dem wunderschönen Parkgelände zu flanieren. Im Sommer gibt es hier klassische Open-Air-Konzerte, die eine wunderbare Atmosphäre schaffen.

IN DEN EINZIGEN KNEIPPKUR-ORT BRANDEN-BURGS

Höhenmeter in Brandenburg

Nachdem wir den Schlosspark verlassen haben, empfiehlt es sich, kurz vom Müsliriegel abzubeißen, einen Gang runter und falls vorhanden eine Unterstützungsstufe am E-Bike hochzuschalten und kräftig in die Pedale zu treten. Der vor uns liegende Anstieg auf der Königsstraße ist knackig – aber mit etwas Geduld und Schmackes schaffen wir das. Damit uns beim Hochfahren nicht langweilig wird, hoppeln wir anfangs über ein paar Meter Kopfsteinpflaster, die bald in Asphalt übergehen. Die vor uns liegende Landschaft entschädigt dann für einiges. Der 8 / Naturpark Märkische Schweiz ist ein eiszeitlich ge-prägtes Landschaftsschutzgebiet mit einigen Seen, Fließen, Wäldern und Schluchten. Vor allem die „Berge" der Region heben sich deut-lich von der oft flachen Brandenburger Landschaft ab. Wir fahren auf dem asphaltierten Radweg des R1 durch den Wald, passieren dabei das Umweltzentrum Drei Eichen, sehen malerische Fließlandschaften und sogar eine 9 / Flugsanddüne, die aufgrund ihrer Einzigartigkeit und der steinzeitlichen Funde zum Bodendenkmal erklärt wurde.

Felder und Schlösser

Wir verlassen den Wald, Felder säumen nun den Weg. Es geht durch die Siedlung Münchehofe mit der alten Feldsteinkirche bis nach Obersdorf immer weiter auf dem R1. Mittlerweile folgen wir auch der Radroute der Märkischen Schlössertour, die auf dem Allee-Abschnitt nach Trebnitz teilweise den uns schon bekannten Mix aus Kopfstein-pflaster und Fahrbereichen aus Pflastersteinen aufweist. Alles in allem eine entspannte Strecke abseits des Straßenverkehrs. Wem nach der Sichtung eines weiteren Schlosses ist, der kann in Trebnitz einen Ab-stecher nach Süden durch den Ort machen und einen Blick auf das Schloss werfen, bevor es auf der L36 gen Norden geht.

TOURENINFO / Größtenteils asphaltiert mit einigen Steigungen, für fitte Familien auch mit Anhänger geeignet, tolle E-Bike-Tour mit Lademöglichkeit an der 6 / Radstation, Badestopp möglich. Ggf. an Handtuch, Mücken- und Sonnenschutz denken!

Schlosspracht und Schinkel

Vor uns liegt die einzige Radweglücke der Tour und wir fahren die knapp 4 Kilometer bis nach Wulkow auf der ruhigen Landstraße weiter. Dort passieren wir das romantische Hochzeitshotel Schloss Wulkow, bevor wir nach rechts auf den asphaltierten Radweg abbiegen, der nur auf einem kurzen Abschnitt durch einen naturbelassenen Feldweg unterbrochen wird. Schließlich erreichen wir ein weiteres Tourenhighlight im Ort Neuhardenberg. Die klassizistische Anlage des 10 / Schloss Neuhardenberg (Schinkelplatz, 15320 Neuhardenberg, schlossneuhardenberg.de) mit Hotel, Restaurant und Schinkelkirche wurde vom preußischen Baumeister Karl-Friedrich Schinkel Anfang des 19. Jahrhunderts umgestaltet. Die Stiftung Schloss Neuhardenberg richtet dort ganzjährig ein vielfältiges Programm aus. Die letzten Kilometer liegen vor uns, die wir auf dem straßenbegleitenden Radweg nach Gusow zurücklegen. Das letzte Schloss unserer Tour, das Gusower Schloss, wurde mehrfach umgebaut und erscheint heute im neogotischen Stil. Mit dem Bild dieses eindrucksvollen Bauwerks im Kopf erreichen wir kurz darauf den 11 / Bahnhof Seelow-Gusow und steigen nach einem ereignisreichen Tag in den Zug, der uns über unseren Startort hinweg stündlich wieder nach Berlin bringt.

BERGE

Der 8 / Naturpark Märkische Schweiz ist ungwöhnlich hügelig. Perfekt zum Wandern – wie durchs Sophienfließ nördlich von Buckow, oder zum Offroad-Radfahren – wie durchs malerische Stobbertal bis zum Tornowsee. Beides gute Optionen, die Tour zu verlängern.

⌃ oben / Wassermühle in Buckow

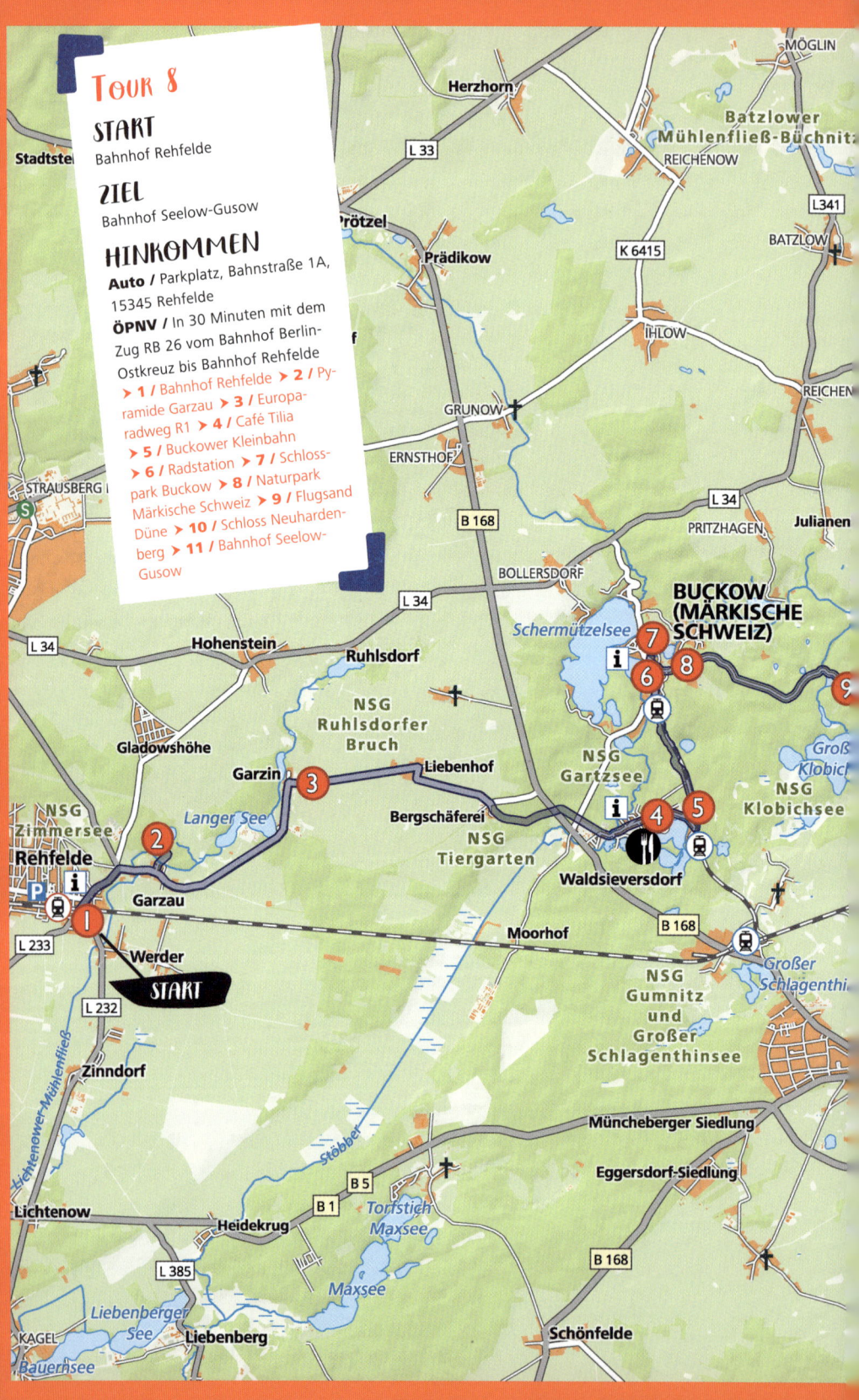

Tour 8

START
Bahnhof Rehfelde

ZIEL
Bahnhof Seelow-Gusow

HINKOMMEN
Auto / Parkplatz, Bahnstraße 1A, 15345 Rehfelde
ÖPNV / In 30 Minuten mit dem Zug RB 26 vom Bahnhof Berlin-Ostkreuz bis Bahnhof Rehfelde

> **1 /** Bahnhof Rehfelde > **2 /** Pyramide Garzau > **3 /** Europa-radweg R1 > **4 /** Café Tilia > **5 /** Buckower Kleinbahn > **6 /** Radstation > **7 /** Schloss-park Buckow > **8 /** Naturpark Märkische Schweiz > **9 /** Flugsand Düne > **10 /** Schloss Neuharden-berg > **11 /** Bahnhof Seelow-Gusow

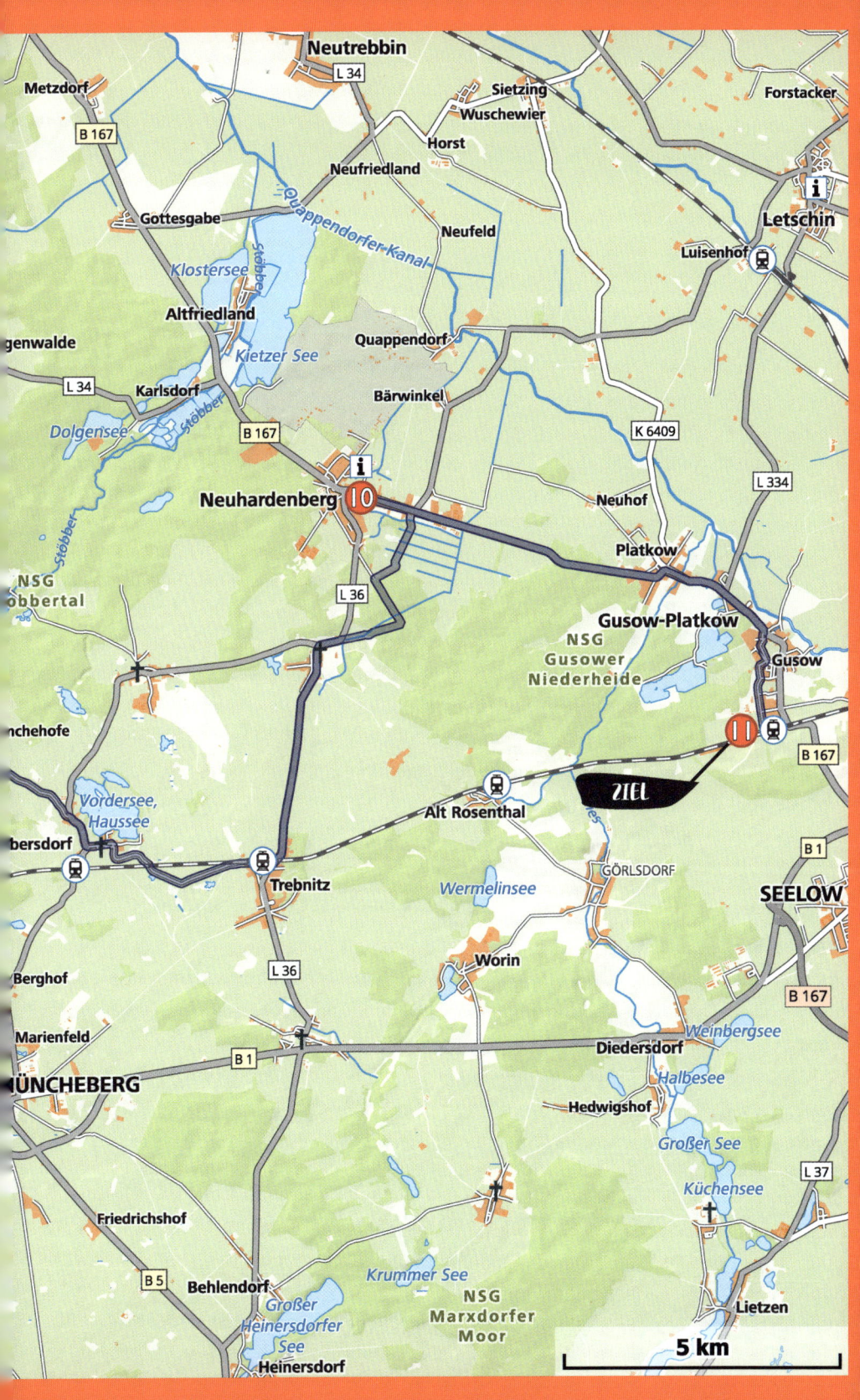

NATUR UND BETON

Ich empfehle die Tour für Naturlieb-
habende und Historienfans, denn sie
führt auf grünen Wegen durch die
lebhafte militärische Vergangenheit
der Region.

➤ **1 /** Aufbruch und Abschluss im Süden von Berlin am Bahnhof Königs Wusterhausen

➤ **2 /** Am Schlosspark von Schloss Königs Wusterhausen

➤ **3 /** Entlang des ältesten schiffbaren Wasserweges am Nottekanal

➤ **4 /** Die Bücherstadt Wünsdorf-Waldstadt ist nach walisischem Vorbild entstanden

➤ **5 /** Eine Reise in die militärische Vergangenheit bei einer Bunkeranlagen-Tour

➤ **6 /** Auf eine Stärkung ins Café Lötz

➤ **7 /** Durch die „Verbotene Stadt" am Haus der Offiziere vorbei

➤ **8 /** Der Radweg nach Kallinchen lässt die Beine arbeiten und die Lungen durchatmen

➤ **9 /** Auf eine Erfrischung ins Strandbad Motzener See

➤ **10 /** Auf den Spuren der Jagdgesellschaften des 18. Jh. entlang des Hofjagdwegs

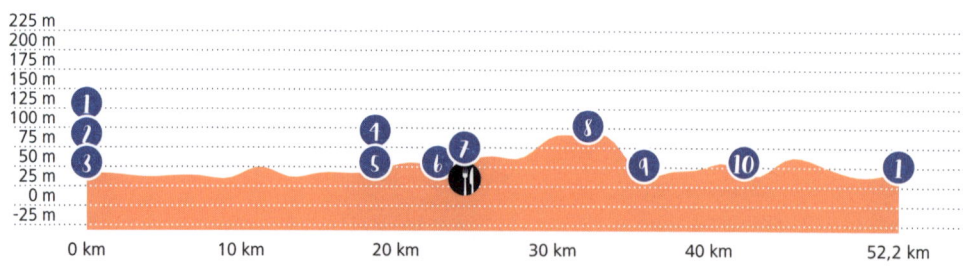

IN DIE VERGANGENHEIT

Von **Königs Wusterhausen** in die
Militärhistorie Brandenburgs von Juliane Schumacher

Diese abwechslungsreiche Radtour führt uns durch Stadt und Land vorbei an Wasser und Feldern, lässt uns auf den Spuren deutscher Vergangenheit radeln und nimmt uns auf wechselnden Untergründen mit durch eine hügelige Waldlandschaft zwischen gesprengten Bunkern und zurückgewonnener Natur – eine Reise durch die Zeit, die du so noch nicht gemacht hast!

52 Kilometer
100 Höhenmeter
Rundtour

Aufbruch in KW

Wir beginnen städtisch am gut angebunden
1 / Bahnhof Königs Wusterhausen, oder kurz KW, wie der Berliner sagt, im Süden von Berlin. Hier kommt man perfekt mit den Öffentlichen hin, ob mit S-Bahn aus Berlin oder Regionalzug. Unser erstes Tourenhighlight liegt dann auch nur wenige hundert Meter vom Bahnhof entfernt.

CHARAKTER
Sportlich ●●●●○
Abkühlung ●●○○○
Schlemmen ●●○○○
Panorama ●●●○○

Nachdem wir rechts bis zum Kreisverkehr gefahren sind, radeln wir nach links und direkt darauf zu. Dabei kreuzen wir den Nottekanal das erste Mal. Der Wasserweg grenzt an den Schlosspark der ehemaligen Residenz des preußischen Soldatenkönigs Friedrich Wilhelm I.: Das kompakte 2 / Renaissance-Schloss Königs Wusterhausen (saisonal,

◄ links / Unterwegs am Radweg nach Kallinchen entlang militärischer Überbleibsel

6/5 €, Schloßplatz 1, 15711 Königs Wusterhausen, spsg.de) versetzt uns ins 16. Jahrhundert. Das Schloss liegt mit seinen Nebengebäuden im Westen des öffentlich zugänglichen Parks. Radfahren darf man dort nicht, aber einmal gemütlich hindurchschieben und dabei die sanierte Anlage von außen anschauen oder gegebenenfalls von innen besichtigen, ist natürlich entspannt möglich.

Entlang der alten Wasserstraße

Von dort aus geht es auf der Schloßstraße über die Kanalinsel und bis zur kleinen Königs Wusterhausener Schleuse, wo wir nach rechts auf den wunderschönen Rad- und Fußweg entlang des 3 / Nottekanals abbiegen. Büsche und teilweise hohe Bäume und Alleen säumen den Kanal und laden besonders im Herbst zu einem herrlich farbenfrohen Schauspiel ein. Der Untergrund variiert von Asphalt zu festen Schotter- und Naturböden und ist mit etwas Profil sehr gut fahrbar.

SANFTE HÜGEL DER REGION

Auf dem teils hügeligen Weg in die 4 / Bücherstadt Wünsdorf-Waldstadt als auch auf dem 8 / Radweg nach Kallinchen ist Motorunterstützung sehr willkommen.

Auf Radwegen durch die hügelige Landschaft

In Mittenwalde verlassen wir den Kanal an der Mittenwalder Schleuse, die zweite der drei Schleusen des Nottekanals. Es wird langsam etwas hügeliger und so bieten sich auf dem Radweg entlang der B 246 immer wieder schöne Ausblicke über die Felder und die gesamte Umgebung. In Telz rollen wir zunächst ordentlich bergab, dann treten wir kurz vor Zossen im Wald noch einmal kräftig in die Pedale, um den kurzen Anstieg in die Stadt hinein zu bewältigen. Puh, erstmal geschafft! Kurz nach dem denkmalgeschützten Wasserturm überqueren wir die Gerichtstraße und biegen nach links ins Scheunenviertel ein.

➤ rechts / Radweg nach Zossen

Am Weinberg

Von nun an fahren wir auf der ruhigen Nebenstraße am ehemaligen Weinberg entlang. Das ruppige Kopfsteinpflaster macht dabei mehr als deutlich, wie alt die Straße schon ist. Es gibt aber immer wieder Möglichkeiten den unangenehmen Steinen an den Wegrändern zu entgehen und nach wenigen hundert Metern haben wir es dann auch geschafft und rollen über eine geteerte Straße nach Wünsdorf ein. Dort gibt es wahrlich einiges zu entdecken und wir bleiben immer wieder erstaunt stehen, um alles, was wir dort sehen, wirklich aufnehmen zu können.

Brandenburgs Buch-Mekka zwischen Bunkern

Wir befinden uns in der 4 / Bücherstadt Wünsdorf-Waldstadt. Bücherstadt? Vielleicht ist das nicht das erste, was einem hier in den Sinn kommt. Fakt ist aber, das Ende der 90er nach dem walisischen Vorbild der „Booktown" Wünsdorf zu Deutschlands einziger Bücherstadt wurde. Das zeigt sich noch heute durch die Anwesenheit von Antiquariaten bzw. Buchläden mit tausenden Büchern. Was uns aber sicherlich zuallererst ins Auge sticht, wenn wir in den Ort hineinfahren, sind die hoch emporragenden Türme der Luftschutzhochbunker, die mal mitten auf einer Wiese schon halb einge-

AB MITTENWALDE

Theoretisch könnten wir dem Nottekanal bis Telz folgen, praktisch wird der Weg ab Mittenwalde sehr rau, weshalb der Radweg an der B 246 zu bevorzugen ist.

wachsen, mal zentral in einem Wohngebiet wie Fremdkörper aus Beton aus dem Boden ragen. Diese Spitzbunker können neben den 5 / Bunkeranlagen (12 €, Haus Oskar, Zehrensdorfer Str. 12, 15806 Zossen, OT Wünsdorf, +49 (0) 33702 - 9600, buecherstadt.com) des ehemaligen Generalstabs- und Oberkommandos des Deutschen Heeres bei Bunkerführungen ganzjährig besucht werden.

Die „Verbotene Stadt"

Die Route folgt nun ein kurzes Stück der B 96, bis man rechts das 6 / Café Lötz (Di–So 9–19 Uhr, Berliner Allee 48, 15806 Zossen, OT Wünsdorf) erreicht. Dort lohnt ein Stopp, denn es gibt allerlei Leckereien und neben Torten auch herzhafte Snacks. Im Anschluss geht es weiter nach Süden und links in die Hauptallee. Nach dem Zweiten Weltkrieg ließen sich Sowjetische Truppen in der Waldstadt nieder und machten es zu einem Sperrgebiet für die deutsche Bevölkerung. Daher kommt auch der Beiname „Verbotene Stadt". Hinter Zäunen und zwischen Bäumen können wir die Bauwerke aus der Militärvergangenheit bestaunen, u. a. den imposanten Bau des 7 / Hauses der Offiziere (Hauptallee 117, 15806 Zossen, OT Wünsdorf), ein sehenswerter Lost Place, der auf Fototouren besichtigt werden kann.

In den dunklen Wald

Nach so viel Beton und Militärhistorie radeln wir nun ein Stück gen Norden und wieder mehr in die Natur hinein. Der 8 / Radweg nach Kallinchen ist am Anfang für etwa 3 km etwas fordernd, da er über feste Schotterwege und berghoch führt. Dafür ist die Umgebung sehr schön und wir fahren durch den abwechslungsreichen Wald zwischen Birken und Nadelbäumen. Ab der Hälfte, auf Höhe eines überdachten Rastplatzes, geht es auf einem schön in die Landschaft eingebetteten Asphaltweg weiter. Rechts eine Art sandiger Reitweg

TOUREINFO / Gemischte Wegqualität – von glattem Asphalt bis Schotter und etwas Sand ist alles dabei, leicht profilierte Reifen empfehlenswert, einige kleinere Steigungen. Bademöglichkeit in Kallinchen.

abgetrennt durch kleine Holzpfähle, links der geteerte Radweg mit ein paar Wurzeln. Und am Ende werden wir mit einem langen Stück bergab belohnt. Huuuuiii!

Erfrischung am See und entlang der Hofjagd

Schließlich erreichen wir Kallinchen und den wunderbar sauberen Motzener See. Im Sommer kann man hier am 9 / Strandbad (Am Strandbad, 15806 Zossen, OT Kallinchen) eine erfrischende Pause einlegen. Danach fahren wir über die ruhige Seestraße vorbei an Campingplatz und Wohnhäusern bis zur Motzener Straße, der wir bis zur Kreuzung Töpchiner Straße folgen. Von nun an geht es nach Norden, durch Motzen hindurch. Wir radeln entlang der Bestenseer Straße, bis wir auf den 10 / Hofjagdweg treffen. Der Name des Weges ist bezeichnend, denn die insgesamt knapp 68 km lange Route trägt uns wieder ein wenig in die Vergangenheit. Wir erleben auf rund 10 Kilometern einen Teil der Reise durch historische Orte der preußischen Hofjagdgesellschaften aus dem 18. und 19. Jahrhundert. Das bedeutet eine entspannte Fahrt auf asphaltierten Nebenstraßen, vorbei an Feldern und Seen. Über herrliche Radwege durch Wald und kleine Orte radeln wir zurück nach Königs Wusterhausen, stoßen dort erneut auf den Nottekanal und erreichen kurz darauf den 1 / Bahnhof.

BETON-ZIGARRE

7 der ehemals 19 Luftschutzbunker, auch Betonzigarre oder Winkelbunker gennant, sind noch erhalten und geben neben den umliegenden Groß- und Tiefbunkeranlagen einen beeindruckenden Einblick in die über 100-jährige Militärgeschichte von Wünsdorf-Waldstadt.

⌃ oben / Bunkerführungen in der Bücherstadt

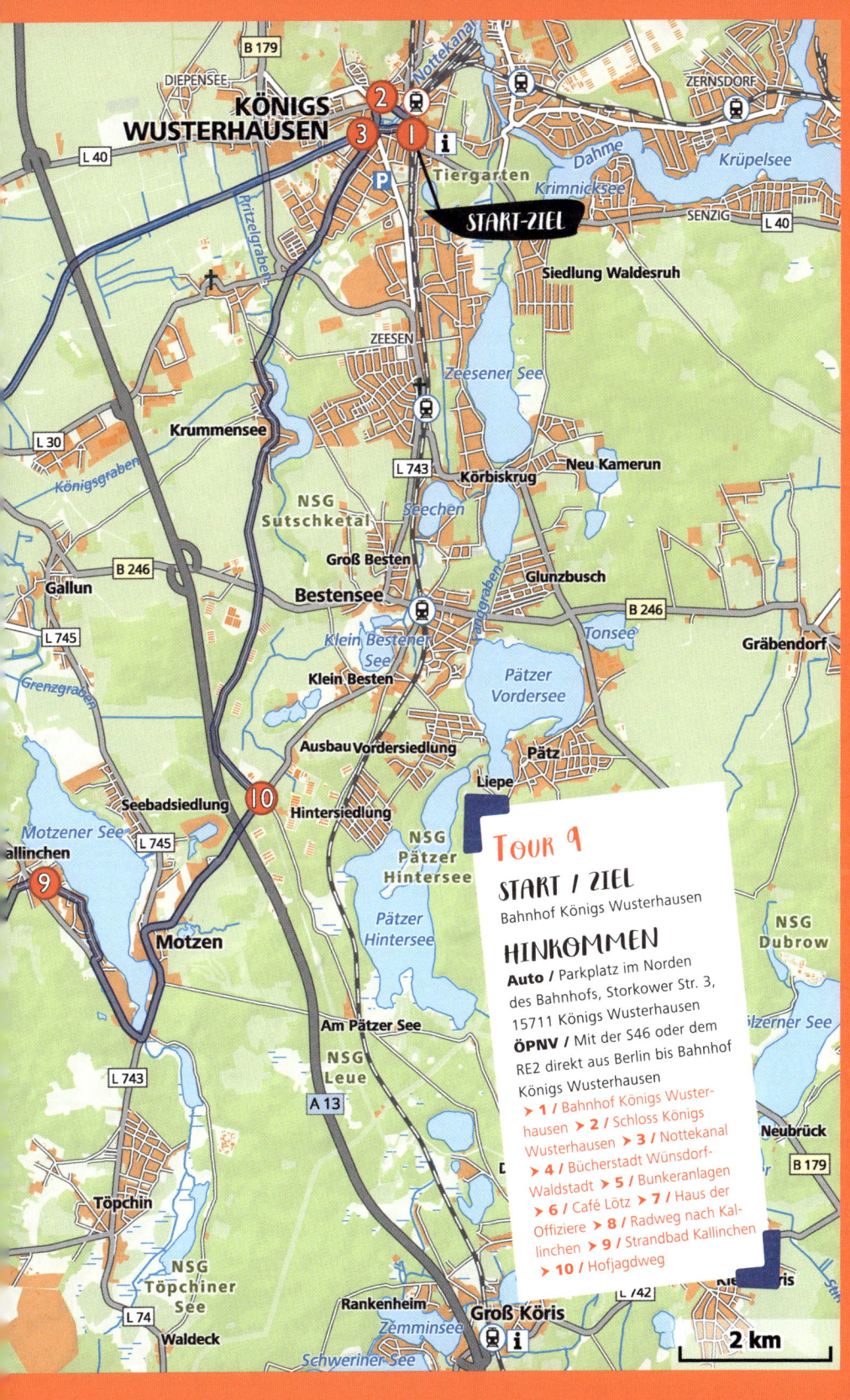

START-ZIEL

TOUR 9

START / ZIEL
Bahnhof Königs Wusterhausen

HINKOMMEN
Auto / Parkplatz im Norden des Bahnhofs, Storkower Str. 3, 15711 Königs Wusterhausen
ÖPNV / Mit der S46 oder dem RE2 direkt aus Berlin bis Bahnhof Königs Wusterhausen
➤ **1 /** Bahnhof Königs Wusterhausen ➤ **2 /** Schloss Königs Wusterhausen ➤ **3 /** Nottekanal ➤ **4 /** Bücherstadt Wünsdorf-Waldstadt ➤ **5 /** Bunkeranlagen ➤ **6 /** Café Lötz ➤ **7 /** Haus der Offiziere ➤ **8 /** Radweg nach Kallinchen ➤ **9 /** Strandbad Kallinchen ➤ **10 /** Hofjagdweg

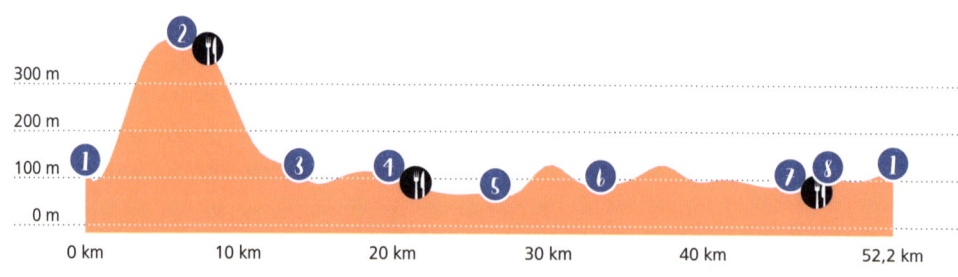

WO SICH KAISER UND KÖNIGE TRAFEN

Da verabrede ich mich auch gerne zur Radtour. Auspowern am Deisterkamm in Verbindung mit vorzüglichem Essen. Eine perfekte Tagestour.

➤ 1 / Vom Bahnhof Springe blicken wir hinauf zum Deister

➤ 2 / Am Annaturm machen wir Rast

➤ 3 / Wir sind begeistert vom klaren Badewasser im Wasserpark Wennigsen

➤ 4 / Der Berggasthof Niedersachsen ist die perfekte Adresse zur Einkehr

➤ 5 / Bei den Wasserbüffel in der Ihmeaue legen wir einen Stopp ein

➤ 6 / Am Eingang zum Gut Bennigsen sehen wir das Wappen des Calenbergischen Uradels

➤ 7 / Wir sehen die Falken überm Wisentgehege Springe kreisen

➤ 8 / Am Jagdschloss Springe satteln wir ab

ÜBER DIE ALTEN KOHLEFLÖZE

Von **Springe** *über* *den* **Deister** *von Ralf Enke*

Hinauf, ja steil hinauf, geht's im Südwesten von Hannover auf den Deister mit Blick ins Calenberger Land. Wir speisen im ausgezeichneten Berggasthof Niedersachsen und beobachten die Wasserbüffel in der Ihmeaue. In Bennigsen schauen wir zum Sommerfestival im Rittergut vorbei, spazieren durch das Wisentgehege und besuchen das Jagdschloss Springe, wo schon Kaiser Wilhelm II. seine Kaiserjagden inszenierte.

52 Kilometer
650 Höhenmeter
Rundtour

Richtung Annaturm

Am 1 / Bahnhof Springe satteln wir auf und radeln die Bürgermeister-Peters-Straße entlang und rechts über den Bahnübergang. Die Jägerallee führt uns nun ständig bergauf in den Deister. So richtig wadenbeißig geht's Richtung Köllnscheid und erreichen einen Wanderparkplatz. Wir biegen rechts ein und weiterhin geht's streng bergauf zu einem Rastplatz mit Schutzhüt-

CHARAKTER

Sportlich ●●●●○
Abkühlung ●●●○○
Schlemmen ●●●●●
Panorama ●●●●○

TOURENINFO / Von Springe geht's rund 6 Kilometer steil bergauf, ein E-bike wäre hier hilfreich, auf guten Wegen zum höchsten Punkt des Deisters. Unterm Deister geht's durchs wellige Calenberger Land auf guten Feldwegen. In den Orten radeln wir auf Straßen, während außerhalb meist Radwege angelegt sind. Eine Tour, die Kondition erfordert.

‹ links / Jagdschloss Springe

te. Hier wenden wir uns nach links und der breite Weg führt uns zum 2 / Annaturm mit der Waldgaststätte (Tel. 05103 3242, Deister, 31832 Springe). Der Annaturm auf dem Bröhn, mit 405 m über NN der höchste Punkt im Deister, liegt direkt am Kammweg, einem uralten Verkehrsweg. Nach der anstrengenden Auffahrt gönnen wir uns eine Pause, vielleicht bei einem Obstwein. Ein Trost, ab hier geht's nur noch abwärts. Wir radeln auf dem Kammweg an der Radarstation vorbei zum Abzweig bei einer Hütte mit Sendemast. Rechts rollen wir talwärts zum Häuserensemble am Georgsplatz.

HINAUF, HINAUF
In der Altstadt Springe (Büro der Stadtwerke, Zum Oberntor 19) versorgen wir den E-Bike-Akku mit Saft. Ein paar Meter weiter beginnt die Fußgängerzone, von der wir den Deister ins Auge fassen.

Heimatmuseum mit Mühlrad

Lassen wir unser Rad nun bergab rollen bis zu einem Wanderparkplatz. Rechts biegen wir auf den Weg ein und gelangen an eine Wegekreuzung, an der wir den linken Weg zum Waldstadion und zum 3 / Wasserpark Wennigsen wählen. Der ist ein Naturbad, wo das Badewasser in einem Regenerationsteich gereinigt wird. Gut für den Umweltschutz. Wir kommen zum Heimatmuseum in einem schönen Fachwerkhaus mit Mühlrad. Wir gelangen an die Hirtenstraße und biegen links ein. An der Neustadtstraße geht's rechts und an der Bahnhofstraße links zum Bahnhof Wennigsen. Rechts radeln wir zum Bahnübergang und schwenken in die Degerser Straße links ein. An der großen Kreuzung geht's rechts auf dem Radweg zur Niedernfeldstraße und folgen ihr bis zur Straßenverzweigung. Rechts führt uns das schmale Sträßchen an den Rand des bewaldeten Süerser Berg. An der Waldecke geht's links und sofort rechts am Gehrdener Berg entlang.

Als die „Elektrische" fuhr

Bald erscheint der Hinweis zum 4 / Berggasthof Niedersachsen (Tel. 05108 31 01, Köthnerberg 4, 30989 Gehrden). Ein Haus mit vielen Auszeichnungen und einzigartigem Ambiente. Hier schwenken wir

---

➤ **rechts / Blick zum Deister vom Berggasthaus Niedersachsen**

ein, schauen zurück zum Deister. Am Haus fuhr einst die legendäre Straßenbahnlinie 10 der Üstra vorbei von Hannover nach Barsinghausen. Auf der Trasse geht's ein Stück direkt am Waldrand nach rechts, dann an der Wegekreuzung links durch den Wald nach Gehrden zur Hindenburgallee. Wir erreichen die Franzburger Straße, fahren nach rechts und an der Straßenverzweigung links auf der Parkstraße am Von-Reden-Park entlang bis zur Schulstraße. Rechts biegen wir ein und verlassen Gehrden. Auf dem Radweg geht's an der Straße entlang zum Abzweig links über die Felder Richtung Weetzen. Vor der B217 fahren wir links an der Straße entlang, dann rechts auf die Straßenbrücke und erreichen den Bahnübergang am Bahnhof Weetzen.

Wasserbüffel auf der Aue

Auf der Bröhnstraße geht's flott durch Weetzen zur Hauptstraße. Rechts gelangen wir zur Vörierstraße, die uns in die Flussaue der Ihme führt. Rechter Hand am Wanderparkplatz sollten wir uns die Info-Tafel über die 5 / Wasserbüffel in der Ihmeaue ansehen. Die Herde Wasserbüffel grast vor uns. Wir trennen uns von den imposanten Gesellen und radeln durch Vörie nach Linderte. Am Ortsanfang geht's gleich nach rechts durch die Berggartenstraße, dann über die Kreisstraße zum Friedhof Linderte.

BAHNHOF GEHRDEN

Bis 1953 fuhr die Straßenbahnlinie 10 durch Gehrden. Der Bahnhof lag mitten in der Stadt am Steintor. Daneben steht ein Türmchen, das ehemalige Spritzenhaus.

AUF DER ALTEN TRASSE RICHTUNG GEHRDEN

Hexenhaus

Wie am Lineal gezogen führt uns der Weg über Felder, unter der Bahnbrücke hindurch zum Stein, an der die Wolfsbergquelle liegt. Ein Stück geradeaus und wir stehen vorm Hexenhaus Lüdersen. Liebevoll dekoriert, und wer am Haus klingelt, wird überrascht. Wir fahren nach Lüdersen hinein auf dem Linderter Weg zur Straßenkreuzung mitten im Ort. Wir halten uns geradeaus zur Bergdorfstraße und gelangen an die Hidderstorfer Straße. Nach rechts biegen wir ein und radeln durch die Bahnbrücke nach Bennigsen. Am Ortsanfang biegen wir rechts und sofort wieder rechts ab in die Bahnhofstraße zum Bahnhof Bennigsen.

Vom Rittergut zur Konzertstätte

Vor uns an der Hauptstraße geht's links bis zur Messestraße und dort zur Kirche St. Martin am 6 / Gut Bennigsen. Über dem Portal erkennen wir das Wappen der Familie von Bennigsen. Das Herrenhaus liegt auf der „Insel". Rudolf von Bennigsen ließ es 1863 vom Hofbaumeister Friedrich Laves erbauen. Bekannt ist das Gut durch seine Konzerte mit großen Orchestern und dem Sommerfestival Gut Bennigsen. Die Kirche lassen wir rechts liegen und stoßen auf die Medefelder Straße. Auf ihr verlassen wir Bennigsen und fahren auf die Bahnlinie zu. Hinter der Brücke geht's links ein Stück an der Bahn entlang und dann rechts in den Wald des Lausebergs. Auf der anderen Seite erwartet uns das Dorf Völksen.

Höhenflüge im Wisentgehege

Wir stoßen an die Straße Spielburg und folgen ihr rechts zur Steinhauerstraße. Links biegen wir ein und am Bohlweg geht's rechts zur Alvesroder Straße. Ihr folgen wir links unter der Bahnbrücke durch an die Kreisstraße. Der Radweg rechts neben der Straße führt uns zur Anschlussstelle der B217. Wir queren die Straße und wenden uns gleich rechts zur Kaiserallee. Von Rosskastanien ge-

säumt, radeln wir Richtung Jagdschloss Springe. An den doppelten Hochspannungsmasten biegen wir links ab zum Parkplatz an der Kreisstraße. Rechts radeln wir zum 7 / Wisentgehege Springe. Beim Eingang liegt das Café Wild, wir kehren ein. Eine der Hauptattraktionen sind Flugvorführungen im Falkenhof.

Wo einst Kaiser und Könige jagten

Wir radeln am Wisentgehege entlang und stoßen auf die Landesstraße. Rechts herum erreichen wir das 8 / Jagdschloss Springe, Forstamt, Jägerlehrhof und Museum. Das Museum im Erdgeschoss des Jagdschlosses bietet eine natur- und jagdkundliche Dauerausstellung. Rechts der Straße geht's wenige Radumdrehungen in die Kaiserallee und gleich links ins Gewerbegebiet an die Straße Wolfgang-Marguerre-Allee. Rechts biegen wir ein und fahren geradeaus, dann durch die Harmsmühlenstraße zum Hallenbad Springe. Entlang der Sportanlagen erreichen wir nach der Straßenbrücke die Schulstraße.

Am Burghof

Wir biegen ein und kommen zum Museum auf dem Burghof. An der Burgstraße geht's rechts zum Markt in der Altstadt mit schönen Fachwerkhäusern. Wir biegen aber rechts ab und radeln durch die Straße Zum Niederntor an den Friedhof. Noch einmal biegen wir links ab und erreichen auf der Bahnhofstraße den 1 / Bahnhof Springe.

520

Für seine Jagdgesellschaften ließ sich König Ernst August das Jagdschloss Springe 1842 errichten. In Richtung Norden blickt man auf die Kaiserallee. Sie wurde 1860 für die Anfahrt des Königs angelegt. Auf etwa 2,5 Kilometern wurden 520 rotblühende Rosskastanien gepflanzt.

⌃ oben / Die St. Andreas-Kirche in Springe

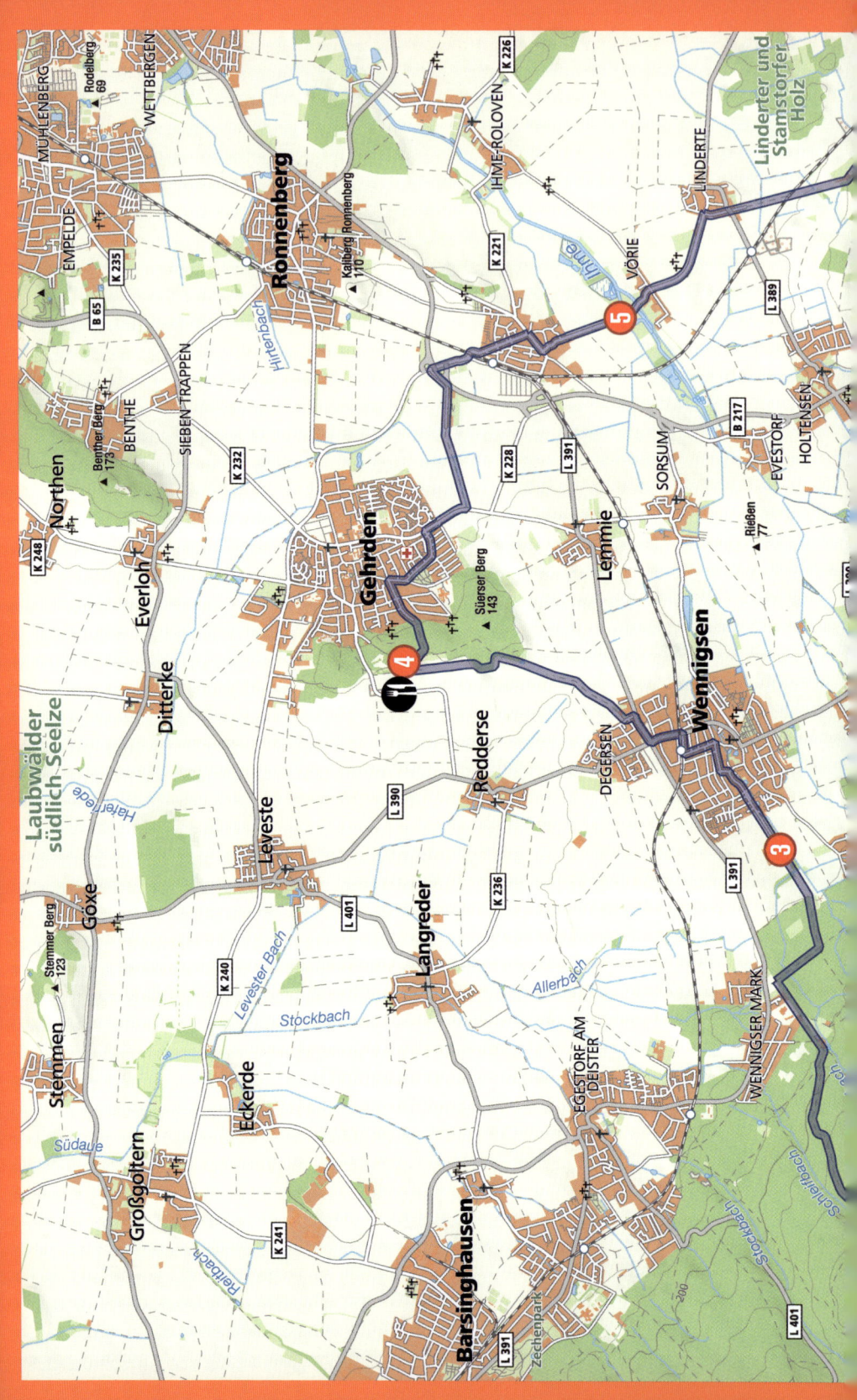

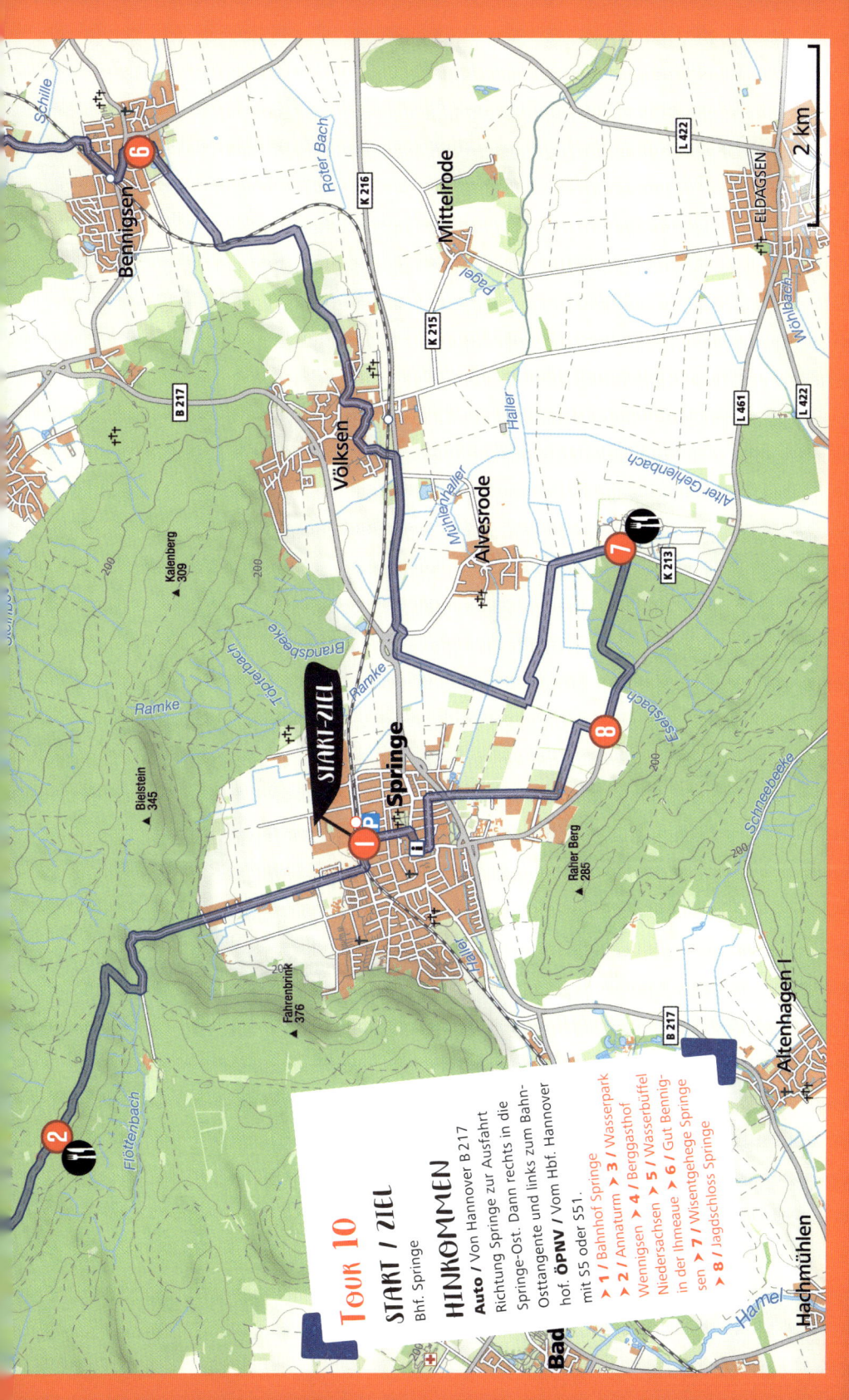

TOUR 10

START / ZIEL
Bhf. Springe

HINKOMMEN

Auto / Von Hannover B 217 Richtung Springe zur Ausfahrt Springe-Ost. Dann rechts in die Bahn-Osttangente und links zum Bahn-hof. **ÖPNV** / Vom Hbf. Hannover mit S5 oder S51.

> **1** / Bahnhof Springe
> **2** / Annaturm ➤ **3** / Wasserpark Wennigsen ➤ **4** / Berggasthof Niedersachsen ➤ **5** / Wasserbüffel in der Ihmeaue ➤ **6** / Gut Bennig-sen ➤ **7** / Wisentgehege Springe ➤ **8** / Jagdschloss Springe

MEINE WIRKUNGSSTÄTTE

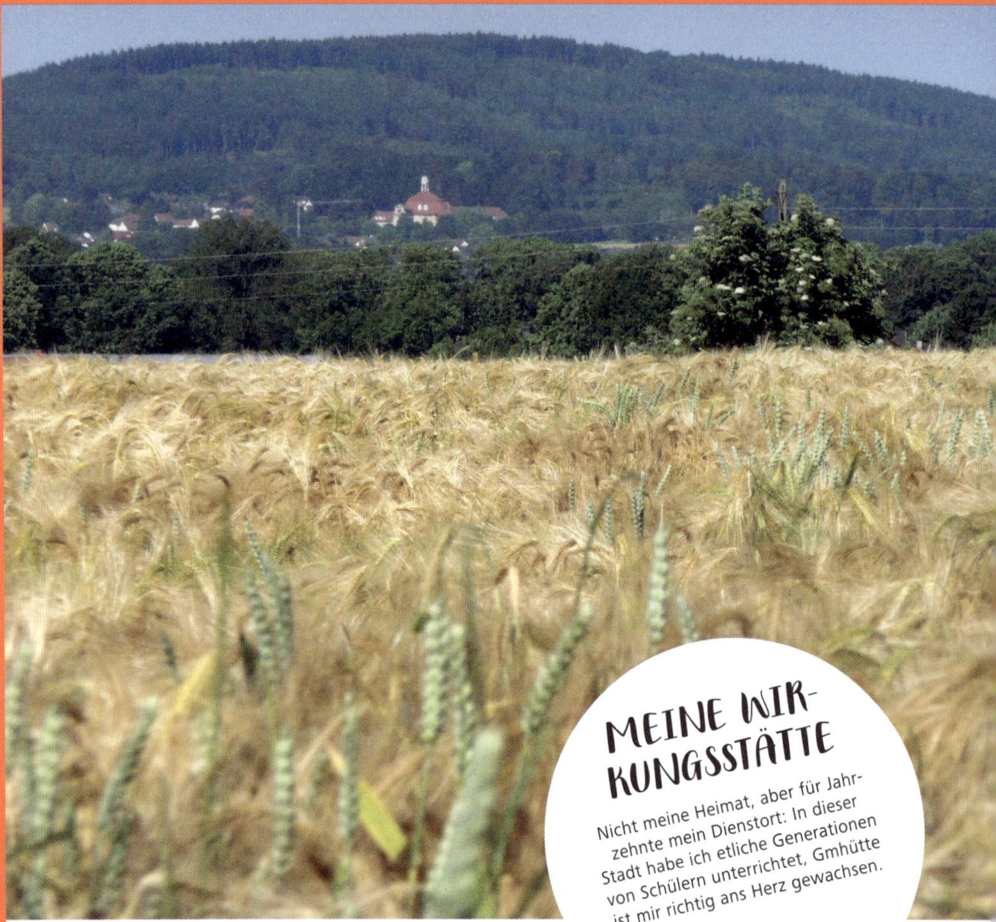

Nicht meine Heimat, aber für Jahrzehnte mein Dienstort: In dieser Stadt habe ich etliche Generationen von Schülern unterrichtet, Gmhütte ist mir richtig ans Herz gewachsen.

> 1 / Start- und Endpunkt ist am Bahnhof OS-Sutthausen mit dem Atelier Trieb

> 2 / Der Klosterkomplex gab Kloster Oesede den Namen

> 3 / Alles ist grün rund um den Mühlenteich in Kloster Oesede

> 4 / Mitten im Wald liegt das Gasthaus Forsthaus Oesede

> 5 / Das Kloster Ohrbeck prägt das Ortsbild von Holzhausen

> 6 / Der Augustaschacht erinnert an eine schlimme Vergangenheit

> 7 / Die Anlage rund um das Gut Sutthausen ist ein idealer Erholungsort

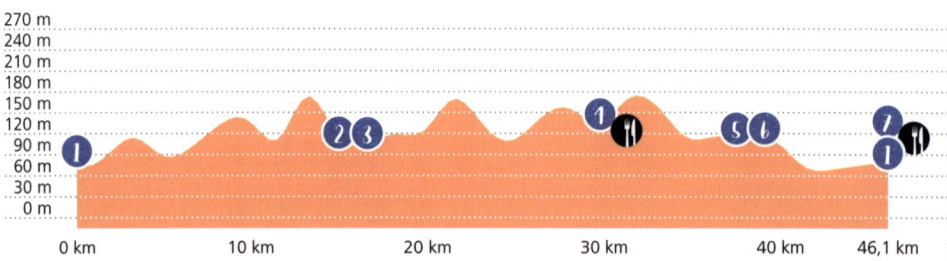

BERGIGE UMGEBUNG

Panoramablicke rund um
Georgsmarienhütte von Heinz Wüppen

Der Ortsname von Georgsmarienhütte deutet sofort auf das Stahlwerk hin, aber „Gmhütte" hat eine fantastische Umgebung, nennt sich denn auch Stadt im Grünen. Allein schon die Lage im Teutoburger Wald verheißt Abwechslung und viele Stellen mit schönen Ausblicken. So umfahren wir auf dieser Tour das Gebiet der Stadt, tangieren fast alle Ortsteile und kommen auf etlichen Steigungsstrecken ins Schwitzen.

46 Kilometer
600 Höhenmeter
Rundtour

Los geht's in Osnabrück-Sutthausen

Startpunkt der Tour ist der Bahnhof Osnabrück Sutthausen, aber in diese Rundtour lässt sich natürlich an jedem Punkt einsteigen. Am 1 / Bahnhof OS-Sutthausen zeigt sich schon das Wirken des Künstlers Volker-Johannes Trieb mit den vielen schräg hochstehenden Eisen-

CHARAKTER
Sportlich ●●●●●
Abkühlung ●○○○○
Schlemmen ●●○○○
Panorama ●●●●●

TOURENINFO / Der weitaus größte Teil der Tour ist asphaltiert, Waldwege und schmale Pfade an Bächen kommen vor, wirklich schlechte Wegequalität gibt es zweimal für ganz kleine Abschnitte. Der gesamte Rundkurs kommt ohne Hauptstraßen aus, zweimal muss aber die heftige B 51 überquert werden. Wer nicht sehr sportlich ambitioniert ist, wählt für diese Tour mit etlichen Steigungsabschnitten besser ein E-Bike.

◀ links / Blick bis zum Kloster Ohrbeck

bahnschienen. IKTOMIA, eine Wortschöpfung des Künstlers, steht am Bahnhofsgebäude, unter dieser Überschrift findet sich gleich neben dem Parkplatz auch das Gelände des Ateliers voller origineller Keramiken wie auch Skulpturen aus Holz und Stahl. Nach wenigen hundert Metern liegt das Gut Wulften an unserem Weg. Wir umrunden nun Sutthausens Osten auf einem wunderschönen Waldweg entlang eines Baches. Die erste richtige Steigung erwartet uns hoch zur „Rennbahn". Bevor wir endgültig in das Gmhütter Stadtgebiet eindringen durchfahren wir, in Ermangelung eines brauchbaren Weges in den Ortsteil Harderberg, noch OS-Nahne.

Einmal noch kurz an der A 30 entlang, dann heißt es einen kleineren Gang einschalten, richtig schön in die grüne Landschaft eintauchen und beim Umschauen schon mal ein Panorama genießen. Die „Obere Bauerschaft" präsentiert uns stattliche Bauernhöfe und an höchster Stelle einen weiten Blick bis hin zum Kloster Ohrbeck, unser späteres Ziel. Verschiedenste Wohnstraßen führen uns durch Harderberg, bis wir mit der „Lindenbreede" wieder eine fette Steigung vor uns haben. Nach rechts öffnet sich ein weiter Blick über Oesede zum Dörenberg, beim letzten Haus kurz vor dem Wald stoppen wir kurz und blicken dann weit nach links in die Landschaft zum Harderberg. Herrlich, anschließend durch den Laubwald zu radeln.

Kloster Oesedes Schmuckstück:
der Komplex des ehemaligen Klosters

An Wiesen vorbei rollen wir hinunter in den Ort Kloster Oesede. Straßennamen wie „Ottoschacht" verraten die Bergbauvergangenheit. Ganz in der Nähe ist die Waldbühne. Die Aufführungen der lokalen Laienspieler hier sind legendär und weit im Land bekannt. Wir passieren den wenig spektakulären Marktplatz und gelangen

> rechts / Altes Gemäuer – Klosterkirche in Kloster Oesede

zur ehrwürdigen Klosteranlage 2 / Kloster Oesede mit Klosterpforte und der St. Johann Kirche. Der Bahnhof Kloster Oesede gleich nebenan, eine Haltestelle des „Haller Willem", ist ebenfalls ein guter Ausgangspunkt für diese Tour. Eine Oase der Ruhe ist der 3 / Mühlenteich, direkt neben dem Waldfriedhof. Allerdings kann uns im Frühjahr ein enormes Froschkonzert beweisen: Hier herrscht Natur. Unbefestigt, aber schön ist der Weg entlang des Schlochterbachs. Eine Bank ist so platziert, dass man nochmal von Weitem auf das Kloster sehen kann. Bald erscheint links ein großer Teich, der mal für eine Gänsefamilie das Zuhause ist, mal von einem Teppich aus Seerosen bedeckt wird. Ab jetzt ist Asphalt für etwa zehn Kilometer unser Bodenkontaktmaterial. Die Hänge des Limbergs und des Musenbergs bieten Steigungen und schöne Ausblicke in eine recht dicht besiedelte Landschaft oder ein Eintauchen in Wald. Den Schlenker durch Dröper kann man sich sparen mit einem Weg vom „Strehlande" zu „Hof Musenberg", der eine Privatstraße ist, aber zu Fuß passiert werden kann, also mal in Ruhe unseren Drahtesel schieben und die Landschaft noch intensiver genießen. Vorbei am Gasthof Tobergte sind wir nun auf den welligen Straßen von Oesede-Süd, an den Hängen des Dören-

ZU BESUCH BEI FRÖSCHEN, GÄNSEN, SEEROSEN

bergs. Ein recht holperiges Wegstück führt uns über einen Bach und dann recht hübsch am Waldrand entlang zur Straße „Teckelhagen". Vorbei an Häusern in herrlichen Hanglagen kommen wir dann aber richtig in den Wald. Für zwei Kilometer rollen unsere Reifen nun über Waldwege.

Eine Gaststätte mitten im Wald

Recht bald kommen wir zum 4 / Forsthaus Oesede, einer Gaststätte mit Außenbestuhlung, somit eine willkommene Einkehrmöglichkeit inmitten der Natur. Schließlich erreichen wir die Besiedlungsausläufer von Alt-Georgsmarienhütte. Im „Kohlgarten" können wir uns entscheiden. Wollen wir rechts eine kleine Wanderung auf den 192 m hohen Lammersbrink zum Varus-Aussichtssturm wagen oder links „Am Zuckerhut" weiterradeln, den gibt's also nicht nur in Rio de Janeiro. Bevor es auf der „Heggestraße" so richtig bergab geht, stoppen wir mal kurz: welch ein Blick in die Ferne! Auch die nächsten vier Kilometer sind für uns ein Auf und Ab, stets auf Asphalt und durch eine herrliche Landschaft. Wer mag, nimmt noch den Abstecher zum einen Kilometer entfernten Holzhausen auf sich. Der Weg dahin ist schon klasse. Das Wahrzeichen Holzhausens, das 5 / Kloster Ohrbeck mit seinem markanten Kuppeldach ist beeindruckend. Eine viel besuchte Fortbildungsstätte ist hier untergebracht.

Erinnerung an eine düstere Vergangenheit: der Augustaschacht

Am Fuße des „Hüggels" am Rande des Teutoburger Waldes liegt ein großes, eher unscheinbares Gebäude. Der 6 / Augustaschacht war im Dritten Reich ein Arbeitserziehungslager für Zwangsarbeiter, viele aus Holland und der Ukraine, die auffällig geworden waren. Ihnen wurde das Dasein hier zur Hölle gemacht, etliche kamen ums Leben. Gut dokumentiert ist dieses Geschehen nun hier in der Ge-

denkstätte Augustaschacht (www.gedenkstaetten-augustaschacht-osnabrueck.de). Zudem ist gleich nebenan ein vom Trägerverein eingerichteter wunderschöner Picknickplatz. Ein kurzer Schotterweg noch, wieder mit einem Panoramaangebot, dann rollen wir bergab in flaches Land.

Ein Plätzchen, um wirklich zu entspannen: Gut Sutthausen

Nach vier Kilometern überqueren wir das Flüsschen Düte in den Ministadtteil OS-Hellern-Hörne. Eine schöne Straße führt durch dessen weites Tal nach Sutthausen und wir entdecken sogleich die Gaststätte „Sutthauser Mühle" mit ansprechendem Außengelände. Das ganze Gelände vom 7 / Gut Sutthausen ist eine echte Erholungsoase. Der Park mit großartig ausladenden Bäumen und Skulpturen von Volker-Johannes Trieb, das Ensemble der Gebäude, Zentralbau, Mühle, Teich, vor allem die beliebte kleine Kirche und dann der liebevoll gehegte Bauerngarten begeistern eigentlich jeden. Mit seinen geschwungenen Blumenbeeten und den Bänken ist er ein echter Ort der Muße. Da stört es auch nicht, dass man morgens mal das Pausengemurmel von Schülern der nahen Marienschule vernimmt oder kurz erschrickt, wenn in der Weidenlaube ein forscher Besucher mal gegen die riesige Klangschale schlägt. Zum Zielpunkt 1 / Bahnhof OS-Sutthausen sind es nur noch wenige hundert Meter.

331 m

hoch ist der Dörenberg und damit die höchste Erhebung im Teutoburger Wald. Der Aussichtsturm da oben ermöglicht uns einen Rundblick ins Münsterland wie ins Osnabrücker Land. Das ist dann aber etwas für eine Wanderung.

▲ oben / „Zur Hüggelschlucht" bei Holzhausen

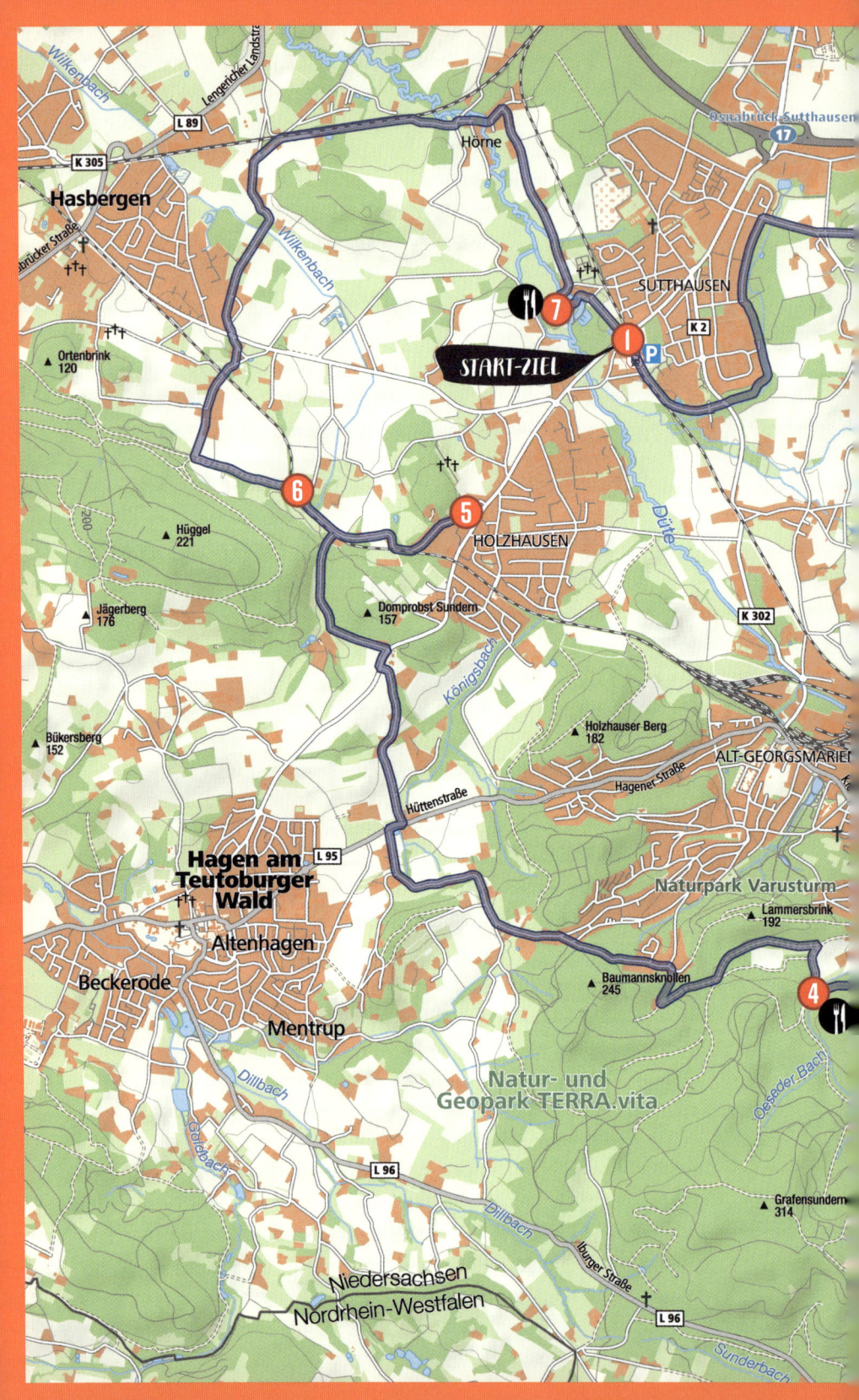

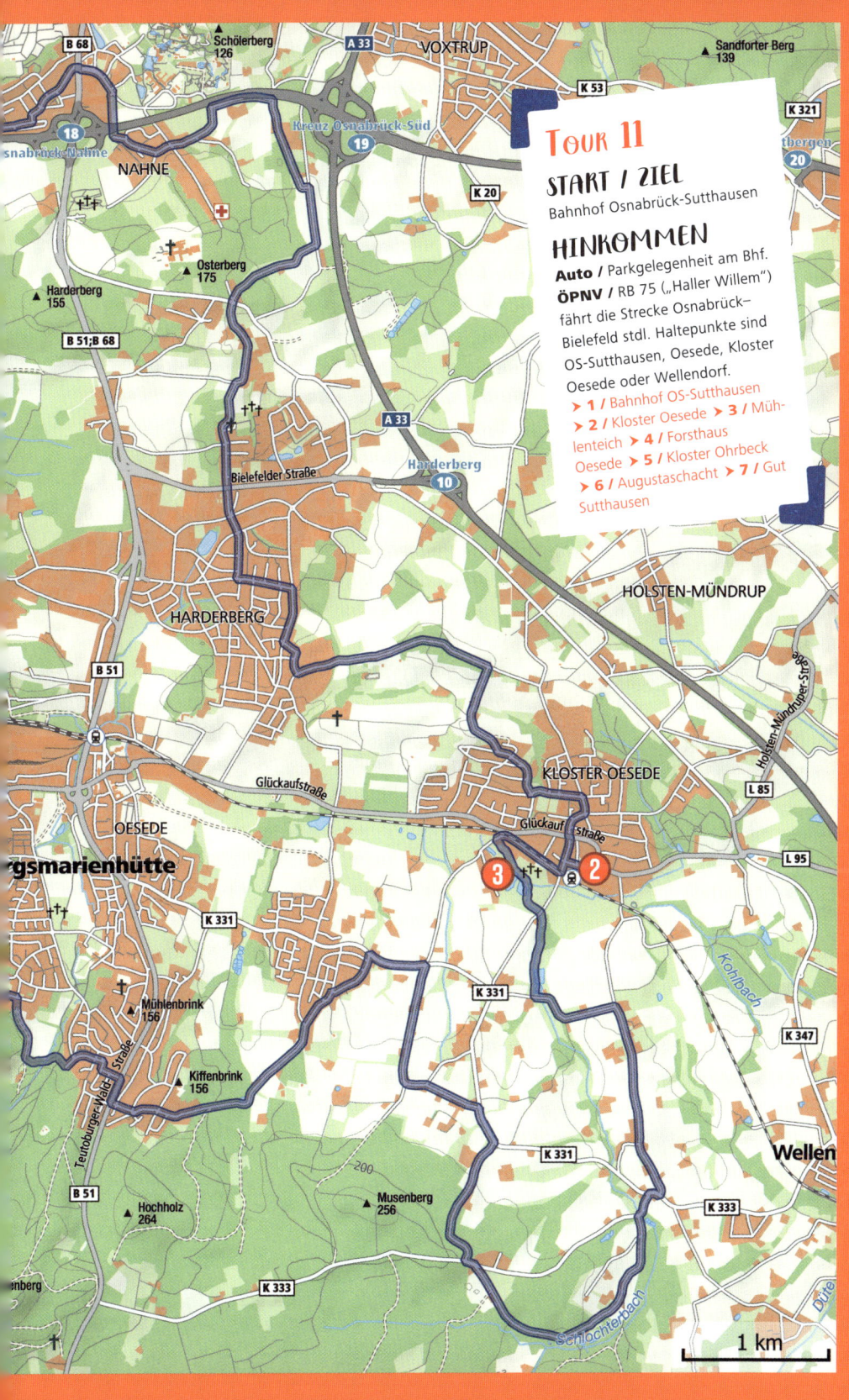

TOUR 11

START / ZIEL
Bahnhof Osnabrück-Sutthausen

HINKOMMEN
Auto / Parkgelegenheit am Bhf.
ÖPNV / RB 75 („Haller Willem")
fährt die Strecke Osnabrück–
Bielefeld stdl. Haltepunkte sind
OS-Sutthausen, Oesede, Kloster
Oesede oder Wellendorf.
> 1 / Bahnhof OS-Sutthausen
> 2 / Kloster Oesede **> 3 /** Müh-
lenteich **> 4 /** Forsthaus
Oesede **> 5 /** Kloster Ohrbeck
> 6 / Augustaschacht **> 7 /** Gut
Sutthausen

NACH LUST UND LAUNE

Die Gegend hält viele tolle Wege bereit, sodass ich die Tour gerne variiere. Mal sportlicher, mal gemütlicher mit Zeit für einen guten Kaffee oder einen Galerien-Bummel.

➤ **1 /** Start und Ziel ist der Bahnhof Havixbeck

➤ **2 /** Auf dem Longinusturm steigen wir dem Münsterland aufs Dach

➤ **3 /** Im Kulturbahnhof Billerbeck über einem guten Buch seinen Zug vertrödeln

➤ **4 /** Rund um den Billerbecker Dom Kunst und Handwerk entdecken

➤ **5 /** An der Berkelquelle die Füße ins Wasser tauchen

➤ **6 /** Im Nonnenbachtal genießen wir die Abfahrt

➤ **7 /** Sandsteinarchitektur bewundern am Stiftsplatz in Nottuln

➤ **8 /** Köstliches frisch vom Hof gibt es im Stevertal reichlich

➤ **9 /** Auf Stift Tilbeck kommt der Kaffee frisch geröstet in die Tasse

➤ **10 /** Noch Fragen offen? Das Sandsteinmuseum Havixbeck hat die Antwort

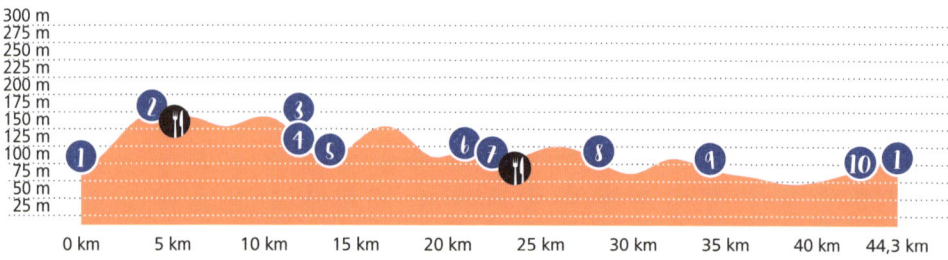

IM STEINREICH

Das *Herz* der *Baumberge* von Ulrich Gerbing

Steinen auf der Spur? Und Bergetappen im Münsterland? Beides erwartet dich in den Baumbergen, einem landschaftlichen Höhepunkt zwischen Münster und Coesfeld. Die drei Anstiege können wir auch langsam angehen. Und die tollen Ausblicke über das Münsterland und die vielen hübschen Orte in dem kleinen Sandsteingebirge lohnen die Mühe allemal. Am Wegesrand begegnen wir vielen Hoflädchen und immer wieder dem Sandstein und seiner Geschichte, mal als Baustoff, mal als Material für die Bildhauerei oder als Exportware.

44 Kilometern
235 Höhenmeter
Rundtour

Hoch hinaus

Am 1 / Bahnhof Havixbeck fahren wir zunächst parallel zu den Gleisen, überqueren diese dann und folgen der Landstraße für 200 Meter. Zwischen den schönen Höfen

CHARAKTER
Sportlich ●●●●●
Abkühlung ●●○○○
Schlemmen ●●●○○
Panorama ●●●●●

der Bauerschaft Lasbeck führt ein gewundener Weg hindurch und bald als Hohlweg unter hohen Bäumen bergauf. Zur Belohnung gibt es oben am Querweg den ersten weiten Blick nach Norden auf Altenberge und bei guter Sicht bis zum Teutoburger Wald. Weiter geht es nach rechts, bergab vorbei am Pannkokenhus Teitekerl (Mi–Mo 11–20

◀ links / Longinusturm auf dem Westerberg, dem höchsten Punkt im Münsterland

Uhr, Tel. 02507 1270, www.teitekerl.de) bis zur Landstraße, der wir nach links bergauf in den Wald folgen. Die Straße überqueren wir am Scheitelpunkt der Serpentine und fahren weiter Richtung Billerbeck. Hoch geht es auf den Westerberg, dessen „Gipfel" mit dem 2 / Longinusturm links von uns liegt. Der Longinus mit seinem Café 18|97 (Sommer Di–Sa 14:30–18, So 11–18 Uhr od. nach Reservierung, Tel. 02502 4837190, longinusturm.com) ist ein beliebter Treffpunkt und gerade am Wochenende ist der Parkplatz immer voller Zweiräder, mit und ohne Auspuff. Auch thematisch weist der aus Sandstein erbaute Longinusturm uns den weiteren Weg: Zurück auf der Landstraße passieren wir einen Steinbruch, biegen rechts ab und umfahren die sogenannte Domkuhle. Von der Straße aus ist von beiden allerdings wenig zu sehen. Trotzdem hat der hiesige Sandstein einige Menschen sprichwörtlich steinreich gemacht. Während man sich in vielen Regionen früher nur Lehmfachwerk oder Ziegel leisten konnte, haben hier dank der kurzen Transportwege selbst Bauernhäuser Fassaden aus Stein. Und freilich wurden viele Kirchen aus Baumberger Sandstein erbaut, wie der massive Münsteraner Paulus-Dom – daher der Name „Domkuhle". Andere Steine reisten in die wohlhabenden Niederlande oder wurden im Kölner Dom verbaut.

ZUM HÖHEPUNKT

Mit Extra-Antrieb kein Abstrampeln zum höchsten Punkt des Münsterlands, auf den Gipfel des Westerbergs mit dem 2 / Longinusturm.

Kunst am Weg und Kunst in Stein

Die rot beschilderte Radroute führt auf ruhigen Wirtschaftswegen und Obstbaumalleen bis nach Billerbeck. Nur einmal ist besondere Vorsicht gefragt – zum Glück warnt uns rechtzeitig ein Holzschild auf Münstersch Platt vor der steilen Abfahrt. In Billerbeck stoßen wir bald auf den 3 / Kulturbahnhof (Mo–Fr 6–18, Sa–So 8–18 Uhr u. nach Vereinbarung, Tel. 02543 238707, billerbecks-bahnhof.de). Abgesehen von zwei bis vier Zügen pro Stunde finden wir an die-

➤ **rechts / Billerbecker Dom**

sem lebendigen Ort einen Regionalladen mit Bistro, eine Radstation und Ausstellungsräume mit wechselnden Ausstellungen. Ein
Kunstweg begleitet uns von hier hinab bis in die Altstadt mit ihren
Cafés, Ateliers und Kunsthandwerksläden. In deren Mitte ragt der
stattliche 4 / Billerbecker Dom auf – ein perfektes Beispiel, wie der
Steinreichtum gepaart mit dem stolzen Katholizismus des Münsterlands auch kleinen und kleinsten Gemeinden stattliche Pfarrkirchen
bescherte. Die Kirche ist St. Ludgerus geweiht, dem ersten Bischof
des Münsterlands. Heute erinnert in den Baumbergen vieles an
„Sankt Lürs", beispielsweise ein Wanderweg, der seiner letzten Reise von Coesfeld nach Münster folgt. Billerbecks zweiter Kirchplatz,
St. Johannes, ist ein schmuckes grünes und ruhiges Fleckchen, das
zum Verweilen einlädt, wie auch das dortige Das kleine Café (Mi–
Mo 12–18 Uhr, Tel. 02543 4630, www.daskleinecafe.de).

KUNSTVOLLES BILLERBECK

Ob es an der malerischen Lage liegt oder am begehrten Werkstoff Sandstein gleich vor der Haustür? Billerbeck ist reich an Kunstwerken und -stätten.

Baumberge-Überquerung

Hinter dem Torbogen des Kirchplatzes stoßen wir auf die Berkel. Wir folgen ihr stromaufwärts, einem abwechslungsreichen Weg durchs Grüne, vorbei an Spielplätzen und Kneippbecken, bis zur 5 / Berkelquelle mit der ehemaligen Badeanstalt. Dann geht es auf dem rot beschilderten Radweg nach Nottuln zunächst länger bergauf. Diesmal überqueren wir die Baumberge ganz. Vorbei am Ferienpark mit Gastronomie und großem Spielplatz folgen wir anschließend der etwas stärker befahrenen, aber schönen, leicht abschüssigen Landstraße für 1,5 km – bei der weiten, gewellten Landschaft mit Kuhweiden kommt Allgäu-Flair auf. Dann biegen wir, dem roten Radweg weiter folgend, rechts ab und beim nächsten Hof wieder links. Der Landstraße, die wir überqueren, folgen wir nach links, queren sie aber bald wieder, um auf den 6 / Weg im Nonnenbachtal zu wechseln. Dieser idyllische Pfad mit toller Aussicht führt uns fast ohne Kreuzung und Verkehr hinunter nach Nottuln und bis zum zentralen 7 / Stiftsplatz. Die prächtige Sandsteinkirche umringen einige Cafés und Restaurants, gegenüber steht das bescheidene Nottulner Schloss. Und nebendran, auf einem gemauerten Sockel und in Lebensgröße, steht einer, der die Architektur im Münsterland ähnlich stark geprägt hat wie der Sandstein: Johann Conrad Schlaun, unter anderem Schöpfer des Münsterschen Schlosses, des Erbdrostenhofs und Teilen des gewaltigen Schlosses Nordkirchen.

Auf den Rückweg

Wir wenden uns wieder den Baumbergen zu, unterqueren die Umgehungsstraße und halten uns auf dem Asphaltweg, der nach einer Kurve gleichmäßig bergan führt. Auf Wegen, gesäumt von Obstbäumen, haben wir freien Blick aufs südöstliche Münsterland bis zur Soester Börde und zum Rothaargebirge. Dann geht es leicht bergab und wir finden uns im schönen 8 / Tal der Stever wieder, direkt an ihrer Quelle.

TOURENINFO / Teils kräftige Steigungen, stets auf ruhigen Wegen ohne Autoverkehr. Wege stets breit und meist asphaltiert oder gut befestigt. Zwei Passagen mit vermehrtem Autoverkehr.

Dem Flussverlauf folgen wir nun über 4 km, vorbei an zahlreichen Höfen, einem Gasthof und einer alten Mühle mit Rastplatz und Wassertretstelle. Schließlich weist uns der rote Pfeil den Weg nach links, durch das kleine Schapdetten und über eine letzte moderate Steigung. Die folgende Abfahrt zieht sich lang hin und wird oft von geparkten Autos von Wanderern gesäumt, daher ist Vorsicht geboten. Wir gelangen zu 9 / Stift Tilbeck, dessen Stiftskirche und achteckiger Wasserturm mächtig aufragen, beide – wie könnte es anders sein – erbaut aus Sandstein. Von der hauseigenen Kaffeerösterei können wir ein Päckchen für zu Hause mitnehmen oder uns gleich frisch aufbrühen lassen, gleich nebenan gibt es dazu große Stücke Blechkuchen (Mo–Fr 9–18, Sa–So 10–18 Uhr, Tel. 02507 981550, stift-til-beck.de/tilbecks). Noch größer ist nur die Terrasse, die den ganzen Nachmittag Sonne bietet. Nun geht's auf die letzten Kilometer, zunächst auf dem Radweg parallel zur Münsterstraße, dann den roten Schildern folgend nach rechts, wo wir die Gleise überqueren und uns links halten. Wir queren die nächste Landstraße, fahren weiter bis zum Schlautbach, dem wir ins Zentrum von Havixbeck folgen. Wer noch mehr über den Sandstein, seine Geologie, Abbau und Nutzung in Handwerk und Kunst lernen will, findet nördlich vom Marktplatz das 10 / Sandsteinmuseum (Di–So 11–18 Uhr, sandsteinmuseum.de). Zurück zum 1 / Bahnhof sind es nur noch wenige Meter. Kurz davor begegnet uns noch Schloss Haus Havixbeck (in Privatbesitz): ein abschließendes beeindruckendes Zeugnis der – vermutlich nicht so bald endenden – Sandsteinzeit.

120

So viele Bauwerke hat Johann Conrad Schlaun insgesamt geschaffen. Auch für den Radverkehr in der Region legte Schlaun einen wichtigen Grundstein, wenn auch unwissentlich: Er plante die Umwandlung von Münsters Stadtbefestigung in einen Promenadenweg.

⌃ oben / Kulturbahnhof Billerbeck

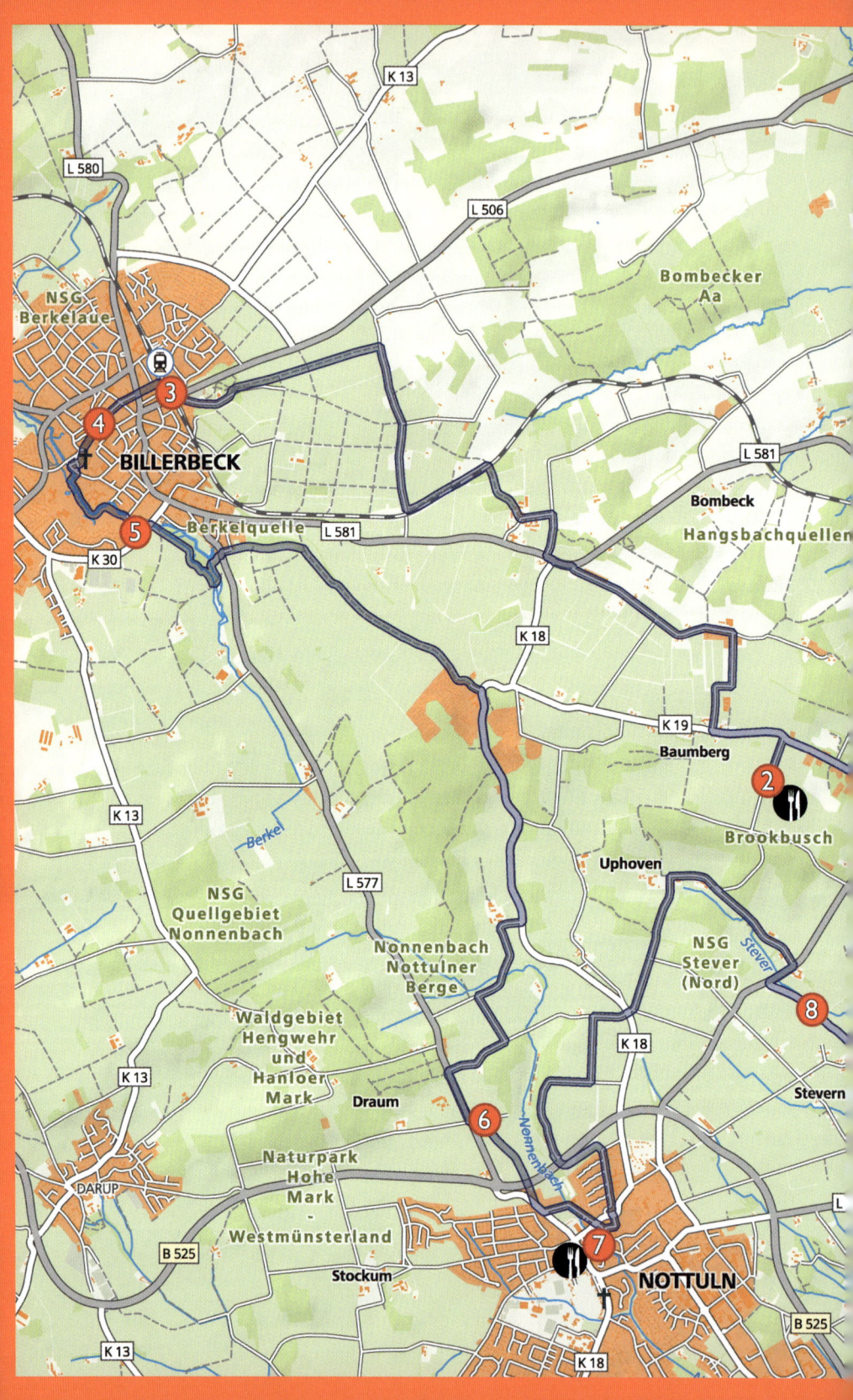

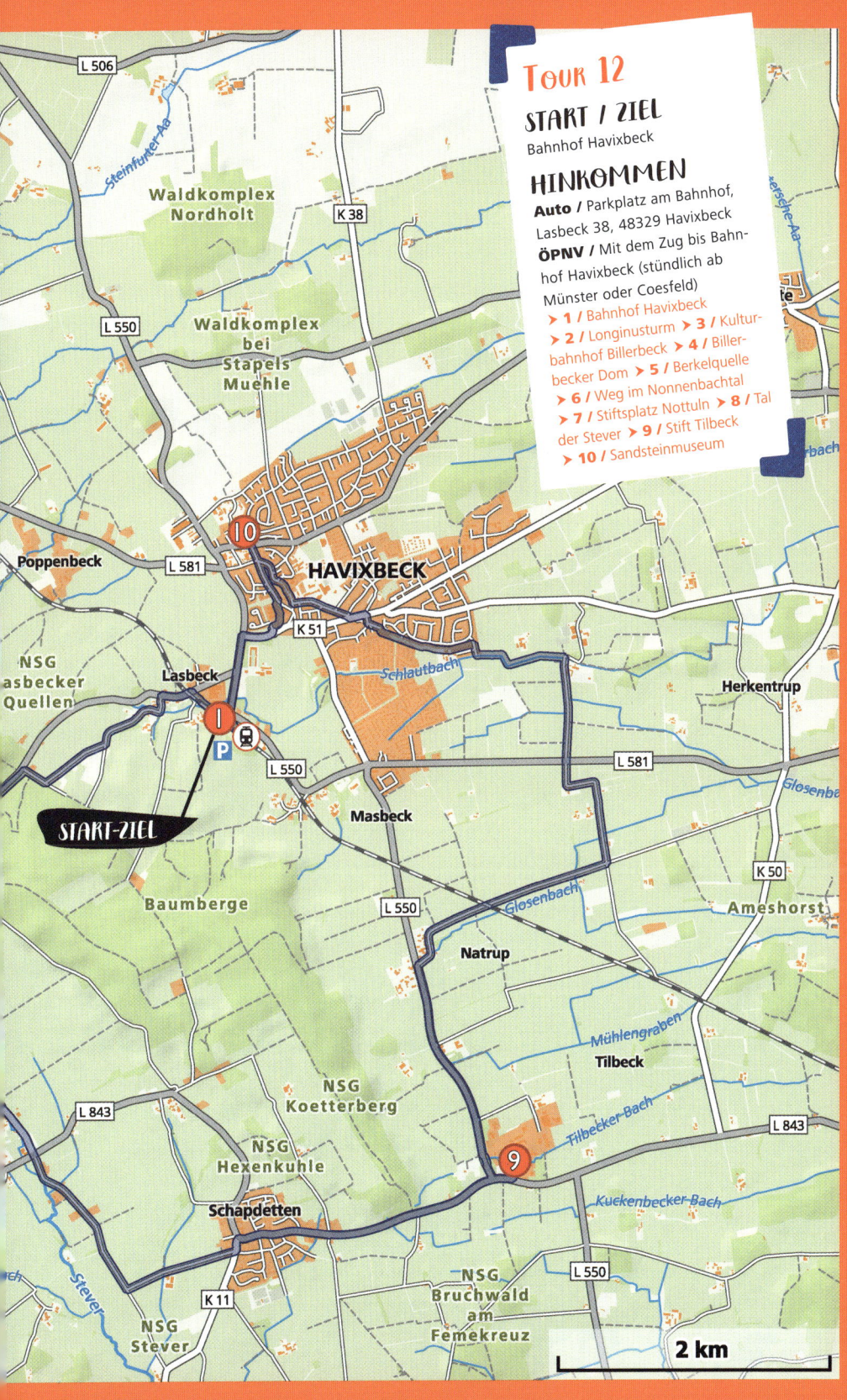

Tour 12

START / ZIEL
Bahnhof Havixbeck

HINKOMMEN
Auto / Parkplatz am Bahnhof, Lasbeck 38, 48329 Havixbeck
ÖPNV / Mit dem Zug bis Bahnhof Havixbeck (stündlich ab Münster oder Coesfeld)
➤ **1** / Bahnhof Havixbeck
➤ **2** / Longinusturm ➤ **3** / Kulturbahnhof Billerbeck ➤ **4** / Billerbecker Dom ➤ **5** / Berkelquelle
➤ **6** / Weg im Nonnenbachtal
➤ **7** / Stiftsplatz Nottuln ➤ **8** / Tal der Stever ➤ **9** / Stift Tilbeck
➤ **10** / Sandsteinmuseum

L 506

Steinfurter Aa

Waldkomplex
Nordholt

K 38

L 550

Waldkomplex
bei
Stapels
Muehle

10

Poppenbeck

L 581

HAVIXBECK

K 51

Schlautbach

Herkentrup

NSG
asbecker
Quellen

Lasbeck

1

P

L 550

L 581

Glosenb

START-ZIEL

Masbeck

K 50

Baumberge

L 550

Glosenbach

Ameshorst

Natrup

Mühlengraben

Tilbeck

NSG
Koetterberg

L 843

L 843

NSG
Hexenkuhle

9

Schapdetten

Tilbecker Bach

Kuckenbecker Bach

Stever

K 11

NSG
Bruchwald
am
Femekreuz

L 550

NSG
Stever

2 km

LECKERBISSEN

Ich freue mich, mit der Tour am vielfältigen Markt am Carlsplatz mit seinen Leckereien vorbeizukommen.

> **1 /** Am Bahnhof Düsseldorf-Benrath steigen wir in den Sattel

> **2 /** Ein Abstecher zum hübschen Schloss Benrath und seinen Gärten

> **3 /** Naturdenkmäler auf dem Gelände von Schloss Mickeln

> **4 /** MedienHafen – vom Handelshafen zum trendigen Szeneviertel

> **5 /** Ein Muss für jeden Fotografen: die Gehry-Bauten

> **6 /** Markantes Wahrzeichen der Düsseldorfer Kulisse: der Rheinturm

> **7 /** Der Carlsplatz lockt mit seinen vielen Leckereien

> **8 /** National und international geschätzt: die Kunstsammlung NRW

> **9 /** Der Kö-Bogen, eine städtebauliche und grüne Meisterleistung

> **10 /** Deutschlands schönstes Konzerthaus: die Tonhalle

> **11 /** Den besten Senfrostbraten gibt es in der Brauerei Albrecht

> **12 /** Düsseldorfbegeistert radeln wir zum Bahnhof Düsseldorf-Derendorf

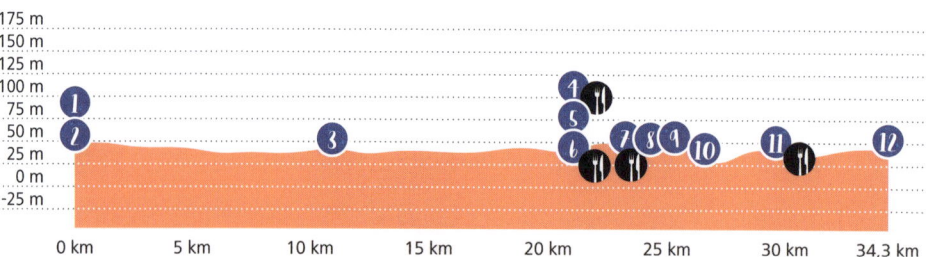

DÜSSELDORF, MON AMOUR

Unser **Städtetrip** *kann* *losgehen* von Susanne Münch

Auf dieser Tour durch die Landeshauptstadt von Nordrhein-Westfalen kommen wir an unterschiedlichen architektonischen Highlights vorbei – historische, nachkriegsmoderne sowie zeitgenössische. Wir bestaunen städtebauliche Großprojekte und genießen die regionale Küche.

Unser Städtetrip kann losgehen

Die Tagestour beginnt am 1 / Bahnhof Düsseldorf-Benrath. Von hier fahren wir mit unseren Rädern zum Eingang des Schlossgeländes gleich gegenüber. Das reizende 2 / Schloss Benrath liegt im gleichnamigen südlichen Stadtteil und wurde von 1755 bis 1773 erbaut. Nach einer lohnenden Besichtigung des Schlossparks radeln wir Richtung Rhein und biegen Richtung Himmelgeist ab. Die Streckenführung geht zunächst Richtung Norden, dann nach Süden und wieder nach Norden – wir passen uns den Flussbiegungen an.

Über Schloss Mickeln zum MedienHafen

Es bleibt historisch, wir kommen zum 3 / Schloss Mickeln. Das schmucke Anwesen im Stadtteil Him-

34 Kilometer
58 Höhenmeter
Streckentour

CHARAKTER
Sportlich ●●○○○
Abkühlung ●○○○○
Schlemmen ●●●○○
Panorama ●●●●○

◄ links / Nightlife am MedienHafen

melgeist steht an der Stelle des 1836 abgebrannten Haus Mickeln. Der damalige Besitzer ließ das Schloss als Sommerresidenz neu errichten, als Vorlage dienten Stiche von Villen aus dem 16. Jahrhundert. Für eine bessere Sicht rollen wir ein Stück an den prächtigen Linden vorbei. Weiter geht es auf unserer Strecke nach Norden.

Nach dem Botanischen Garten überqueren wir die A 46, fahren durch den Südpark und den Volksgarten weiter Richtung Unterbilk und kommen zum 4 / MedienHafen. Man kann bei der Besichtigung der Hafenarchitektur sehen, wie sich die Gegend im Laufe der Zeit verändert hat.

NATURDENKMÄLER SCHMÜCKEN DEN SCHLOSS-PARK

Rund um 3 / Schloss Mickeln können wir unter anderem uralte Libanonzedern besichtigen, sie zählen zu den Naturdenkmälern der Stadt Düsseldorf.

Zu den Gehry-Bauten und dem Rheinturm

Der Neue Zollhof ist ein Gebäudeensemble im MedienHafen, das 1999 eingeweiht wurde. Die außergewöhnlichen Gebäude sind nach ihrem Architekten Frank Gehry auch als 5 / Gehry-Bauten bekannt. Nach einem dankbaren Foto-Shooting geht es weiter zum 6 / Rheinturm. Er ist das markante Wahrzeichen der Düsseldorfer Rheinkulisse und steht am Eingang des MedienHafens, direkt neben dem Landtag Nordrhein-Westfalen und dem Gebäude des Westdeutschen Rundfunks. Oben im Turm befindet sich ein Restaurant, das sich innerhalb von 72 Minuten einmal um die eigene Achse dreht, darunter liegt eine Aussichtsplattform. Der Rheinturm bietet einen atemberaubenden Blick auf die Rheinmetropole. Bei schönem Wetter kann man sogar den Kölner Dom sehen.

Vom Landtag über den Carlsplatz zur Kunstsammlung

Wir kommen vorbei am neuen NRW-Landtagsgebäude, dem Haus der Geschichte NRW und biegen ungefähr bei Kilometer 23 vom Rhein ein kurzes Stück Richtung Osten ab. Von der Schulstraße geht es auf die Benrather Straße zum 7 / Carlsplatz (Mo–Fr 8–18,

➤ rechts / Rheinturm und Gehry-Bauten dominieren den MedienHafen

Sa 8–16 Uhr, Carlsplatz 26, 40213 Düsseldorf, carlsplatz-markt. de). Nachdem wir unsere Bikes abgeschlossen haben, besuchen wir die vielfältigen Marktstände. An einem Stehtisch nehmen wir ein erfrischendes Kaltgetränk ein und genießen das bunte Treiben. Anschließend fahren wir die Benrather Straße auf den Kögraben zu und biegen links auf die Breite Straße. Als nächstes Highlight auf unserem Programm: die 8 / Kunstsammlung NRW (Di–Fr 10–18, Sa–So 11–18 Uhr, Grabbeplatz 5, 40213 Düsseldorf, kunstsamm lung.de). Sie hält national und international eine hervorragende Position unter den Kunstmuseen. Schwerpunkte der hochrangigen Sammlung liegen in amerikanischer und westeuropäischer Moderne des 20. Jahrhunderts, außerdem in Werken des Expressionismus, der französischen Fauves und des Kubismus. Die große Ausstellungshalle zeigt außergewöhnliche Dimensionen – ihr findet hier Werke von Dani Karavan, Richard Long und Daniel Buren, die eigens für diese Größe konzipiert wurden. Bedeutende Werke von Joseph Beuys bis Pablo Picasso haben den Museumsrang in der Welt erhöht. Das K20 zeigt mit fast 100 Werken die zweitgrößte deutsche Sammlung von Paul Klee, auch Arbeiten von

TRENDIGES SZENEVIERTEL

Der Handelshafen hat sich gemausert: Ihr findet im **4 / MedienHafen** neben den Medien auch Mode- und Designerbetriebe sowie zahlreiche Restaurants, Clubs und Lounges.

Pop-Ikone Andy Warhol sowie von Georges Braque, Max Ernst, Wassily Kandinsky, Ernst Ludwig Kirchner, Per Kirkeby, Paul Klee, René Magritte, Henri Matisse, August Macke, Jackson Pollock, Gerhard Richter und vielen mehr werden ausgestellt.

Auf zu Düsseldorfs Neuer Mitte

Unsere Route führt uns vorbei an der Deutschen Oper, ein kurzes Stück über die berühmte Königsallee und dann Richtung 9 / Kö-Bogen in Düsseldorfs Neuer Mitte. Der neue Gebäudekomplex mit seinen begrünten, zueinander abgeschrägten Fassaden eröffnet einen freien Blick auf Ikonen der Nachkriegsmoderne: das Dreischeibenhaus und das Schauspielhaus. Unser Interesse gilt Europas größter Grünfassade. Wir schauen uns das bemerkenswerte Projekt des Architekturbüros Ingenhoven genauer an. Die laubhaltenden Hainbuchen verbessern unter anderem das Mikroklima der Stadt und binden zudem Kohlendioxid. Beeindruckend!

Übers „Planetarium der Musik" auf die andere Rheinseite

Wir durchfahren den hübschen Hofgarten nach Nordwesten und kommen zur 10 / Tonhalle (Ehrenhof 1, 40470 Düsseldorf, tonhalle.de). 1926 entstand am Rheinufer in Düsseldorf ein wunderschönes Planetarium. Es sollte die rund 5.984.000.000 Kilometer von der Sonne bis zum äußersten Planeten unseres Systems ein wenig überschaubarer machen. Wie so oft in der Geschichte kam alles ganz anders. In den 70er-Jahren wurde aus der Halbkugel ein Konzertsaal. Mehr als 450 Konzerte mit über 300.000 Zuschauern pro Jahr machen das „Planetarium der Musik" zu einem großartigen Forum für die Kultur. Und dann ist Deutschlands schönstes Konzerthaus natürlich das musikalische Zuhause der Düsseldorfer Symphoniker. Die Strecke führt uns Richtung Westen auf der Oberkasseler Brücke über den Rhein. Wir rollen ein Stück durch Düsseldorf-Oberkassel, dann

---

TOURENINFO / Nahezu durchgehend asphaltiert und nur moderate Steigungen. Fahrradschloss nicht vergessen!

geht es Richtung Norden zur denkmalgeschützten 11 / Brauerei Albrecht (tgl. 12–21 Uhr, Niederkasseler Str. 104, 40547 Düsseldorf, brauhaus-joh-albrecht.de). Nun sind wir im Stadtteil Niederkassel angekommen. Man braut und kocht hier seit fast 30 Jahren, was die Kessel hergeben. Wir suchen uns einen Platz im idyllischen Biergarten und bestellen Düsseldorfer Senfrostbraten – zum Nachtisch teilen wir uns noch einen Apfelstrudel mit Vanillesauce. Du kannst hier auch frischen Matjes, Salate oder vegetarische Flammkuchen bestellen.

Am Rheinpark entlang zum Tourende

Nach unserer Einkehr führt uns die Route auf der Theodor-Heuss-Brücke wieder über den Rhein. Wir radeln am belebten Rheinpark entlang nach Süden. Im Sommer könnt ihr mit einem herrlichen Blick auf den Rhein am Stadtstrand chillen. Wir biegen auf die Klever Straße Richtung 12 / Bahnhof Düsseldorf-Derendorf, beenden unsere Tagestour durch die Stadt mit einem sehr zufriedenen Gesicht und dem Plan, möglichst bald wiederzukommen. Als nächstes steht der Japan-Tag im Mai auf unserem Programm. Als einzigartiges Kultur- und Begegnungsfest zieht er jedes Jahr Hunderttausende nach Düsseldorf, die das japanische Flair erleben und zum Abschluss das spektakuläre Feuerwerk am Rhein genießen möchten.

KM 13

Nach etwa 13 Kilometern liegt rechts der Botanische Garten. Er gehört zur Heinrich-Heine-Universität Düsseldorf, zum dortigen Institut für Botanik. Hier gedeihen über 6.000 exotische und heimische Arten, unter anderem in einem riesigen Kuppelgewächshaus.

∧ oben / Futuristisch: **Kuppelgewächshaus im Botanischen Garten**

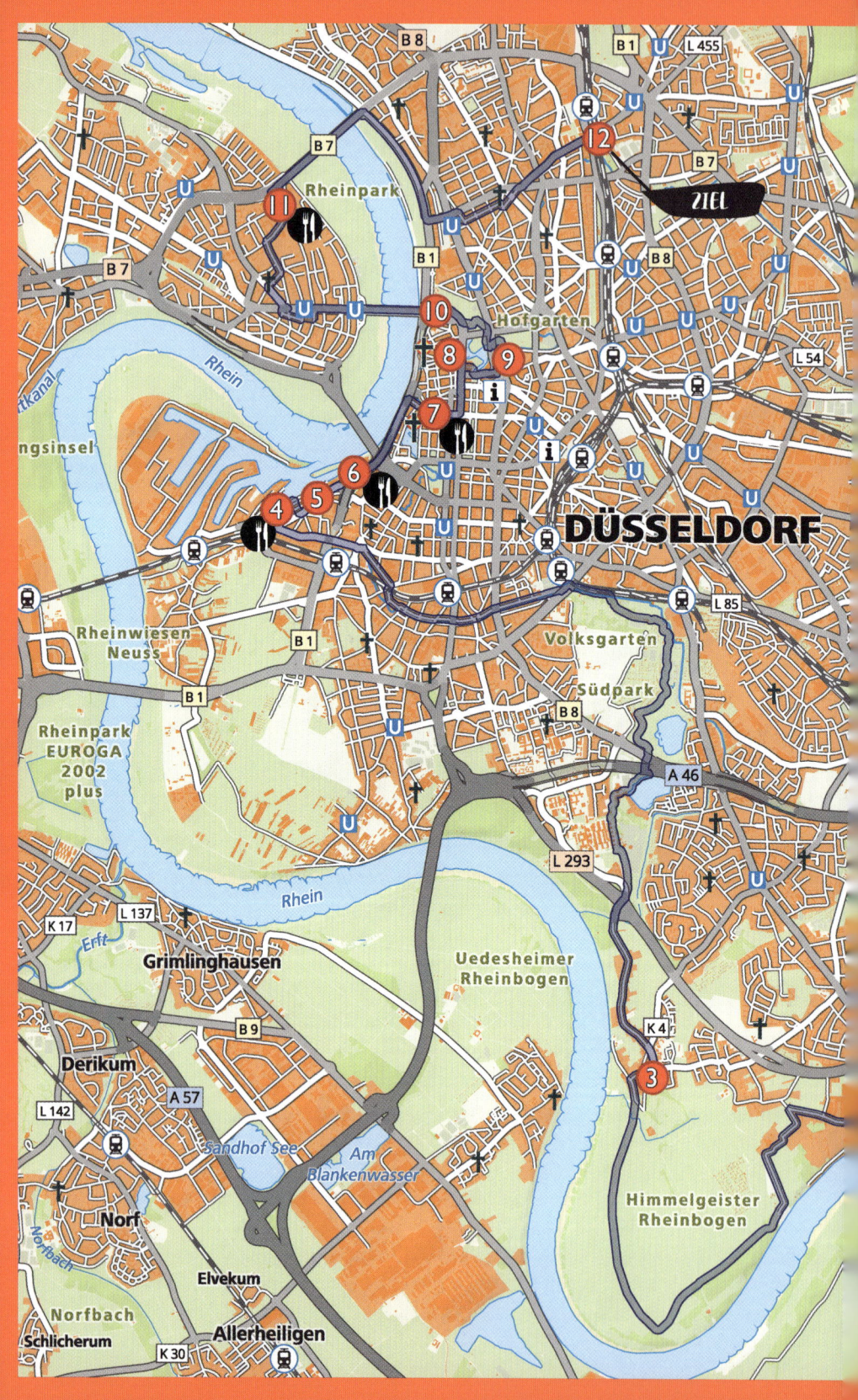

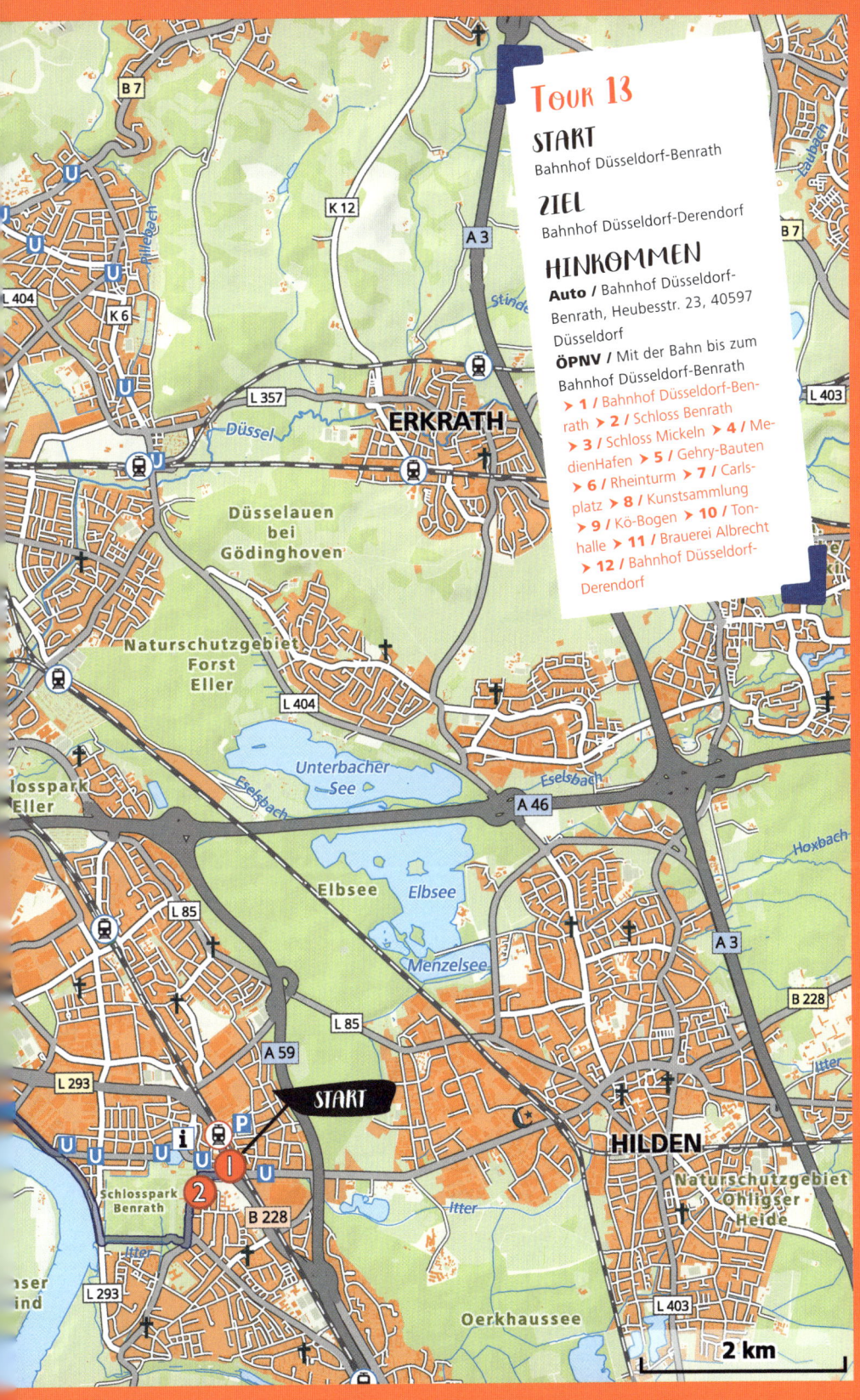

Tour 13

START
Bahnhof Düsseldorf-Benrath

ZIEL
Bahnhof Düsseldorf-Derendorf

HINKOMMEN

Auto / Bahnhof Düsseldorf-Benrath, Heubesstr. 23, 40597 Düsseldorf

ÖPNV / Mit der Bahn bis zum Bahnhof Düsseldorf-Benrath

> **1** / Bahnhof Düsseldorf-Benrath > **2** / Schloss Benrath
> **3** / Schloss Mickeln > **4** / MedienHafen > **5** / Gehry-Bauten
> **6** / Rheinturm > **7** / Carlsplatz > **8** / Kunstsammlung
> **9** / Kö-Bogen > **10** / Tonhalle > **11** / Brauerei Albrecht
> **12** / Bahnhof Düsseldorf-Derendorf

2 km

IN DIE VERGANGENHEIT EINTAUCHEN

Ich lege diese Radtour allen nahe, die an der Römerzeit interessiert sind.

> **1 /** Mit dem Rad vom Bahnhof Köln Süd in Richtung Norden

> **2 /** Die Eigelstein Torburg führt zur Neusserstaße in Richtung Neuss

> **3 /** Der sehr beliebte Ortsteil Fühlingen liegt nah am Fühlinger See

> **4 /** Die mittelalterliche Festung Feste Zons wurde nicht zerstört

> **5 /** Im Fährhaus Zons kann man sich mit regionalen Köstlichkeiten belohnen.

> **6 /** In der alten Römerstadt Neuss endet unsere Tour am Hauptbahnhof

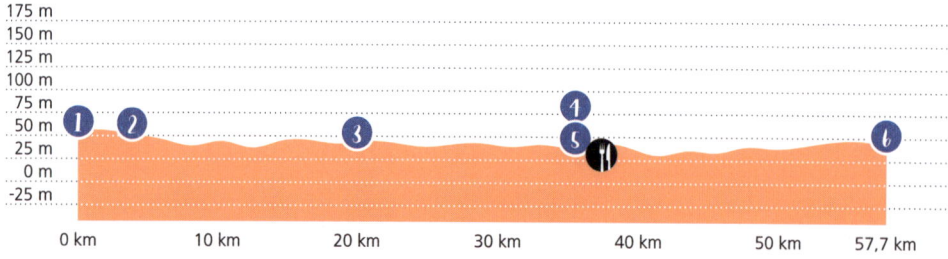

ALTE STÄDTE NEU GESEHEN

Ab geht's von der Antike *ins* Mittelalter von Elisabeth Odendahl

Die Tour führt uns vom Bahnhof Köln Süd am Rhein entlang Richtung Norden. Nach ca. 35 km erreichen wir die Feste Zons, ein wahrer Schatz aus dem Mittelalter. Die kleine ummauerte Stadt wurde nicht zerstört, man kann hier eine Führung mitmachen und Köstlichkeiten aus der Region genießen. Weiter geht es nach Neuss, wo die Tour am Hauptbahnhof endet.

57,5 Kilometer
280 Höhenmeter
Streckentour

1 / Bahnhof Köln Süd

Die Tour führt zunächst nach Nordwesten Richtung Zülpicher Straße und Zülpicher Wall, dann rechts in die Lindenstraße und auf die Ringe Richtung Nordosten.

2 / Eigelsteintorburg

Wir erreichen das Eigelsteinstadttor. Es wurde ursprünglich im 13. Jahrhundert mit 12 anderen Toren nach Jerusalemer Vorbild erbaut. 1641 gewährte die Stadt der Königin Maria de Medici, die von Kardinal Richelieu

CHARAKTER

Sportlich ●●●●●
Abkühlung ●●○○○
Schlemmen ●●●●○
Panorama ●●●●○

TOURENINFO / Großteils auf dem gut ausgebauten Rheinradweg den Fluss entlang und auf verkehrsberuhigten Straßen.

‹ links / In Neuss, an unserem Ziel, erwartet uns das Quirinus-Münster

aus Paris vertrieben worden war, Asyl. Bei ihrer Ankunft schritt sie durch das Tor. Auch Napoleon durchschritt mit seiner Gemahlin Joséphine 1804 die Eigelsteintorburg, die auch „Porte de Neuss" genannt wurde. Gleich in nördlicher Richtung schließt die Neusser Straße an, die Richtung Neuss führt, wo unsere Tour heute endet. Die Franzosen waren in Köln willkommen, wusste man doch um ihre fortschrittlicheren Erkenntnisse etwa im Bereich des Gesundheitswesens. Außerdem brachten die Franzosen die Menschenrechte mit, die Juden und Protestanten den Weg zur Gleichberechtigung ebnen konnten. Nach dem Krieg versuchte man, möglichst viele Bauelemente im riesigen Schutthaufen Kölns wiederzufinden, um das Tor möglichst original wieder aufbauen zu können. Heute befindet sich in der Eigelsteintorburg die Jazzhausschule, neben Musikveranstaltungen und Märkten werden auch feuchtfröhliche Karnevalevents durchgeführt.

3 / Fühlingen/Fühlinger See

Wir setzen unseren Weg fort, folgen dem Theodor-Heuss-Ring entlang des gleichnamigen Parks zum Rhein und radeln ab der „Bastei", einem ehemaligen Aussichtsrestaurant, den Fluss entlang nach Norden. Nach der Mülheimer Brücke orientieren wir uns nach rechts direkt ans Ufer, um einen hübschen, grünen Uferabschnitt mit dem Cranachwäldchen mitzunehmen. Dahinter durchfahren wir auf einer Landzunge den Hafen Köln-Niehl I und kommen über eine Brücke zurück ans Ufer. Auf der anderen Flussseite liegt Leverkusen. Wir orientieren uns vorübergehend weg vom Ufer, unter der A 1 hindurch nach Fühlingen, einem Teil des Stadtbezirks Chorweiler. Grabungen in Fühlingen belegen, dass die Besiedelung bereits auf die Jungsteinzeit zurückgeht. Im Mittelalter bestand dieser Ort nur aus Bauernhöfen, von denen dann im 19. Jahrhundert einige zu

LÄNDLICH AM SEE

Im Kölner Stadtteil Fühlingen befindet sich unter anderem der Fühlinger See. Er wird für Relaxeinheiten, Badespaß und Fritten am See genutzt.

➤ rechts / Eigelstein Torburg in Köln

Gutshöfen mit Gestüten umgebaut wurden, auch eine Pferderenn-
bahn findet sich hier. Fühlingen weist trotz seiner neueren Architektur immer noch einen ländlichen Charakter auf. Durch die Sied-
lungsstruktur, die überschaubare Größe und die Lage inmitten von
Feldern und am Fühlinger See ist der Ort ein beliebtes Wohngebiet.
Zum See, der aus einer Vielzahl miteinander verbundener Seen
besteht, strömen zahlreiche Einwohner und Einwohnerinnen aus
allen Teilen der Domstadt, um hier eine gute Zeit zu verbringen.
Die einzelnen Seen sind für unterschiedliche Nutzungsarten vor-
gesehen: ein See für Freibad und Sporttauchen, ein Angelsee, ein
Surfsee, drei Bade- und Bootsseen und ein Ruder- und Kanusee.

4 / Feste Zons

Am Ende des Fühlinger Sees biegen wir nach rechts zurück zum
Rhein ab. Nachdem wir meist am Rhein entlang vorbei an hübschen Vororten von Köln mit ländlichem Charakter geradelt sind,
erreichen wir 15 km weiter die Feste Zons oder die Stadt Zons.
Bereits vor knapp 2000 Jahren gab es hier ein Kastell, in dem die
römische Grenzwache stationiert war. Die ehemalige kurkölnische
Zollfeste Zons ist in ihrem mittelalterlichen Stadtbild weitestge-
hend erhalten. Sie diente ab 1372 den Kölner Bischöfen und Erz-

EINST
ANZIEHUNGS-
PUNKT

als Aussichtsrestaurant, heute bau-
fällig. Direkt am Rhein erblicken wir
die in den 1920er-Jah-
ren erbaute „Bastei" mit ihrer
außergewöhnlichen Architektur.

BELIEBTES
WOHNGEBIET
MIT
LÄNDLICHEM
CHARAKTER

bischöfen zur Einhebung von Zöllen von passierenden Schiffen. Nach dem üblichen Hin und Her der Machtverteilung in den folgenden Jahrhunderten zwischen Bischöfen und Landesfürsten erklärten die Preußen es 1815 zum Preußischen Staatsgebiet und gründeten den Kreis Neuss, der heute erweitert als der Rhein-Kreis Neuss bekannt ist. Ein Spaziergang auf eigene Faust (oder auf eigenem Rad) in und um die Feste inklusive der Festungsmauer, die man auch per Fahrrad erkunden kann, ist auf jeden Fall sehr zu empfehlen. Wein-, Delikatessen- und Kunsthandwerkgeschäfte laden zum Stöbern ein. Auch zahlreiche kulturelle Veranstaltungen gibt es, besonders beliebt sind die Märchenspiele auf der Freilichtbühne während der Sommer-Open-Air-Veranstaltungen. Darüber hinaus veranstaltet die Stadt jedes Jahr im Herbst den Matthäusmakt, einen Kunsthandwerkermarkt.

5 / Fährhaus Zons

Auf unserem Weg liegt das Fährhaus Zons. „Aber kein Genuss ist vorübergehend, denn der Eindruck, den er hinterlässt, ist bleibend," soll Johann Wolfgang von Goethe auf seiner Durchreise gesagt haben. In diesem Sinne begrüßen uns die Betreiber des Fährhauses in einem modernen Landgasthaus. Direkt am Rhein werden wir hier mit regionalen und saisonalen Speisen verwöhnt. Traditionelle Gerichte der deutschen Küche werden hier neu interpretiert. Dann lasst uns mal ein Kölsches Schnitzel, gefüllt mit Blutwurst, Senf und Essiggurke, probieren.

6 / Neuss

Wir setzen unseren Weg am Rhein entlang fort und umrunden dabei den Zonser Grind, ein auf einer Halbinsel gelegenes Naturschutzgebiet, das auch von vielen Wanderern und Wandererinnen aufgrund der für solche Gebiete typischen Flora und Fauna gerne

frequentiert wird. Am Ende der Halbinsel wenden wir uns rechts in die Uferstraße und radeln ein kurzes Stück weiter am Rhein in Richtung Norden. Eine Brücke führt uns über den Zufluss zum Silbersee links von uns. Am anderen Rheinufer liegt schon Düsseldorf und wir haben Neuss erreicht. Die nächste Rheinschleife kürzt unser Radweg ab – wir halten uns geradeaus und kommen unter der A 46 hindurch. Im Stadtteil Grimlinghausen geht es rechts noch einmal kurz ans Rheinufer. Nachdem wir die Erft überquert haben, wo sie in den Rhein mündet, halten wir uns nach dem Sporthafen Neuss links, bis wir bei Kilometer 58 den Hautbahnhof von Neuss erreicht haben, unser Ziel und Ende der Tour. Novaesium, so nannten die Römer dieses ehemalige Legionslager zwischen Trier und Köln auf der Römerstraße als Teilstück der Via Agrippa. Würden wir uns noch in der Römerzeit befinden, so hätten wir die Neusser Straße von Köln mit unseren Fahrrädern einfach nur immer geradeaus durchfahren können. Was für eine Vorstellung: Ganz breite Straßen für Radfahrer jeglichen Geschlechts, denen ab und an ein römischer Streitwagen begegnet – Salvete, cari birotarius! Es lohnt sich auch, in Neuss einige Zeit zur Besichtigung einzuplanen. Reste aus der Römerzeit, teils schöne Architektur, viele Grünanlagen sowie ein umfangreiches kulturelles Angebot machen die Stadt wirklich sehenswert.

MÄR-CHEN-FEST-SPIELE

In der Feste Zons können wir außergewöhnliche Dinge entdecken, uns in eine Märchenwelt entführen lassen oder eine Stadterkundung unternehmen.

∧ oben / Stürzelberg, die nächste Ortschaft nach Zons, erreichen wir immer dem Rhein entlang

IM MITTELALTER

Zum *Rundgang* um eine
mittelalterliche Festungsstadt

Spaziergang
4,5 Kilometer
20 Höhenmeter
20 Höhenmeter
1:15 Stunden
Rundtour

In Zons angekommen, können wir einen schönen Rundgang oder eine kleine Wanderung um die Feste Zons unternehmen.

1 / Fährhaus Zons
An diesem Restaurant, das sehr empfehlenswert ist, startet und endet die schöne Wanderung am Rhein entlang, vorbei an sehr betagten Bäumen und durch schöne Natur. Hier haben bereits zahlreiche Politiker, Prominente und äußerst berühmte Zeitgenossen, wie Johann Wolfgang von Goethe, gespeist. Es ist das älteste Restaurant am Platz.

2 / Freilichtbühne Zons
Wir folgen dem Leinpfad am Rhein entlang, genießen den Blick über das Wasser und die weiten Wiesen und Felder. Nach 1,7 km biegen wir rechts in Richtung der 1935 angelegten Freilichtbühne ab. Eine S-Kurve führt uns auf den Weg nach rechts zurück in Richtung der Feste. Dabei kreuzen wir die Strecke, die wir mit dem Fahrrad in den Ort gefahren sind. Bei der nächsten Kreuzung halten wir uns links, bis am Orts- und Festungsrand die Freilichtbühne auftaucht. Seit ihrer Eröffnung gibt es laufend Aufführungen, anfangs mit Themen aus der Stadtgeschichte, später verlegte man sich zunehmend auf Märchen. In den Kriegsjahren des Zweiten Weltkriegs blieben die Vorstellungen natürlich aus. Im Jahr 1953 wurde mit „Der gestiefelte Kater" erstmals ein Märchen aufgeführt, neben dem Stück „Die Schweinefehde". Auch in den Bereichen Musik, Theater und Kunst sowie Trödel und Genuss kommt man hier ganzjährig auf seine Kosten. Eine besonders schöne Atmosphäre beschert uns der alljährlich wiederkehrende Weihnachtsmarkt, bei dem sämtliche Gebäude in Zons hell erleuchtet sind und eine Mischung aus Zuversicht und Lebensfreude ausstrahlen.

3 / Historische Windmühle

Wenig später, am anderen Eckpunkt der alten Stadtmauer, erreichen wir die Zonser Windmühle, einen siebengeschossigen Bau
vom Typ einer Bärwindmühle, die den südwestlichen Eck-Wehrturm
der Stadtbefestigung bildet. Sie wurde seit dem Spätmittelalter
mehrfach umgebaut und war bis 1907 in Betrieb. Heute ist sie ein
Baudenkmal und kann nur von außen besichtigt werden.

4 / Krötschenturm

Wir folgen dem Weg und der Stadtmauer nach
rechts und kommen, die Feste umrundend,
zum historischen Turm. Auch der Krötschenturm ist Teil der Zonser Stadtmauer. Er diente
früher zeitweilig als Wehr, als Wachturm, als
Gefängnis, als Verlies, als Speicher oder als
Lager. Zudem isolierte man in dem Turm während der Pestwellen in Zons Personen, die an
der Pest erkrankt waren, um sie vom Rest der Bevölkerung fernzuhalten. Unheimlicher Gedanke, dass
aus den Räumen, in denen einst Menschen gefoltert oder
wegen Krankheit eingeschlossen wurden, später ein Depot für
Lebensmittel und andere Dinge gemacht wurden.

5 / Rheintor Zons

Wir umrunden die Feste weiter nach rechts. Dieses Tor der Stadtmauer war wegen des Rheinzolls wichtig. Nach links gelangen wir
zurück zum Fährhaus Zons.

TOURENINFO / Spaziergang am Rhein entlang und rund um die Feste Zons.

⌃ oben / Freilichtbühne Zons

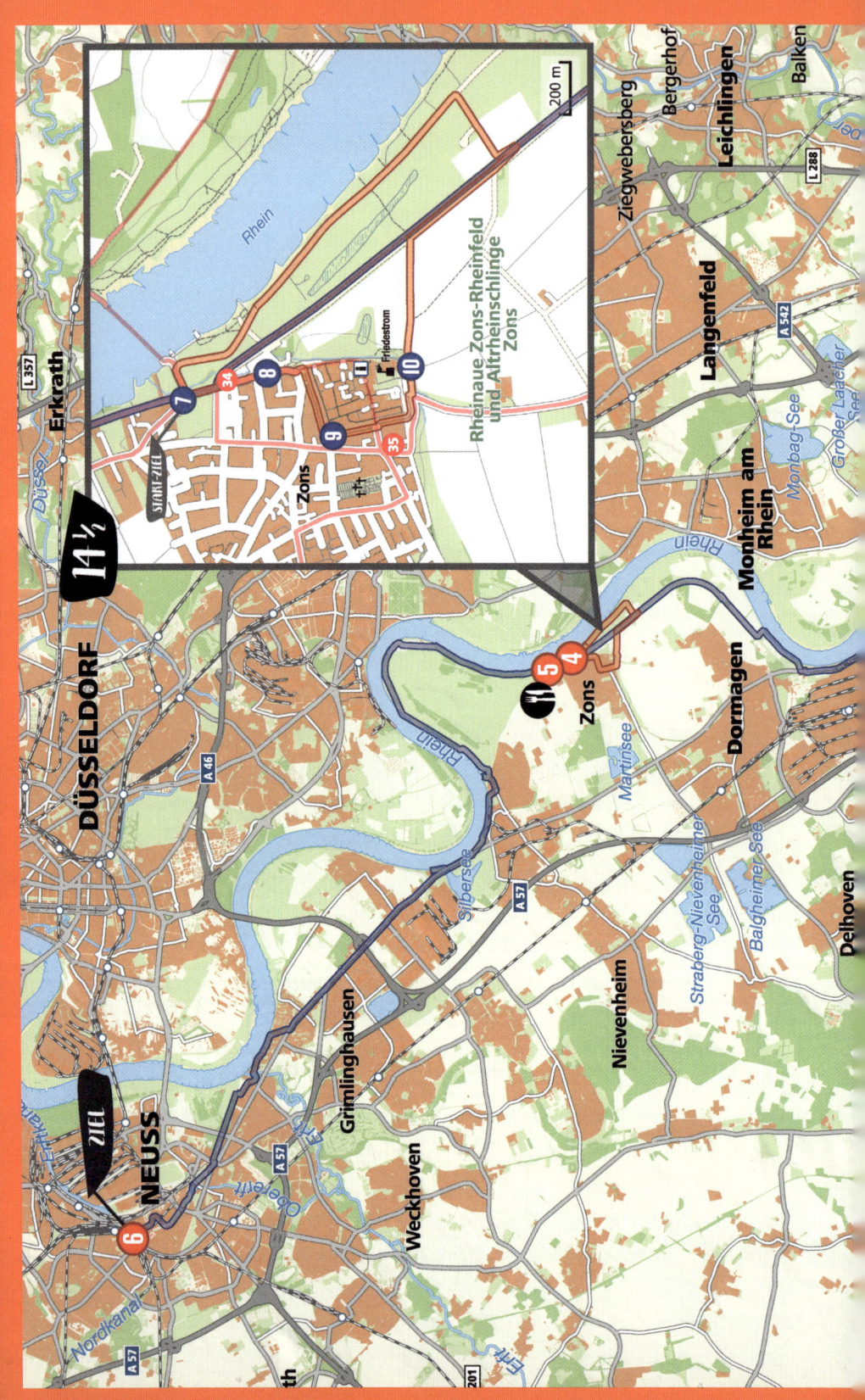

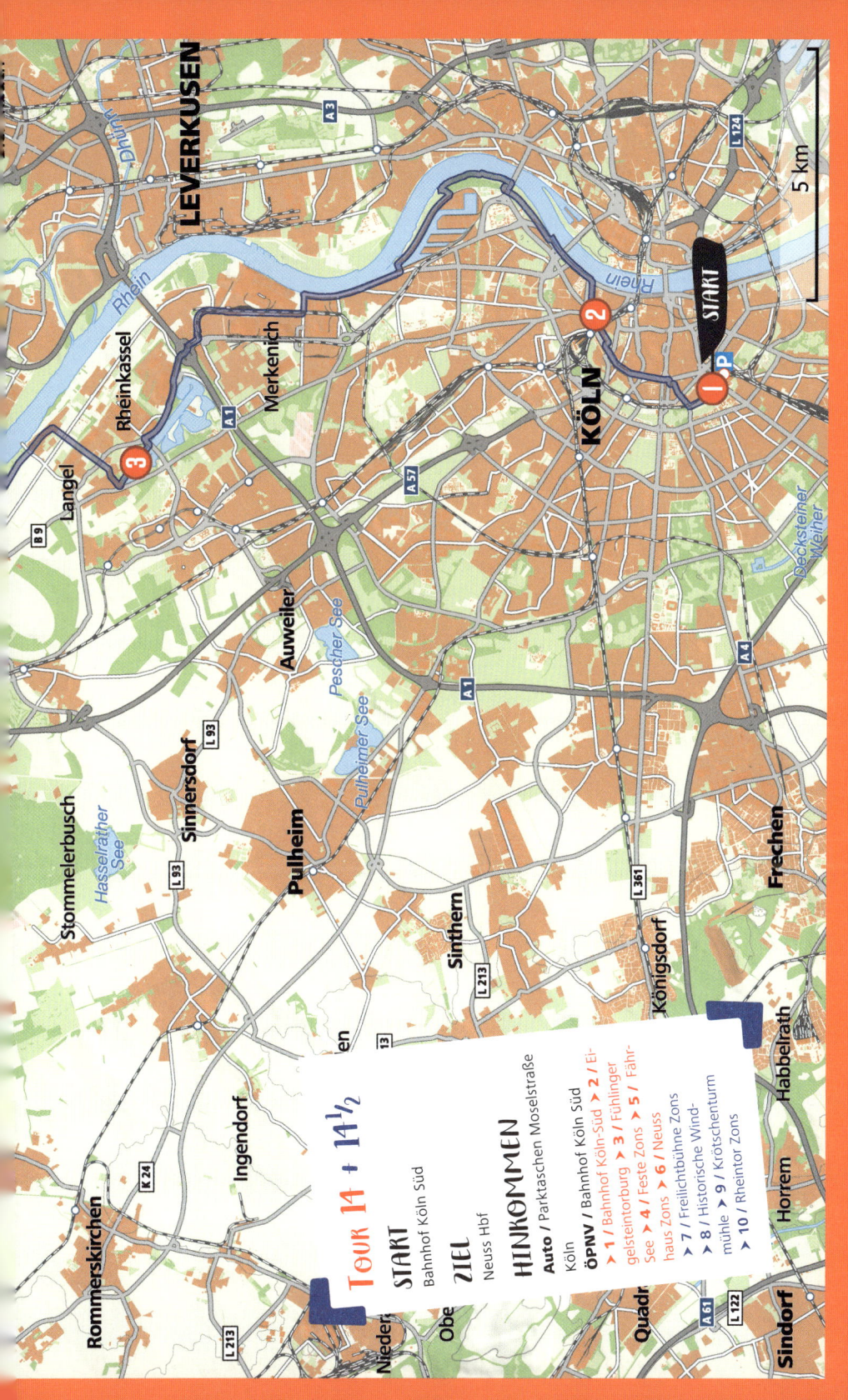

5 km

LEVERKUSEN

KÖLN

Rheinkassel

Merkenich

Langel

Stommelerbusch

Sinnersdorf

Pulheim

Sintthern

Auweiler

Königsdorf

Frechen

Habbelrath

Horrem

Sindorf

Ingendorf

Rommerskirchen

Quadr

Niede

Obe

Tour 14 + 14½

START
Bahnhof Köln Süd

ZIEL
Neuss Hbf

HINKOMMEN

Auto / Parktaschen Moselstraße Köln

ÖPNV / Bahnhof Köln Süd
➤ **1** / Bahnhof Köln-Süd ➤ **2** / Eigelsteintorburg ➤ **3** / Fühlinger See ➤ **4** / Feste Zons ➤ **5** / Fährhaus Zons ➤ **6** / Neuss
➤ **7** / Freilichtbühne Zons
➤ **8** / Historische Windmühle ➤ **9** / Krötschenturm
➤ **10** / Rheintor Zons

PERFEKTE AB-WECHSLUNG!

Diese Tour starte ich gerne an einem Sommermorgen in der malerischen Park- und Auenlandschaft. Ein absolutes Naturhighlight, verbunden mit Kunst und Architektur.

➤ **1 /** Am Parkplatz Museum Insel Hombroich starten und beeenden wir unsere Tour

➤ **2 /** Wir besichtigen ein Kunstwerk für die Kunst – die Skulpturenhalle

➤ **3 /** Eine Künstler-/Wissenschaftler-Wohngemeinschaft in der Raketenstation

➤ **4 /** Klassiker „Himmel und Ääd" in der traditionsreichen Brauerei Bolten

➤ **5 /** Fotostopp im vollständig erhaltenen Renaissance-Schloss Rheydt

➤ **6 /** Malerisch umgeben: der ehemalige Rittersitz Haus Horst

➤ **7 /** Wir besuchen das prächtige Schloss Liedberg

➤ **8 /** Englisch inspiriert und von Wasser umgeben: Schloss Dyck

➤ **9 /** Café Back & Bike: „Zwei Tassen Kaffee und 'ne Pumpe, bitte."

KUNSTVOLLE NATUR

Kunst, Architektur und Natur in Neuss und Mönchengladbach von Elisabeth Odendahl

Unser Programm beginnt mit einer ausgiebigen Besichtigung der Museum Insel Hombroich, einem einzigartigen Gelände, auf dem Kunst und Architektur eng mit der Natur verbunden sind – erst im Anschluss daran steigen wir in unseren Sattel und starten unsere Tour, das haben wir so noch nie gemacht.

43 Kilometer
100 Höhenmeter
Rundtour

Auf geht's zu den Kunstwerken in der Natur

Start und Ende unserer Tagestour ist der 1 / Parkplatz Museum Insel Hombroich (April–Sept. tgl. 10–19 Uhr, Okt.–März tgl. 10–17 Uhr, Minkel 2, 41472 Neuss, inselhombroich.de). Im Auftrag des Gründers Karl-Heinrich Müller wurde das weitläufige Terrain an der Erft, das Museum, Natur, Kunst und Architektur verbindet, zu einer fantastischen Park- und Auenlandschaft. Bildhauer Erwin Heerich schuf zehn begehbare Skulpturen, in denen wir die vielseitige Sammlung nach einem Konzept des Malers Gotthard Graubner sehen können. Das Museum zeigt – neben fernöstlicher Kunst und einem archäologischen Fundus – Werke von Jean Fautrier, Lovis

CHARAKTER

Sportlich ●●●○○
Abkühlung ●○○○○
Schlemmen ●●●○○
Panorama ●●●○○

◄ links / Der Turm auf der Museum Insel Hombroich

Corinth, Hans Arp und vielen mehr. Wir begehen das „Atelier", den „Turm" und das „Labyrinth". Rechts und links von uns Natur pur mit märchenhaften Kopfweiden. Wir besuchen die „Hohe Galerie", den „Graubner-Pavillon", das „Rosa Haus", den „Tadeusz Pavillon" und das „Zwölf-Räume-Haus". Es ist noch Vormittag und unser Weg führt uns zur Cafeteria auf dem Museumsgelände, hier könnt ihr euch kostenlos mit Rosinenstuten, Apfelmus, Pellkartoffeln, Quark, Tee, Kaffee, Wasser und Äpfeln versorgen lassen. Wir verlassen die Museumsinsel, steigen in unseren Sattel und fahren Richtung Nordwesten zur 2 / Skulpturenhalle (Fr–So 11–17 Uhr, Lindenweg, Ecke Berger Weg, 41472 Neuss, thomas-schuette-stiftung.de) sowie zur ebenfalls als Ausstellungsort genutzten 3 / Raketenstation (tgl. 10–19 Uhr, Raketenstation Hombroich 4, 41472 Neuss, langenfoundation.de), dem Kunst- und Ausstellungshaus der Langen Foundation. Die Tour führt uns weiter Richtung Nordwesten über die A 46 Richtung Glehn, Pesch und dann nach Korschenbroich.

WG RAKETENSTATION
Auf der 3 / ehemaligen NATO-Raketenstellung, die 1990 geschlossen wurde, leben heute Komponistinnen, Künstler, Schriftstellerinnen und Wissenschaftler.

Zu „Himmel & Ääd" und ein Ausflug in die Renaissance

Wir parken unsere Räder an der 4 / Brauerei Bolten (Mo–Fr 11:30–22 Uhr, Rheydter Str. 138, 41352 Korschenbroich, bolten-brauerei.de). Es gibt „Himmel & Ääd" – das bedeutet Himmel und Erde. Das Gericht ist seit dem 18. Jahrhundert bekannt, nicht nur am Niederrhein, unter anderem auch in Hessen und Westfalen – sogar bei unseren niederländischen Nachbarn. Seinen Namen erhielt es von der früher verbreiteten Bezeichnung Erdapfel für die Kartoffel. Himmel steht für die Äpfel an den Bäumen. Als Beilage erhält man in manchen Regionen eine Grützwurst oder Blutwurst. In der Brauerei kann man auch ¾-Portionen zum ¾-Preis bestellen – und dazu eine der vielen Brauspezialitäten. Wir steigen wieder auf unse-

➤ rechts / Mehr Renaissance geht nicht: Schloss Rheydt

re Räder, durchfahren die wundervolle Grünzone Neersbroich zuerst nach Norden und dann ab Knotenpunkt 9 nach Süden entlang der Niers und kommen so zum nächsten geschichtsträchtigen Stopp, dem 5 / Schloss Rheydt (Di–Fr 11–17, Sa–So 11–18 Uhr, Schlossstr. 508, 41238 Mönchengladbach, schlossrheydt.de, s. auch Tour 20). Es ist das einzige architektonisch vollständig erhaltene Schloss der Renaissance am Niederrhein. Heute beherbergt das Schloss und die Vorburg nicht nur das Städtische Museum der Stadt Mönchengladbach, sondern ist auch ein Veranstaltungsort sowie ein wunderbares naturnahes Naherholungsgebiet mit weitläufigen Grünanlagen. Im Innenhof des Schlosses befindet sich ein Restaurant, hier könnt ihr nach dem Besuch bei Pasta, Pizza oder einem Kaffee entspannen.

Noch mehr Adelshäuser

Von hier führt uns die Strecke Richtung Südosten, nach Eiger und weiter nach Leppershütte. Das reizende 6 / Haus Horst (Horst 48, 41238 Mönchengladbach) ist ein ehemaliger Rittersitz im Stadtteil Giesenkirchen. Die unter Denkmalschutz stehende Anlage ist Stammsitz des gleichnamigen westfälischen Adelsgeschlechts von der Horst. Da das historistische Herrenhaus heute als Privatklinik genutzt wird, können wir nur den Vorburgbereich begehen. Rund

750 JAHRE BRAUKUNST

Bis heute ist der Kraushof Sitz der 4 / Brauerei Bolten und damit der ältesten Altbierbrauerei der Welt.

um das Haus locken malerische Wege. Wir kommen weiter durch Steinhausen zu 7 / Schloss Liedberg. Wir parken unsere Fahrräder und begehen den Hof. Das Schloss stellt sich als perfektes Modell heraus, wir machen Bilder von der prächtigen Anlage aus dem 12. Jahrhundert und steigen wieder auf unsere Räder. Es geht weiter auf unserer Strecke, nun nach Süden durch Steinforth. Auf dem Tourenplan steht 8 / Schloss Dyck (Di–So 10–18 Uhr, Schloss Dyck, 41363 Jüchen, stiftung-schloss-dyck.de). Schick und dennoch im Flair der alten Remise präsentiert sich das Restaurant. Im Gastraum mit großen Fenstern, aber auch von der mediterranen Terrasse aus eröffnet sich der Blick in den herrlichen Schlosspark. Ihr bekommt hier herzhafte regionale Speisen oder Kuchen. Über vier Inseln im Kelzenberger Bach, umgeben von einem englischen Landschaftsgarten, erstreckt es sich mit seinen Vorburgen und dem Wirtschaftshof. Einmal im Jahr könnt ihr das Schloss in bunten Farben bewundern. Eine Woche lang setzen internationale Lichtkünstler die frühbarocke Fürstenresidenz sowie die angrenzenden Parks und Gärten in ganz besonderes Licht. Das „Lichtfestival" mit musikalisch untermalten Illuminationen, Kerzenschein und Videoprojektionen auf dem gesamten Gelände sowie die regelmäßigen Schlosskonzerte sind die alljährlichen Höhepunkte. Seit Gründung der Stiftung sind nun einige Räume des Ostflügels für Besucherinnen und Besucher geöffnet. Im lichtdurchfluteten Festsaal könnt ihr ein barockes Deckengemälde bewundern, das noch aus der Bauzeit um 1656 stammt, zwölf Tableaus des Rokokomalers François Rousseau sowie kostbare Wandbekleidungen wie die chinesische Seidentapete, die Kaiser Karl IV. seiner Tochter Theresia schenkte. Doch nicht nur das Schloss lohnt einen Besuch, auch beim Blick aus den Fenstern offenbart sich uns die enge Verbindung der Ausstellungsstücke zu der weitläufigen und wunderschönen Parkanlage. Vor der Kulisse des Wasserschlosses flanieren wir vorbei an majestätischen Riesen-

---

TOURENINFO / Gut geeignet für Familien, nur moderate Steigungen. Fahrradschloss mitnehmen!

eiben, Mammutbäumen, Korea-Pappeln und Geweihbäumen – far-benprächtig und atemberaubend präsentiert sich uns der Garten. Unter dem Motto „Ost trifft West" wurde erst jüngst ein japanisch inspirierter Schaugarten angelegt. Nachdem wir Fotos von den wunderschönen Exoten gemacht haben, machen wir uns auf den Weg für den Endspurt.

Zum Abschluss zur duftenden Bohne mit Pumpenverleih

Es geht Richtung Südosten, von Knotenpunkt 3 über 9 zu 10. Wir überqueren wieder die A 46 und biegen in Kapellen Richtung Gru-issem ab. Wir besuchen dort das nette kleine 9 / Café Back & Bike (cafe-back-bike.business.site). Hier könnt ihr nicht nur Kaffee und leckeren selbstgemachten Kuchen bekommen, die Betreiber halten auch Werkzeug und eine Luftpumpe für vorbeikommende Radfah-rende bereit. Ein Hinterrad hat auf der Strecke etwas Luft verloren und wir nutzen den freundlichen Service. Nach der Koffein- und Luftversorgung verabschieden wir uns höflich und steigen wieder auf unsere Bikes. Bis zum Startpunkt sind es noch 4,8 Kilometer. Die Strecke geht nun Richtung Nordosten. Wir radeln nun wie-der entlang der Museumsinsel zu unserem Ausgangspunkt, dem 1 / Parkplatz Museum Insel Hombroich. Eine herrliche Tour!

KASE-MAT-TEN

5 / Schloss Rheydt ist das einzig architektonisch vollständig erhaltene Schloss der Renaissance am Niederrhein. Die begehbaren Festungsanlagen laden zu einem spannenden Rund-gang über die bedeutenden Befestigungen ein.

▲ oben / Pfau im Garten von Schloss Rheydt

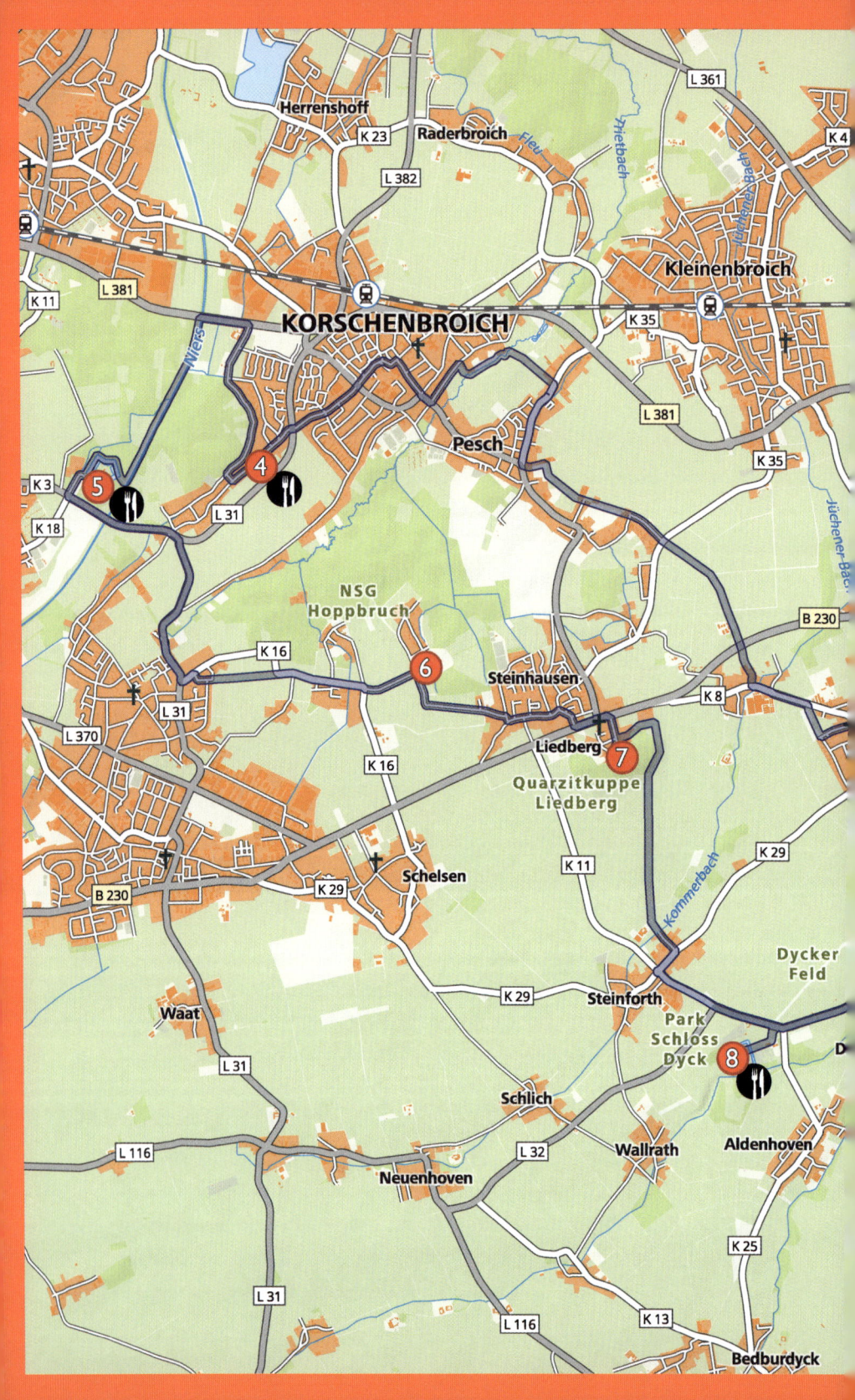

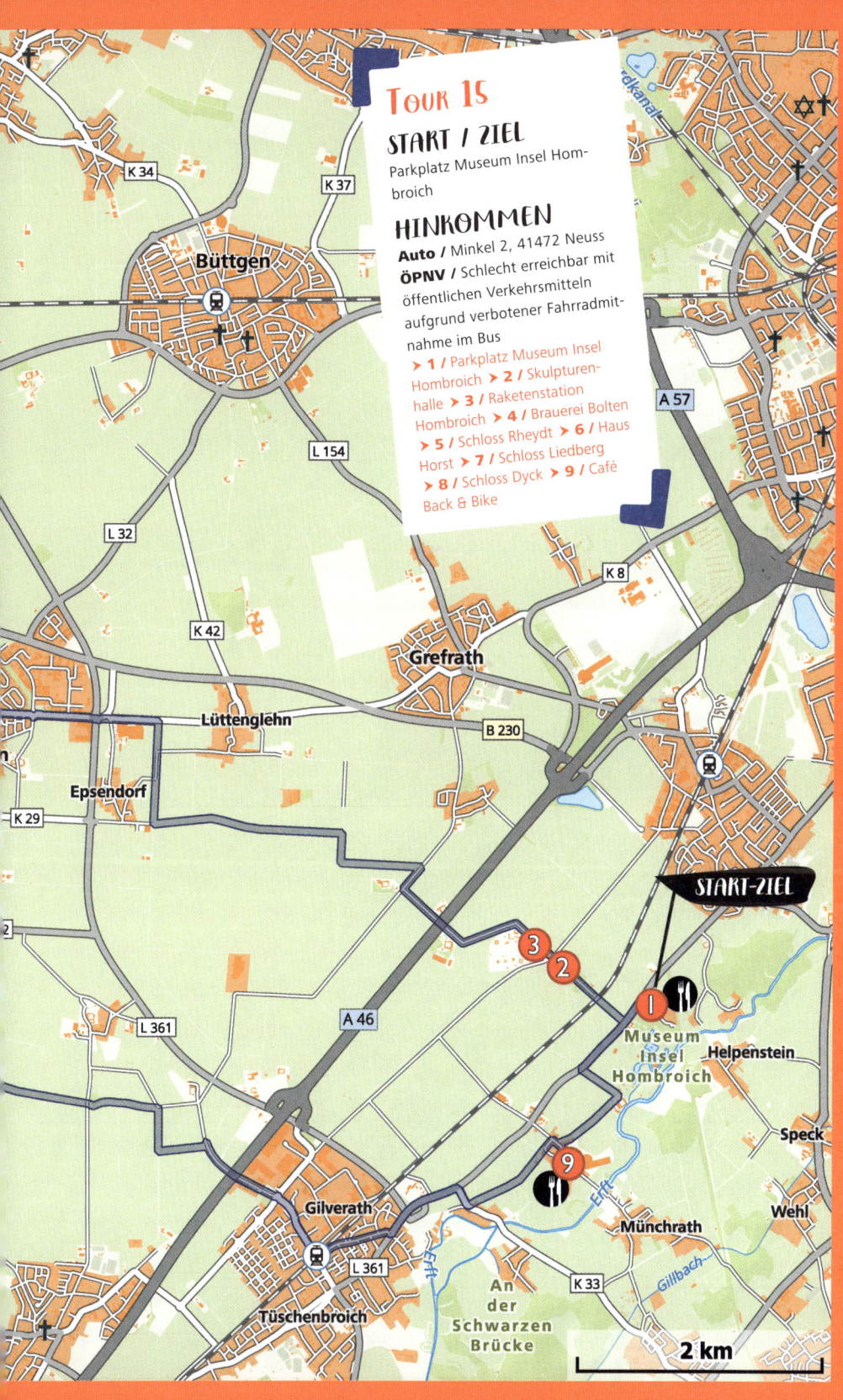

TOUR 15

START / ZIEL
Parkplatz Museum Insel Hombroich

HINKOMMEN
Auto / Minkel 2, 41472 Neuss
ÖPNV / Schlecht erreichbar mit öffentlichen Verkehrsmitteln aufgrund verbotener Fahrradmitnahme im Bus

> 1 / Parkplatz Museum Insel Hombroich **> 2 /** Skulpturenhalle **> 3 /** Raketenstation Hombroich **> 4 /** Brauerei Bolten **> 5 /** Schloss Rheydt **> 6 /** Haus Horst **> 7 /** Schloss Liedberg **> 8 /** Schloss Dyck **> 9 /** Café Back & Bike

START-ZIEL

Museum Insel Hombroich

DURCH ZEIT & RAUM!

Auf dieser Tour entfliehe ich ganz dem Alltag – mit einer Dampflok in ein anderes Jahrhundert und am Lago Laprello an einen fernen Ort.

➤ **1 /** Wir beginnen und beenden die Tour am Parkplatz Gangolfusstraße

➤ **2 /** Ausruhen am Adolfosee

➤ **3 /** Innehalten an der Kapelle Kranzes

➤ **4 /** Austoben und Ponyreiten für Kinder beim Restaurant Ponytränke

➤ **5 /** Ruhe tanken am Schloss Trips

➤ **6 /** Mittagspause am Restaurant am Markt in Geilenkirchen

➤ **7 /** Das willst du nicht verpassen: Dampflokfahrt mit der Selfkantbahn

➤ **8 /** Ankommen am Bahnhof Schierwaldenrath

➤ **9 /** Beachfeeling kommt auf am Sandstrand des Lago Laprello

➤ **10 /** Genieße ein Stück Urlaub im Laguna Beach Club

➤ **11 /** Kultur im Museum Begas Haus

➤ **12 /** Außergewöhnliche Kaffeekultur im Museums- café Samocca

WELTENWECHSEL

Mit **Rad** *und* **Dampflok** *zum*
Heinsberger Lago *von Bernd Schadowski*

Meist auf Radwegen und Nebenstraßen führt uns die Tour durch das Heinsberger Land entlang der grünen Flussläufe von Rur und Wurm bis zur Burg Trips. Eine Fahrt mit der historischen Schmalspurbahn und ein Bad im Lago Laprello runden unsere Erlebnistour ab.

Heraus aus der Kreisstadt

Los geht's am 1 / Parkplatz Gangolfusstraße in Heinsberg. Von der Rathausstraße biegen wir rechts in die Apfelstraße und, zwei Mal links abbiegend, in die Hochstraße. Wir folgen der rot-weißen Knotenpunktbeschilderung (KP) Richtung KP 11, die uns heute meist leiten wird. Am Marktplatz mit seinem breiten Gastronomieangebot nutzen wir den linksseitigen Fahrradweg, um über die Kempener Straße links zu KP 11 zu kommen. Richtung KP 22 Unterbruch verlassen wir die Stadt und durchfahren den Vorort Unterbruch, bis wir kurz vor der Rur KP 22 erreichen.

52 Kilometer
115 Höhenmeter
Rundtour

CHARAKTER

Sportlich ●●●○○
Abkühlung ●●●●●
Schlemmen ●●●●○
Panorama ●●●○○

Ab in die Natur

Links ab wählen wir den Weg zum KP 16 Hückelhoven und genießen die Ruhe auf diesem Ab-

◄ **links / Sonnenuntergang genießen am Lago Laprello**

schnitt des RurUfer-Radwegs. Ich liebe es, hier die Schmetterlinge auf den purpurfarbenen Disteln zu beobachten, während der Fluss neben einem Ruhe verströmt. Vor einer kleinen Rurbrücke biegen wir rechts ab und folgen nun KP 16, den wir am Friedhof erreichen. Für einen Abstecher zum See biegen wir links ab Richtung KP 99 Hilfarth und der bereits in Sicht liegenden Rurbrücke, nach deren Überquerung wir den 2 / Adolfosee für eine kurze Pause erreichen. Von einem lauschigen Plätzchen haben wir einen schönen Blick über den fischreichen See und seine Inseln, die gesprengte Bunker aus dem 2. Weltkrieg sind. Zurück an KP 16 biegen wir links Richtung KP 17 ab. Wir folgen der Straße bis wir die 1895 erbaute 3 / Kapelle Kranzes an der Ecke zur Hauptstraße erreichen. Wirf mal einen Blick hinein und lass die Stille auf dich wirken! Wir fahren links auf den Radweg und biegen direkt

SUNDOWNER

Genieß Strand und Kulinarik am 9 / Lago Laprello, während dein Akku in den Ladeschränken am Bootshaus lädt.

hinter dem Erlenbach scharf nach links ab, um die befahrene Straße nach rechts zu unterqueren. Uns rechts und links haltend kommen wir auf den Radweg nach Porselen. Für ein paar Hundert Meter müssen wir auf die Straße wechseln, bis wir links in die Bendengasse einbiegen. An KP 17 biegen wir ab Richtung KP 05 Geilenkirchen, durchfahren den kleinen Ort Himmerich, überqueren die Gleise und folgen der Straße durch den kleinen Ort Randerath bis zur Kreuzung. Wir erreichen KP 05 am Weg entlang der Wurm, einem 53 km langen hübschen Nebenfluss der Rur, den wir ein ganzes Weilchen Richtung KP 08 Geilenkirchen begleiten. Bei einem Zwischenstopp am 4 / Restaurant Ponytränke (Di–Do 14.30–19.30, Fr–Sa 14.30–21, So 11–19.30 Uhr, Mühlenstraße 29, 52511 Geilenkirchen) genießen wir selbstgemachte Waffeln, während unsere Kinder Pony reiten oder sich auf dem großzügigen Spielplatz mit Seilbahn austoben. Wir folgen weiter dem Weg am Bach entlang zu KP 08 und weiter Richtung KP 01 Geilenkirchen, bis links 5 / Schloss Trips auf-

---

➤ rechts / Die Heinsberger Region bietet weitgehend flaches Terrain

taucht. Das Schloss mit ersten Bauwerken aus dem 15. Jahrhundert ruft nach einer weiteren Rast. Auf den Bänken der Kastanienallee entlang des Wassergrabens kannst du entspannen und Schwäne beobachten. Eine Besichtigung ist leider nicht drinnen, da es ein Seniorenheim beherbergt. Wir radeln weiter bis zum KP 01 am Markt von Geilenkirchen und von dort Richtung KP 03 Gangelt. Im rechts gelegenen 6 / Restaurant am Markt (Mo 17–22, Di, Do–Sa 11.30–14.30 und 17–22, So 11.30–21.30 Uhr) mit seiner schönen Außengastronomie lässt sich eine gepflegte Pause einlegen. Wir folgen der Straße bergauf durch Geilenkirchen und wechseln auf den die Straße begleitenden Radweg.

Zeitreise
Unsere Bikes rollen wie von selbst bergab durch Gillrath, bis wir den Abzweig nach links zur Selfkantbahn und KP 03 nehmen, den wir kurz darauf erreichen und nach links zum Kopfbahnhof Gillrath abbiegen. Sofern du einen der Fahrttage ausgewählt hast, geht es von hier mit der historischen 7 / Selfkantbahn, der einzigen Schmalspurbahn in Nordrhein-Westfalen, weiter (Sa–So mehrmals tgl., Dampflok meist nur So, Fahrplan online prüfen, Radmitnah-

me kostenfrei). Sie verkürzt unsere Radelstrecke um fast 8 km. Es ist schon ein ganz besonderes Erlebnis, wenn die Dampflok rhythmisch schnaufend in Dampf und Rauch gehüllt mit dir auf große Fahrt geht! Die Bahn fährt heute nicht? Kein Problem, dann fahr die Strecke mit dem Rad weiter: Von KP 03 folge KP 57 Gangelt. In Stahe geht es von KP 57 rechts weiter Richtung KP 56 Schierwaldenrath. Wir überqueren die Bundesstraße, erklimmen geradeaus die offenen Felder, durchqueren Kreuzrath und biegen hinter der Birgdener Kirche links ab, bis wir den 8 / Bahnhof Schierwaldenrath erreichen, an dem auch Bahnhofshalle und Werkstatt der Selfkantbahn beheimatet sind. Für alle geht es nun am Bahnhof vorbei weiter Richtung KP 56, den wir an der Kirche erreichen, von dem wir uns zum KP 19 Heinsberg aufmachen. Knapp 2 km weiter setzen wir unsere Tour von diesem über die Felder in Richtung KP 12 Heinsberg fort und biegen bei diesem Richtung KP 20 Heinsberg ab. Geradewegs führt uns der Feldweg bergab mit weitem Blick auf die erhöht auf dem Kirchberg ruhende St. Gangolf Kirche in Heinsberg. Über die Aphovener Straße erreichen wir die Waldfeuchter Straße in Lieck und folgen ihr auf dem linksseitig für Fahrräder freigegebenen Gehweg nach rechts.

DAMPF-LOK FAHREN / Gut geeignet für Familien mit Anhänger. Für die Schmalspurbahn-Fahrt sollte man ein Wochenende wählen, so kann man zudem den Weg um knapp 8 km kürzen. Es wartet ein Spielplatz und Badestrand. E-Bike-Ladestellen: 9 / Lago Laprello Ladeschrank am Bootshaus, Heinsberg Markt.

Strandpromenade

Wir überqueren die Kreuzung und biegen nach links auf dem Radweg in die Ringstraße, um bei nächster Gelegenheit rechts auf die Seeufer Straße abzubiegen, der wir nun ein Stück um den See folgen. Was jetzt kommt, macht mich als langjähriger Heinsberger Jung sprachlos: Gab es vor 25 Jahren nur wilde Badeecken am Baggersee, begegnen wir nun einer anderen Welt. Auf der hübschen Promenade, am Beach Club und Campingplatz vorbei, erreichen

wir das Bootshaus, bei dem du Tretboote in Form überlebensgroßer Schwäne leihen kannst, und den breiten Sandstrand des 9 / Lago Laprello, einem zum Freizeitparadies umgestalteten Baggersee, auf dem Spanienfeeling aufkommt. Auf dem Rückweg über die Promenade halten wir am 10 / Laguna Beach Club (tgl. 12–21.30 Uhr, Fritz-Bauer-Straße, 52525 Heinsberg) zum Chillout bei Sonnenuntergang. Wir verlassen die Promenade über den Weg am Campingplatz nach rechts auf die Fritz-Bauer-Straße, der wir auf dem linksseitigen Parallelweg bis zur Kreuzung folgen.

Kaffee & Kunst

Geradeaus weiter Richtung Stadtmitte passieren wir das Krankenhaus, kommen in die Apfelstraße und erreichen, an unserem Startpunkt vorbeikommend, durch das Torbogenhaus das 11 / Begas Haus (Di–Sa 14–17, So 11–17 Uhr, Hochstraße 21, 52525 Heinsberg), ein interessantes Museum für Kunst und Regionalgeschichte. Direkt daneben gibt's das auch ohne Eintritt zugängliche 12 / Museumscafé Samocca (Di–Fr 10–17, Sa 10–14 Uhr), ein Auszeit-Muss, wenn es offen ist! Wer möchte, geht noch hinauf auf den Kirchberg, der zusammen mit dem Burgberg eine der größten erhaltenen Mottenanlagen, eine Turmhügelburganlage, des Rheinlandes darstellt. Mit dem Rad zurück zum 1 / Parkplatz Gangolfusstraße ist es nun nicht mehr weit.

ZEITREISE

Teilweise über 110 Jahre alt ist die Holzklasse der historischen Wagen der 7 / Selfkantbahn. Plane gut, denn die Dampflok fährt meist nur Sonntags, Samstags fährt meist eine alte Diesellok. Fahrräder reisen kostenfrei mit.

▲ oben / Kurz ausruhen am Schloss Trips

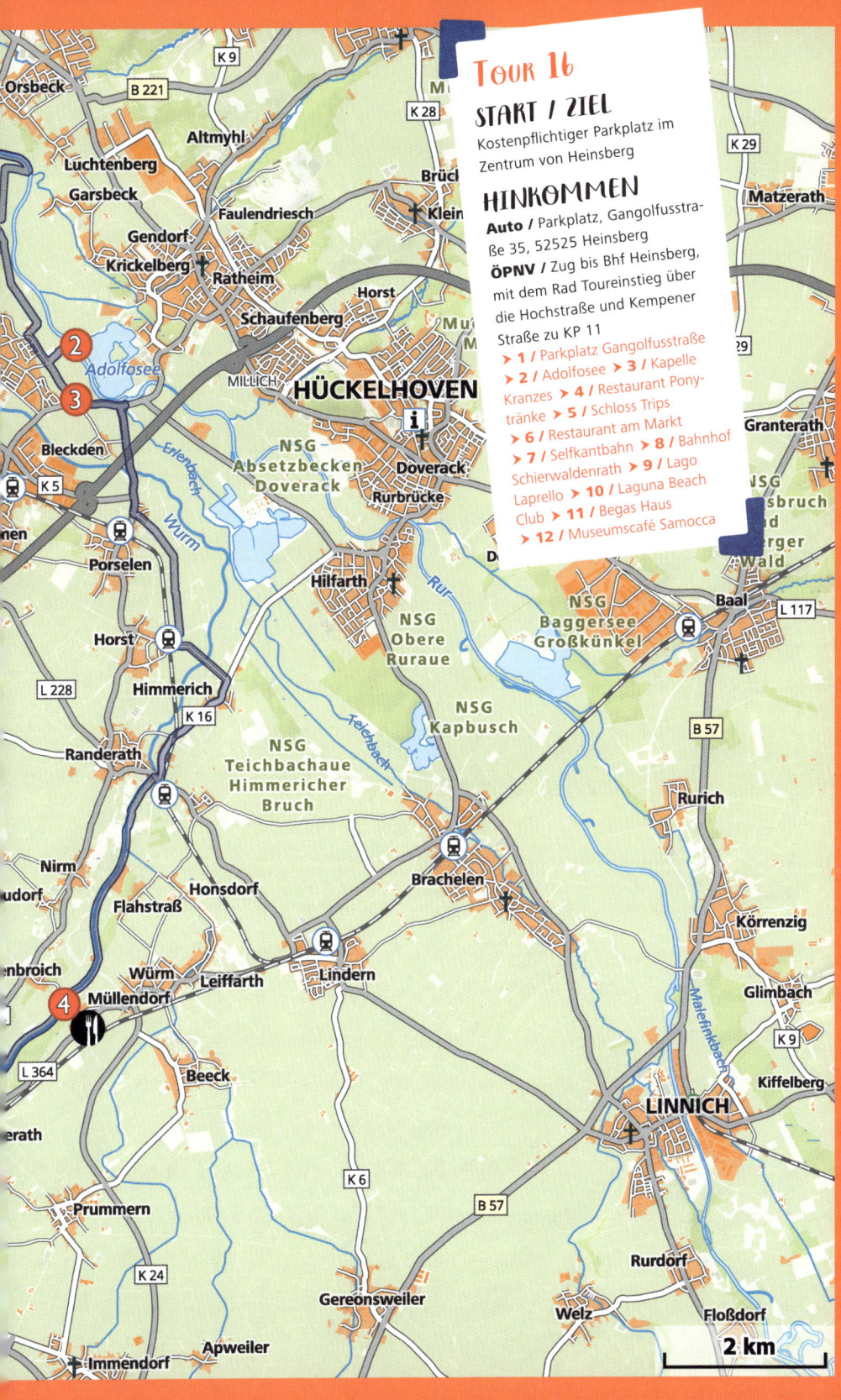

Tour 16

2 km

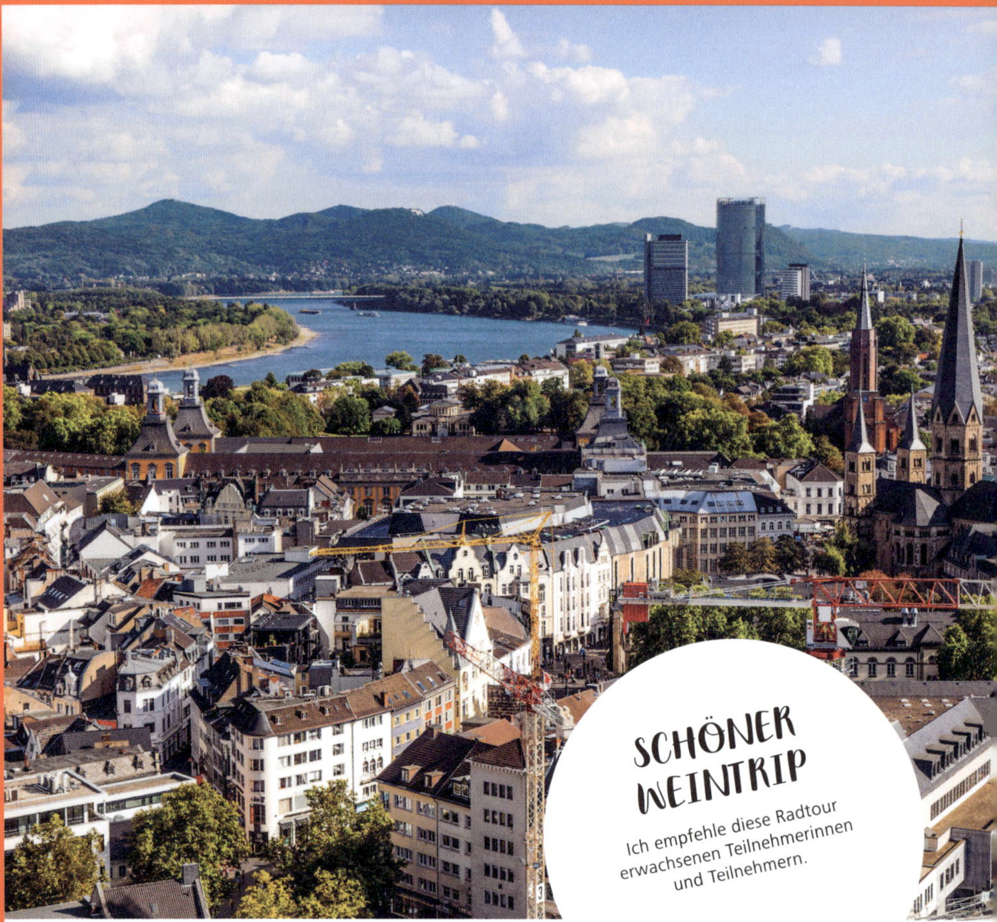

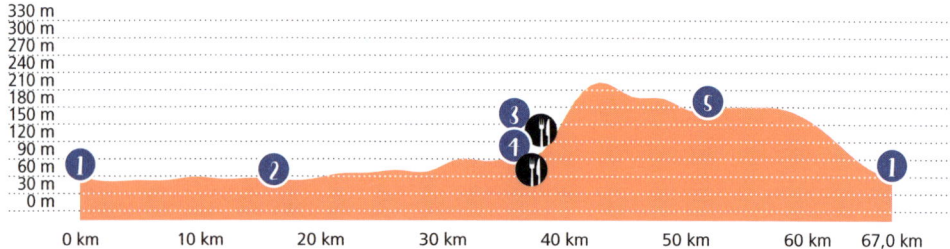

➤ **1 /** Bonn ist immer noch zweiter Regierungssitz der Bundesrepublik

➤ **2 /** Rolandseck hat ein Kunstmuseum und einen Wald- und Wildpark zu bieten

➤ **3 /** Das Spielcasino Bad Neuenahr hat ein neues Zuhause gefunden

➤ **4 /** Im Kurort Bad Neuenahr-Ahrweiler treffen historische Mauern der Römer auf kaiserzeitliche Bauten

➤ **5 /** Spannend, wenn auch nur mehr eine Erinnerung: römische Aquäduktbrücke über die Swist bei Meckenheim

FLÜSSE UND WEINBERGE

Vom Rhein *ins* Ahrtal
von Elisabeth Odendahl

Ahrtal und Rheinromantik erwarten uns auf dieser Tour. Es geht vom Bonner Hauptbahnhof über Bad Neuenahr-Ahrweiler und Meckenheim zurück nach Bonn. Nach der Flutkatastrophe 2021 haben wir es immer noch mit teils zerstörten Häusern und brach liegenden Straßen, die uns aber nicht betreffen, zu tun. Viele Gebiete wurden wieder aufgebaut oder sind noch im Aufbau befindlich. Eine Besichtigung der Weinberge ist sehr zu empfehlen und die Winzer freuen sich über Gäste, die eine Weinprobe oder Weinwanderung buchen.

67 Kilometer
420 Höhenmeter
Rundtour

1 / Bonn Hauptbahnhof

Die Bundesstadt Bonn ist immer noch zweiter Regierungssitz der Bundesrepublik Deutschland. Nach dem Fall der Mauer und dem Regierungswechsel nach Berlin drohte Bonn in sich zusammenzubrechen. Viele Mitarbeiterinnen und Mitarbeiter standen vor der Entscheidung, entweder mit nach Berlin zu gehen oder den Verlust ihres Arbeitsplatzes in-

CHARAKTER

Sportlich ●●●●●
Abkühlung ●●●●○
Schlemmen ●●●●○
Panorama ●●●●●

TOURENINFO / Unter anderem am Rhein und der Ahr entlang. Auf Radwegen, davon zu Beginn 23 km am Rheinradweg, und auf verkehrsberuhigten Straßen.

‹ **links / Bonn am Rhein**

nerhalb der Regierung in Kauf zu nehmen. Es ist jedoch in Teilen gelungen, Bonn politisch wie geschäftlich wieder auf Vordermann zu bringen. Wir halten uns am südöstlichen Ende des Bahnhofgeländes nach links, fahren zum Rhein und folgen ihm auf dem Rheinradweg nach Süden. Gleich zu Beginn liegt rechts von uns der Stadtgarten, wir passieren das Museum Ernst-Moritz-Arndt-Haus und kurz darauf die Villa Hammerschmidt, den Amtssitz des Bundespräsidenten. Bei der nächsten Rheinbrücke breitet sich der Freizeitpark Rheinaue rechts von uns aus. Immer weiter nach Süden erreichen wir den Stadtbezirk Bad Godesfeld, wo Tour 16 startet. Die folgenden 14 km entlang des Rheins haben wir dieselbe Strecke wie ein Teil dieser Tour. Wunderschöne Panoramen in das Rheintal begleiten uns. Schloss Drachenburg ragt auf der anderen Flusseite am Berghang auf. Bei Rolandswerth radeln wir unterhalb eines der Wahrzeichen der Rheinromantik vorbei: dem Rolandsbogen, der auf einer Anhöhe oberhalb von uns liegt. Der Fensterbogen ist der verbliebene Rest der seinerzeitigen Burg Rolandseck, die 1122 als Schutzburg für das Frauenkloster auf Nonnenwerth begründet wurde.

2 / Rolandseck

Zwischen Remagen-Rolandswerth und Remagen-Kripp säumen 15 Arbeiten renommierter Künstlerinnen und Künstler das Ufer. Dieses Skulpturenufer hat das Arp Museum Bahnhof Rolandseck realisiert, das etwas erhöht am Hang in Rolandseck liegt. Neben dem Kunstmuseum, das Werke von Hans Arp, Sophie Taeuber-Arp sowie zeitgenössischen Künstlerinnen und Künstlern zeigt, ist Rolandseck für seinen Wald- und Wildpark bekannt. Hinter Oberwinter, einem weiteren Ortsteil von Remagen, kommen wir nach Remagen selbst, wo wir den Rheinradweg verlassen. Im Zickzack durchqueren wir die Stadt und halten uns über die Bahngleise am Gewerbepark vorbei und über die B 9 rechts nach

VON NULL AUF HUNDERT

Am Rhein entlang vorbei an Weinbergen kannst du mit vollem Speed ins 3 / Spielcasino Bad Neuenahr düsen, um alles auf die 0 zu setzen. Die 67 km lange Runde verfliegt mit Antrieb wie im Nu. .

➤ rechts / Das Rheintal bei Oberwinter

Bad Bodendorf. Wir queren die Ahr und folgen ihr nach Westen, sie kurze Stücke zuerst links, dann rechts begleitend, bis Bad Neuenahr, das wunderschön eingebettet zwischen Weinbergen im Ahrtal liegt.

3 / Spielcasino Bad Neuenahr

Beim Bahnhof erreichen wir das neue Spielcasino. Es wurde nach dem Zweiten Weltkrieg 1948 als erste deutsche Spielbank eröffnet, noch bevor der Kurbetrieb wieder aufgenommen werden konnte. Am 15. Dezember 1948 warf man anlässlich der Eröffnung des Betriebs die erste goldene Kugel mit der Zahl 10 in das Roulette. Noch heute ist sie die Glückszahl des Casinos. Nach der Flut 2021 war von dem ursprünglichen Gebäude nicht mehr viel übrig und es wurde 2022 vertraglich festgelegt, die Spielbank für die nächsten drei Jahre in den Bahnhof zu verlegen. Wir haben hier genau Halbzeit auf unserer Strecke – es bietet sich eine Einkehr an. Geradeaus weiter auf der Hauptstraße kommen wir am Neuenahrer Brauhaus vorbei, das einen überdachten Biergarten hat und gute regionale deutsche Küche in modernen freundlichen Räumen serviert. Alternativ liegt La Condordia, ein moderner Italiener auch mit Außenplätzen, nicht weit entfernt in Flussnähe, der für die Qualität seines Essens ein gutes Preis-Leistungs-Verhältnis hat.

1948

Das **Spielcasino Bad Neuenahr** hat eine lange Tradition und musste wegen der Flut an einen anderen Ort wechseln.

ERSTE DEUTSCHE SPIELBANK

4 / Bad Neuenahr-Ahrweiler

Funde aus der Zeit von 1000 bis 500 v. d. Z. zeigen, dass Kelten in der Region ansässig waren und Ackerbau und Viehzucht betrieben. Auch aus der Römerzeit gibt es zahlreiche Funde, unter anderem die Villa Rustica am Silberberg, heute im Museum Römervilla zu besichtigen. Das Herrenhaus samt großem Badetrakt ist sehr gut erhalten, wodurch Besucher*innen einen sehr plastischen Einblick der gehobenen römischen Wohnlebensweise erhalten können. Es liegt ca. 3,5 km von unserer Route entfernt. Die heutige Stadt Bad Neuenahr-Ahrweiler entstand in Form einer Neubildung 1969 aus den beiden Städten Ahrweiler und Bad Neuenahr. Ahrweiler besitzt prächtige, aufwändig restaurierte Fachwerkhäuser und eine gut erhaltene mittelalterliche Stadtmauer, die teils durch die Flut 2021 zerstört und derzeit wieder neu aufgebaut werden

5 / Meckenheim

In Bad Neuenahr setzen wir unseren Weg fort nach links auf die Heerstraße und fahren am Kreisverkehr geradeaus auf die Hemmessenerstraße Richtung Lantershofen. Dann radeln wir nach Ringen und Eckendorf, wo wir das schmale Bachbett der Swift queren, und erreichen ca. 5,8 km weiter Meckenheim, eine Stadt mit äußerst interessanter Geschichte. Im Gebiet in und um Meckenheim wurden Besiedlungsspuren aus der Zeit um 4000 v. Chr. gefunden. Zur Zeit des Römischen Reichs entstand die Eifelwasserleitung, die Trinkwasser aus der Gegend um Nettersheim in die Colonia Claudia Ara Agrippinensium (das heutige Köln) führte und in der Meckenheimer Feldflur auf einer gemauerten Gewölbe- oder Aquäduktbrücke das Tal der Swist überquerte. Die Aquäduktbrücke über die Swist war einst ca. 1.400 m lang und bis zu 10 m hoch. Da sie ab

dem 12. Jahrhundert als Steinbruch für Kirchen, Klöster und Burgen genutzt wurde, ist von der Brücke heute nichts mehr zu sehen. Nahe der Verbindungsstraße Meckenheim–Lüftelberg steht heute die Rekonstruktion eines Aquäduktpfeilers. 1787 zerstörte ein folgenschwerer Brand die gesamte Stadt. Nach den üblichen Machtverschiebungen zwischen Fürstentümern und Bistümern wurde Meckenheim wie die anderen Städte des Rheinlands Französisch. Im Zweiten Weltkrieg wurde die Stadt zu 70 % zerstört. Durch die Nähe zur Bundeshauptstadt Bonn stieg die Bevölkerungszahl vor allem in den 1970er- und 1980er-Jahren stark an. Nun ist es an der Zeit, sich wieder auf die Rückfahrt zum Bonner Hauptbahnhof zu machen und die letzten 15 km in Angriff zu nehmen. Wir nehmen die Bonner Straße Richtung Meckenheimer Allee und fahren durch den Kottenforst über Röttgen und durch den Ortsteil Endenich zurück zum Ausgangspunkt.

KM 36

Hier in dem immer noch sehr schönen 4 / Bad Neuenahr-Ahrweiler können wir in den Tälern neue und wiederaufgebaute Häuser sehen sowie in den Weinbergen Wanderungen unternehmen und Weinproben genießen.

⌃ **oben / Bad Neuenahr-Ahrweiler wird nach der Flut renoviert, damit es wieder in seinem alten Glanz erstrahlen kann**

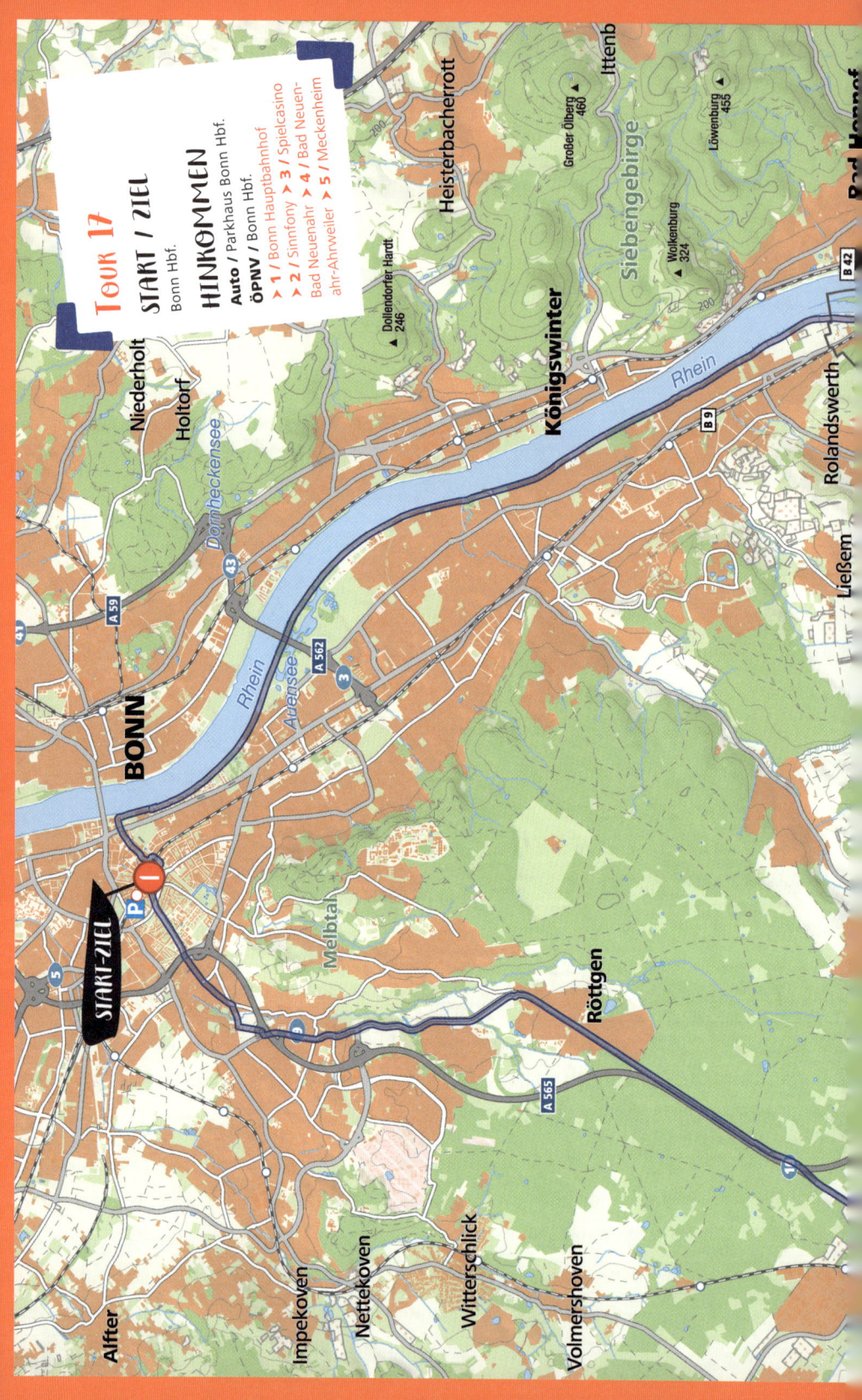

START / ZIEL
Bonn Hbf.

HINKOMMEN
Auto / Parkhaus Bonn Hbf.
ÖPNV / Bonn Hbf.

➤ **1** / Bonn Hauptbahnhof
➤ **2** / Sinnfony ➤ **3** / Spielcasino
Bad Neuenahr ➤ **4** / Bad Neuenahr-Ahrweiler ➤ **5** / Meckenheim

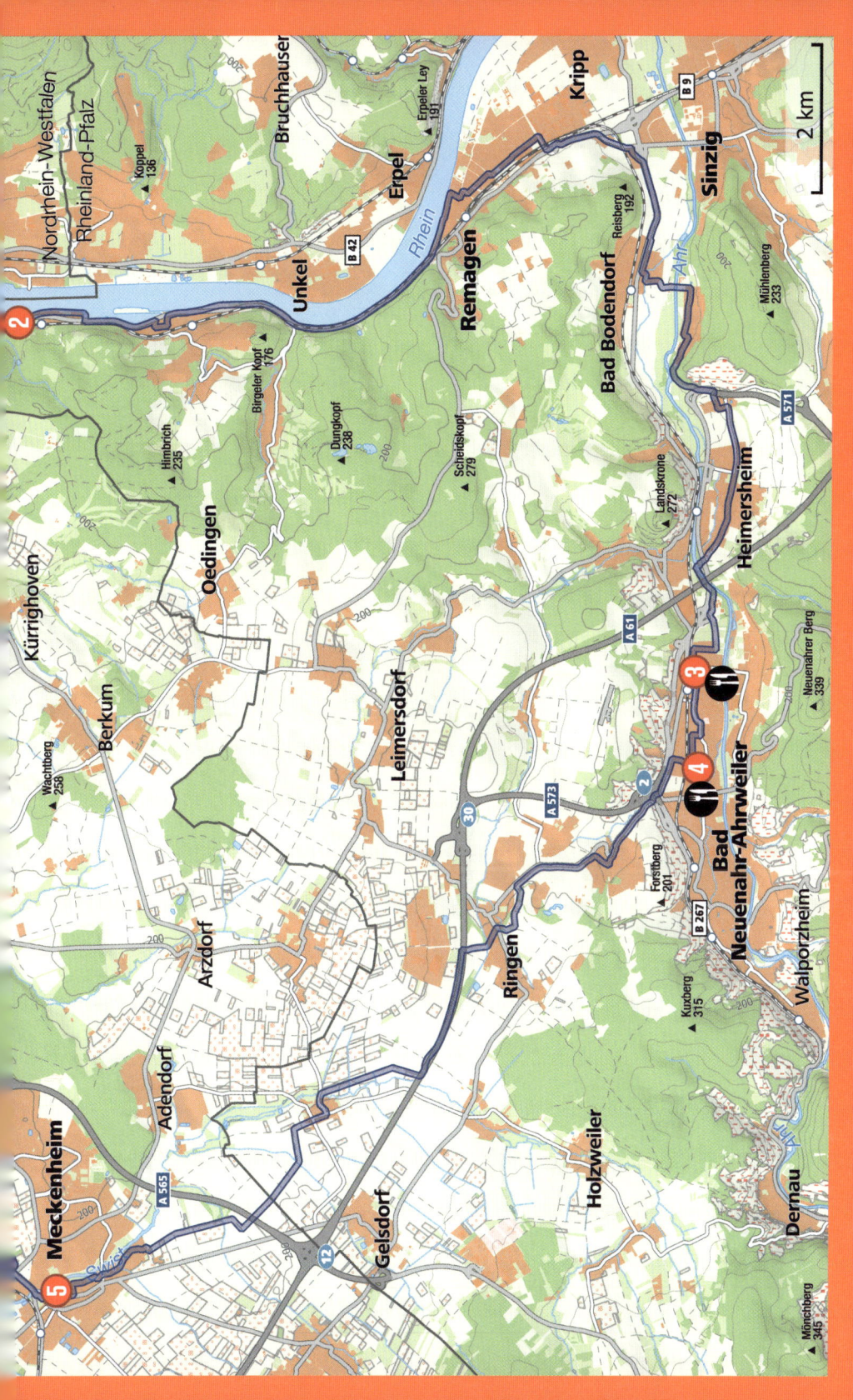

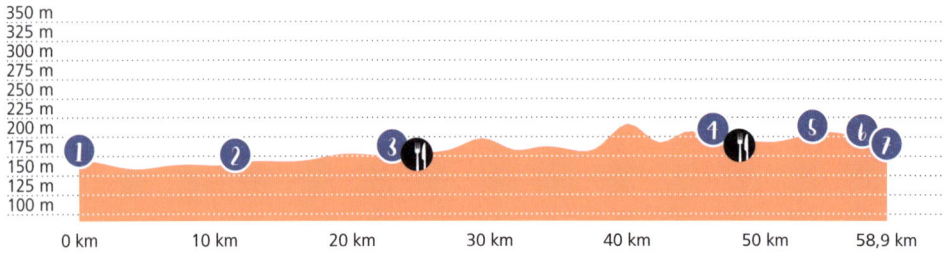

ABKÜHLUNG GEFÄLLIG?

Die Werra bietet sich super zum Raften und Kayaken an. Wieso also nicht einen Tag länger in der Gegend verbringen und an einem heißen Sommertag im Boot den Fluss entern?

> 1 / Wir starten am Bahnhof in Eschwege, dessen Fachwerkaltstadt verzaubert

> 2 / Wanfried ist für das Wanfrieder Abkommen von 1945 bekannt

> 3 / Wir erklimmen Burg Normannstein, wo wir in der Burgschänke einkehren können

> 4 / Noch eine Einkehrmöglichkeit im Biergarten der Burganlage Creuzberg

> 5 / 18-km-Abstecher von Hörschel nach Eisenach mit der Wartburg

> 6 / Wachturm und Zollstelle zeugen von der ehemaligen Grenze Wartha/Herleshausen

> 7 / In Herleshausen sind wir am Ziel angelangt

GRENZERFAHRUNGEN

Entlang der *Werra* durchs historische *Grenzland* zwischen *Ost* und *West*

von Maria Strobl

Die Grenze zwischen Ost- und Westdeutschland kannte sechs für den Transitverkehr geöffnete Grenzübergänge. Wir passieren die ehemalige Grenze heute mehrmals, ohne es zu bemerken. Zusätzlich besuchen wir zwei Burgen und können einen Abstecher nach Eisenach machen, bekannt für die Wartburg und als Geburtsstadt des Komponisten Johann Sebastian Bach.

59 Kilometer
190 Höhenmeter
Streckentour

Eschwege ist Geschichte

Wir starten unsere Tagestour am 1 / Bahnhof Eschwege. Die Stadt blickt auf eine über 1000-jährige Geschichte zurück. Dies spiegelt sich im Stadtbild in den mehr als 1000 oft imposanten Fachwerkbauten wider, die reich verziert mit Schmuck, Symbolik und interessanten

CHARAKTER

Sportlich ●●●●○
Abkühlung ●●○○○
Schlemmen ●●●○○
Panorama ●●●●●○

TOURENINFO / Am deutsch-deutschen Radweg/der EuroVelo-13-Route, die hier gleich mit dem Werratal-Radwanderweg verläuft, geht es fast durchwegs asphaltiert die Werra entlang. Auf dem deutsch-deutschen Radweg werden teilweise die noch bestehenden asphaltierten Patrouillenwege der Grenztruppen genutzt. Ein paar kurze nicht asphaltierte Strecken gibt es in diesem Abschnitt auch. Meistens sind die Radwege vom motorisierten Verkehr getrennt oder verlaufen auf wenig frequentierten Straßen.

◄ links / Eschwege an der Werra

Flachschnitzereien sind. Einen Besuch abstatten sollte man unbedingt der direkt an der Werra gelegenen Altstadt mit dem Stadtmuseum, dem einzigartigen Zinnfigurenkabinett, den Kirchen sowie dem Sophien- und dem Botanischen Garten. Historisch gewandete Gästeführer bieten Erlebnis-Stadtführungen an.

Immer die Werra entlang

Über die Friedrich-Wilhelm-Straße machen wir uns auf, die Stadt nach Osten zu verlassen, über den Marktplatz und vorbei an der Sportanlage. Zahlreiche Radwegekilometer führen uns zuerst kurz durch Wald und dann vorbei an Feldern entlang des Verlaufs der Werra. Wir passieren Aue und überqueren den Fluss nach 2 / Wanfried, das für das Wanfrieder Abkommen bekannt wurde: Am 17. September 1945 wurde es in Kalkhof zwischen den Amerikanern und den Sowjets beschlossen. Die Nord-Süd-Eisenbahnlinie von der amerikanischen Exklave Bremerhaven in die im Süden liegende amerikanische Zone führte ursprünglich für eine Strecke von 3 km über die sowjetisch besetzte Zone. Es kam immer wieder zu Störungen, schließlich wurde sogar ein deutscher Lokführer von einem Sowjetsoldaten erschossen. Aus diesem Grund wurde mit dem Wanfrieder Abkommen ein Gebietstausch vereinbart. Wanfried ist aber auch der ehemalige Endhafen der Weser-Werra-Schifffahrt. Noch heute zeugen zahlreiche prächtige und reich verzierte Fachwerkbauten von dieser Zeit. Das barocke Harmes'sche Handelshaus etwa erinnert mit reichen Flachschnitzereien und eigenwilligen figürlichen Darstellungen daran.

ALTES RITTERHAUS

Seit dem frühen 12. Jahrhundert thront die 3 / Burg Normannstein über Treffurt. Damals noch als Ritterhaus, wartet sie heute mit Ausstellung, Restaurant mit Biergarten und zwei Trauzimmern auf.

In der Zeit zurückversetzt

Über das schöne Fachwerkdorf Altenburschla geht es weiter nach Großburschla. Wir radeln die ganze Zeit im ehemaligen West-

deutschland, weil dieses Gebiet einst wie eine Nase in die DDR hineinragte. Es geht durch Heldra und nach Treffurt. Durch die Werra zogen sich an dieser Stelle einst drei Furten, denen Treffurt seinen Namen verdankt. Über den Dächern der Stadt thront seit dem frühen 12. Jahrhundert die 3 / Burg Normannstein mit ihren markanten drei Türmen. Über die Straße Burgstieg haben wir rasch das Burgareal erreicht, wo uns Wanderwege über 70 hm hinauf zur Burg führen.

Gotik und Biergarten an der Werra

Weitere Stationen des Radwegs entlang der Werra sind Falken, Probsteizella, Frankenroda, Ebenshausen (auf der anderen Flussseite über eine Brücke erreichbar), Mihla, Buchenau, Ebenau und schließlich die 4 / Burganlage Creuzburg. Schon von Weitem ist die mittelalterliche Burganlage zu sehen. Sie ist ähnlich wie Burg Normannstein im 12. Jahrhundert am Ort einer älteren befestigten Klosteranlage entstanden und lag strategisch wichtig zwischen Hessen und Thüringen. Ein Museum beschäftigt sich in Creuzburg mit dem Leben und Wirken der heiligen Elisabeth, eine Töpferwerkstatt, ein gepflegter Burggarten und ein Biergarten erwarten zusätz-

⌃ oben / Blick auf die Werra und den historischen Hafen in Wanfried

HEILIGE ELISABETH

Zusammen mit der Liboriuskapelle bildet die **Sandsteinbrücke** eines der schönsten Brückenensembles Mitteleuropas. Im Inneren der gotischen Brückenkapelle von 1499 zeigen Fresken Szenen aus dem Leben der heiligen Elisabeth.

lich den Besucher – ein perfekter Zwischenstopp. Eine siebenbögige Sandsteinbrücke aus dem 13. Jh. überspannt hier die Werra auf einer Länge von 86 m.

Abstecher nach Eisenach?

Nach der Überquerung dieser ältesten Steinbogenbrücke nördlich der Donau radeln wir vorbei am Stiftgut Wilhelmsglückbrunn und Spichra, unterqueren die Autobahn und die Eisenbahnlinie und gelangen nach Hörschel. Von hier aus kann man sich einen 5 / Abstecher nach Eisenach (42.000 Einw.) von ca. 9 km in eine Richtung entlang der gut ausgeschilderten Mittellandroute überlegen. Sehenswert ist das Lutherhaus, hier soll Martin Luther den schönsten und prägendsten Teil seiner Schulzeit bei der Familie Cotta verbracht haben. Das Museum stellt ihn als Schüler, Reformator und Bibelübersetzer vor. Eisenach ist aber auch die Geburtsstadt des Komponisten Johann Sebastian Bachs. Im Bach-Museum geben historische Wohnräume einen Einblick in das Leben bürgerlicher Familien um 1700. Der benachbarte, preisgekrönte Neubau widmet sich Bachs Musik in einer multimedial gestalteten, spannenden Ausstellung. Etwas außerhalb der Stadt thront die Wartburg: Hier lebte vor rund 800 Jahren die heilige Elisabeth von Thüringen und in den Jahren 1521 und 1522 versteckte sich Martin Luther als „Junker Jörg" und übersetzte das Neue Testament aus dem griechischen Urtext in nur elf Wochen. Die Burg gehört zum UNESCO-Welterbe, die opulent verzierten Bauten und Gemächer zeugen eindrucksvoll von mittelalterlicher und spätromanischer Bau- und Lebenskultur.

Grenzübergänge für den Transitverkehr gab es zwischen 1952 und 1989 zwischen Ost- und Westdeutschland. Der 6 / ehemalige Grenzübergang Wartha/Herleshausen war einer davon. Die in der Nähe verlaufende Autobahn kreuzte diese Grenze mehrfach und wurde deshalb über mehrere Kilometer gesperrt. Der Lichtmast sowie der Führungspunkt sind heute noch zu sehen.

Über alte Grenzen hinweg

Nach Neuendorf überquert man erneut die Werra nach Wartha und gelangt nach Herleshausen. Der 6 / ehemalige Grenzübergang Wartha/Herleshausen war einer der wenigen, die mit dem Auto passiert werden konnten. Der Wachturm und die ehemalige Zollstelle sind noch erhalten. An dieser Stelle wurde 1981 Günter Guillaume ausgetauscht, der jahrelang im Kanzleramt Willy Brandt bespitzelt hatte.

Zurück im Westen

Hinter der Grenze befinden wir uns wieder auf ehemaligem west-
deutschem Boden. Das Ziel der heutigen Tour erreichen wir in 7 /
Herleshausen (2.740 Einw.). Die vor allem für ihren ehemaligen
Grenzübergang bekannte Gemeinde grenzt im Süden an
den Geo-Naturpark Frau-Holle-Land. Namensgeber dieses
Naturparks ist die Märchen- und Sagenfigur Frau Holle,
ihre Heimat liegt Gerüchten zu Folge am im Park gelgenen
Hohen Meißner, einem Mittelgebirgsmassiv. Bevor wir uns
von hier wieder auf den Heimweg begeben, können wir
uns noch die frisch renovierte Evangelische Burgkirche St.
Bartholomäus und das Schloss Augustenau, in privatem
Besitz, anschauen. Leckere Stärkung finden wir in der Landbäckerei
Bechthold-Stange, rund fünf Minuten vom Bahnhof entfernt.

BAHNALTERNATIVE

**Wem die Strecke nach Eise-
nach zu weit ist, der kann die
stündliche Bahnverbindung
mit einer Fahrzeit von ca. 10
Minuten ab Hörschel nutzen.**

∧ oben / Hoch trohnt die Wartburg über Eisenach

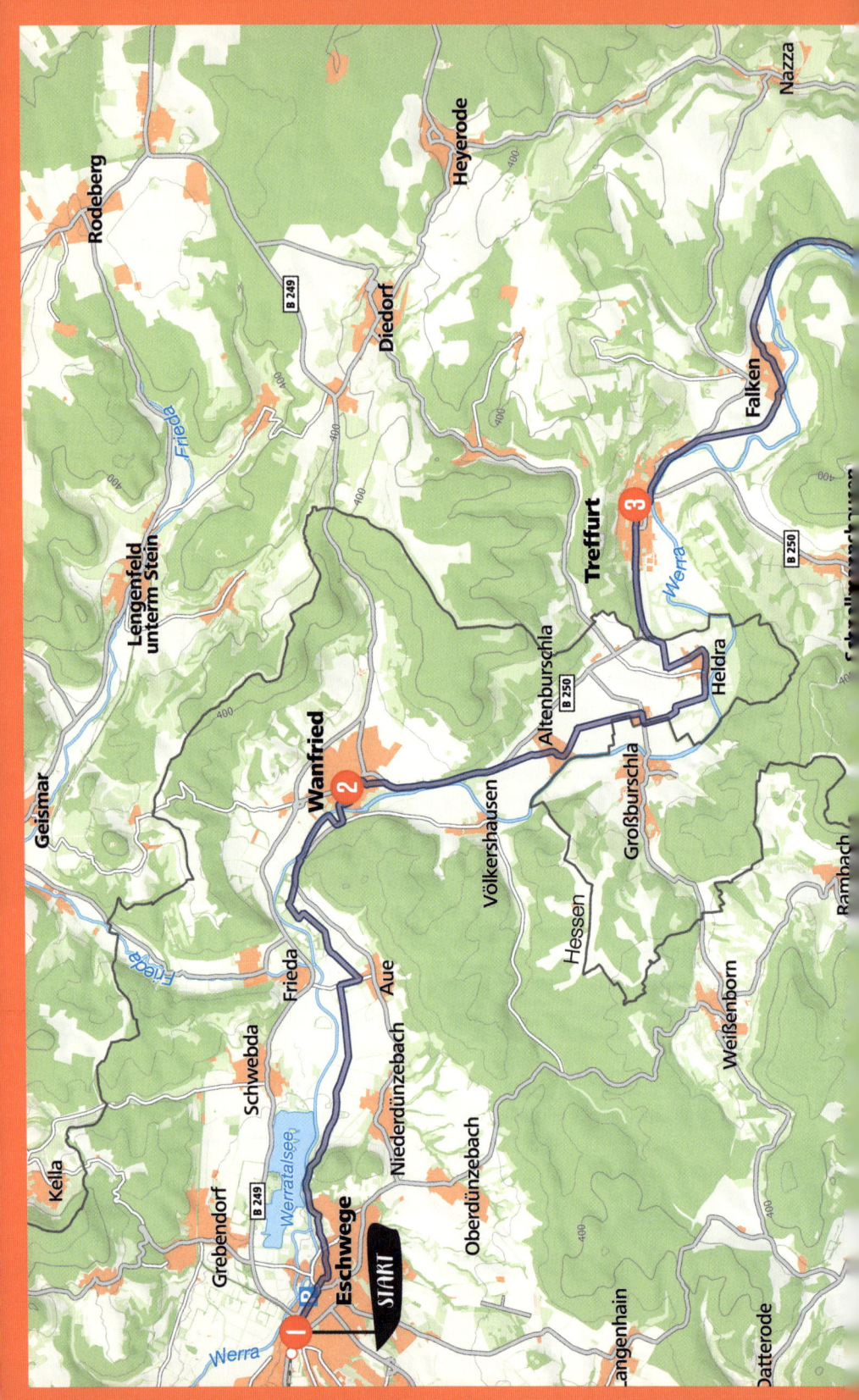

Mihla

Wolfmannshausen

Kittmannshausen

Grandenborn

Renda

Lüderbach

Volteroda

Ebenau

Ütteroda

Krauthausen

Stregda

Eisenach

Hörsel

B 19/B 84

A 4

Stedtfeld

Wälder mit
Schluchten
zwischen Wartburg
und Hohe Sonne

2 km

4 Creuzburg

B 7

Werra

Thüringen

Willershausen

Archfeld

Frauenborn

Altefeld

...röden

Alterfeld

5

Wartha

Neuenhof

6

7

Herleshausen

ZIEL

Lauchröden

Göringen

Elte

Unterellen

Ge...ungen

Tour 18

START
Bahnhof Eschwege

ZIEL
Bahnhof Herleshausen

HINKOMMEN
Auto / Bahnhofstraße 26, 37269
Eschwege, Parkhaus am Bhf. plus
Eschwege, Parkplätze am Bhf. / von Göt-
tingen oder Bebra ca. 30 Min. mit
P+R-Stellplätze **ÖPNV** / von Göt-
RB 87. Von Kassel 1 Std. 5 Min.,
von Erfurt 2 Std. 15 Min.

➤ **1** / Bahnhof Eschwege
➤ **1** / Bahnhof ➤ **3** / Burg
➤ **2** / Wanfried ➤ **4** / Burganlage
Normannstein ➤ **5** / Abzweig in Hör-
Creuzberg ➤ **5** / Abzweig in Hörschel nach Eisenach ➤ **6** /ehemali-
gen Grenze Wartha/ Herleshausen
➤ **7** / Herleshausen

VOGELPARADIES

Ich habe bei der Tour meist ein Fernglas dabei, das beim Spaziergang durchs vogelreiche Naturschutzgebiet 6 / Haselbacher Teiche zum Einsatz kommt.

➤ **1 /** Vom Parkplatz am Wildpark in Leipzig geht's südwärts

➤ **2 /** Beim Pavillon am See die Idylle des agra-Parks genießen

➤ **3 /** Abkühlung suchen im Freibad Böhlen

➤ **4 /** Ruhe tanken im Röthaer Landschaftspark

➤ **5 /** Wie wär's mit Kaffee und Kuchen in Meißners Eiscafè?

➤ **6 /** Das Naturschutzgebiet bei den Haselbacher Teichen durchstreifen

➤ **7 /** Das altehrwürdige Rittergut in Treben ablichten

➤ **8 /** An der Talsperre Windischleuba die Schwäne füttern

➤ **9 /** Vom Bahnhof Altenburg aus noch die Altstadt erkunden

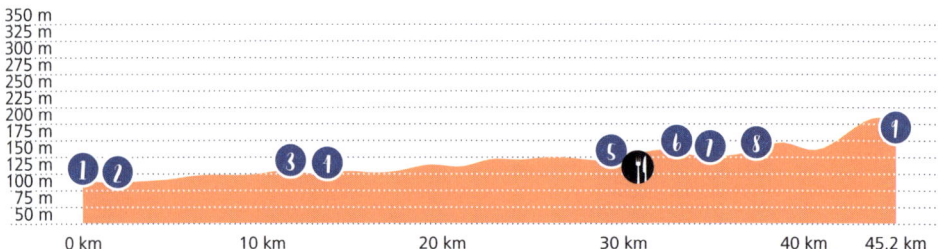

DESTINATION THÜRINGEN

Entlang der **Pleiße** *nach*
Altenburg *von Kay Tschersich*

Gleich zu Beginn der Tour genießen wir einen Stopp im agra-Park und radeln dann entlang der Pleiße. Wir kommen am Röthaer Schlosspark vorbei, passieren die sächsisch-thüringische Grenze, spazieren durchs Naturschutzgebiet bei den Haselbacher Teichen und gelangen endlich nach Altenburg.

45 Kilometer
85 Höhenmeter
Streckentour

Zwischenstopp am Weißen Haus

Am 1 / Parkplatz am Wildpark in der Koburger Straße in Leipzig schwingen wir uns in den Sattel, radeln stadtauswärts in Richtung Markkleeberg und nutzen dazu den Radweg neben der Straße. Doch schon nach 500 m (bei der Fernwärmeleitung) biegst du links auf einen asphaltierten Weg ein und folgst nach wenigen Metern dessen Rechtskurve. Gleich surren die Pneus neben der Pleiße über den Asphalt. Wir rollen

CHARAKTER
Sportlich ●●●●○
Abkühlung ●●●○○
Schlemmen ●●●○○
Panorama ●●●○○

am Deutschen Fotomuseum vorbei und gelangen gleich zu einer Fußgängerbrücke links über den Fluss. Bevor du diese überquerst, solltest du unbedingt noch einen kurzen Spaziergang durch den rechter Hand liegenden 2 / agra-Park unternehmen. Dessen architektonische Zierde ist das Weiße Haus, das Ende des 19. Jahrhunderts für den

‹ links / Im Naturschutzgebiet Haselbacher Teiche

Zeitungsverleger Paul Herfurth erbaut wurde. Die Beschilderung des Pleiße-Radweges leitet uns nun in Richtung Altenburg über die Brücke und unter der Bundesstraße hindurch. Gleich hältst du dich rechts und wechselst nach 250 m wieder unter der B 2 hindurch und über den Fluss. Entsprechend der Destination Altenburg radeln wir nun am rechten Pleißeufer. Der Blick fällt hier auf den 1902 erbauten Wasserturm, der die Stadtsilhouette von Markkleeberg dominiert. Die Route verläuft meist auf dem Deich und am Knotenpunkt 01 geradewegs vorbei.

Ab ins Freibad!

Bei Großdeuben fällt das Rittergut mit Torhaus auf. Die barocken Bauten stammen aus dem 18. Jahrhundert und sind heute in privater Hand. Wenig später kannst du am Rastplatz am Pleißewehr pausieren. Bald führt die Tour fahrbahnbegleitend neben der Bundesstraße entlang, schwenkt dann aber beim Ortseingangsschild von Böhlen nahe der Pleißebrücke auf einen Radweg ein, der uns durch den kleinen Park der Stadt führt. Lust auf Abkühlung? Wir radeln direkt am 3 / Freibad vorbei! Durch idyllische Auwiesen wird nahe eines Fußballplatzes beim Böhlener Ortsausgang eine große Vorfahrtsstraße erreicht. Diese querst du schräg nach rechts versetzt zum Berufsschulzentrum hin und nutzt dann gleich die Gauliser Straße. Allerdings lohnt hier auch der kurze Abstecher in den nahen 4 / Röthaer Landschaftspark sehr. Dazu folgst du der Vorfahrtsstraße (Böhlener Straße) knapp 500 m nach links und biegst dann beim Radweiser in den verträumten Schlosspark ein, wo du am malerischen Teich Beine und Seele baumeln lassen kannst. Wir radeln schließlich auf der Gauliser Straße und sind beeindruckt vom Kraftwerk Lippendorf, das als Landmarke alle Blicke auf sich zieht. Täglich werden bis zu 34.000 t Braun-

KATHARINENKIRCHE

Jeden 1. und 3. Samstag im Monat (13–15 Uhr) öffnet die Großdeubener Kirche ihre Pforten. Ein besonderer Schatz ist der Schrein eines spätgotischen Altars.

> rechts / Die Pleiße bei Markkleeberg

kohle verstromt – eine 14 km lange Bandanlage liefert die gigantische Menge aus dem Tagebau Schleenhain an. Die Route verläuft durchs beschauliche Dörfchen Gaulis und aus diesem hinaus. Bei einigen Röhren folgst du der Linkskurve des Asphaltweges und gelangst zum Rastplatz vor der Brücke über die Pleiße, die hier durch dichtes Grün mäandriert. Warum also nicht eine kurze Pause einlegen – schließlich haben wir ja schon einige Kilometer in den Beinen?

Durchs Braunkohlerevier

Der Asphaltbelag endet, für 100 m folgen wir auf dem Deich einem schmalen Pfad, der aber gleich in einen befestigten Weg übergeht. Dieser leitet zu einer etwas stärker befahrenen Landstraße, wo sich die Route rechts hält. Bereits nach 400 m nutzen wir den Radweg rechts neben der Straße, entfernen uns bald von dieser und queren das Pleißetal auf einer Holzbrücke an einer ausgesprochen idyllischen Stelle. Ein schöner Platz zum Verweilen – die hiesige Bank kommt dafür gerade recht! Wir erreichen Neukieritzsch und die durch den Ort führende Bundesstraße. Noch vor

RUHE TANKEN!

Ein kurzer Abstecher in den verträumten 4 / Röthaer Landschaftspark lohnt sich sehr! Wunderbar lässt es sich im weichen Gras am Ufer des Teichs pausieren.

RAST BEIM FLUSS

dieser verkehrsreichen Durchgangsstraße schwenkt die Tour links ins Sträßchen Kirschgarten und gelangt wieder zur B 176, der wir nun nach links folgen. Der Radweg links neben der Straße führt uns aus dem Ort, der seit den 1950er Jahren ein wichtiges Zentrum des Braunkohleabbaus war. Viele benachbarte Dörfer fielen den Schaufelradbaggern zum Opfer. Heute entwickelt sich im Neukieritzscher Umland eine mehr und mehr renaturierte und neu gestaltete Landschaft. Nach etwa 1,5 km leitet uns die Beschilderung der Destination Altenburg auf eine Landstraße nach rechts. Auch hier surren die Pneus über einen gut ausgebauten Radweg am Straßenrand. Durch weite Mais- und Rapsfelder erreichen wir Deutzen, wo du die leckeren Eissorten des Cafés testen kannst. Hier weist die Beschilderung nach rechts in die Straße Am Markt. Schon nach wenigen Metern biegt die Route links und verläuft gleich entlang der Pleiße aus dem Ort hinaus.

Per pedes durchs Naturschutzgebiet

Uralte, knorrige Weiden säumen hier das Ufer des Flusses. Wir treten in die Pedale und gelangen nach Regis-Breitingen. Du bleibst rechts der Pleiße – allerdings lockt bei der Radlerbrücke unweit des Stadions der Verweis auf 5 / Meißners Eiscafè ganz in der Nähe. Mit duftendem Kaffee, frischem Kuchen oder einem Eis lässt es sich hier wunderbar pausieren (Bergmannsring 51A). Nach der Radelpause führt uns der Pleißeradweg zur Schillerstraße, schwenkt rechts und verläuft vorbei an Kirche und Gasthof mit urigem Biergarten. Wenige Meter nach letzterem radeln wir auf der Straße des Friedens links weiter. Unmerklich überschreitet unsere Tour die sächsisch-thüringische Grenze und erreicht das nahe Haselbach. In der Mitte des kleinen Ortes hältst du dich beschildert links und stößt gleich auf das Naturschutzgebiet um die 6 / Haselbacher Teiche. Enten, Gänse und Haubentaucher pfeifen und schnattern

---

TOURENINFO / Die Tour verläuft meist auf Radwegen, abschnittsweise auch auf Landstraßen. Stärkerer Verkehr bei Ortspassagen. Badesachen einpacken.

wild durcheinander. Nimm dir hier ruhig etwas Zeit, steig aus dem Sattel und erkunde auf Pfaden das kleine, malerische Seengebiet. Unser Radweg erreicht dann durch das ländliche Idyll der Pleiße-aue 7 / Treben, wo die Beschilderung im Auge behalten werden sollte. Wir passieren hier das schöne Rittergut, hinter dem auch die als Veranstaltungsort genutzte Alte Mälzerei zu finden ist.

Endspurt!

Kurvenreich gelangen wir nach Primmelwitz, schwenken beim Wei-ser am Feld links in Richtung Frohburg ein und überqueren die Stau-mauer der 8 / Talsperre Windischleuba. Was für ein Blick auf die blitzende Wasseroberfläche und die meist zahlreichen Schwäne, die dort majestätisch ihre Runden ziehen! Die gewohnte Beschilderung Altenburg führt uns durch den Wald und nach Pähnitz, wo die Tour bei Haus Nr. 8 zunächst rechts auf den Dorfring und dann links auf den Dammweg einbiegt. Auf dem Feldweg passieren wir einen von raschelndem Schilf umgebenen Rastplatz und stoßen auf die B 7. An dieser hält sich die Route rechts und orientiert sich nach weni-gen Pedaltritten beschildert links hinein nach Windischleuba. Auf der Erich-Mäder-Straße radelst du nun vorbei an der Jugendherber-ge im historischen Wasserschloss in Richtung Altenburg, wo dich fahrbahnbegleitende Radwege zum 9 / Bahnhof Altenburg führen.

34.000 t

Unübersehbar stellt das Kraftwerk Lippendorf im Südraum von Leipzig eine Landmarke dar. Die Kohle-verstromung hat hier eine lange Tradition – schon 1926 ging ein erster Gene-rator ans Netz. Heute wer-den bei Volllast 34.000 t Kohle täglich benötigt.

⌃ oben / Nahe Deutzen

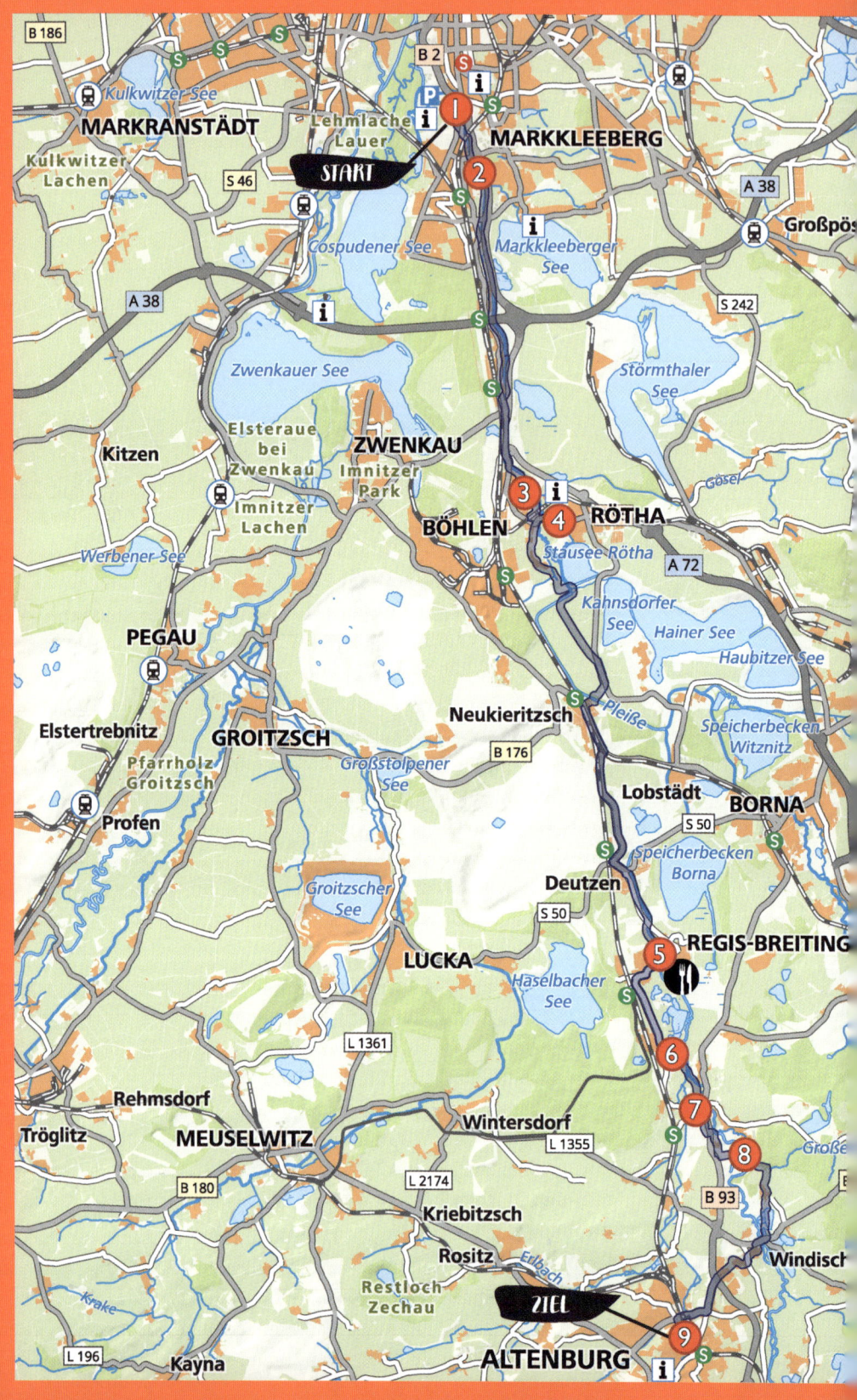

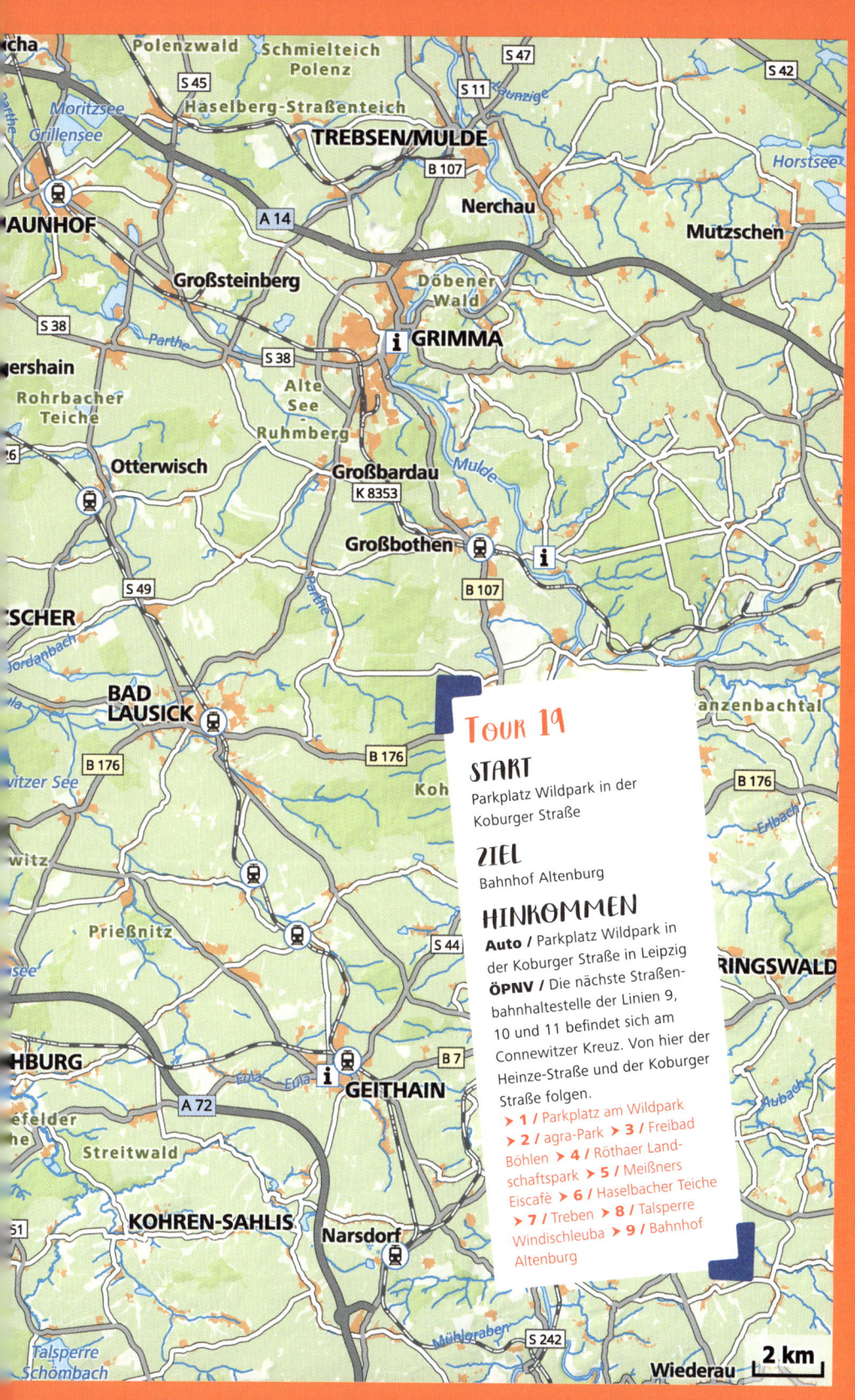

TREBSEN/MULDE

S 47
S 11
S 42
S 45
Polenzwald
Schmielteich
Polenz
Haselberg-Straßenteich
Horstsee

cha
Moritzsee
Grillensee
AUNHOF

A 14
Nerchau
Mutzschen

Großsteinberg
Döbener
Wald

S 38
GRIMMA

ershain
S 38
Alte
See
Ruhmberg

Rohrbacher
Teiche

Otterwisch
Großbardau
K 8353
Mulde

Großbothen

S 49
B 107

SCHER
Jordanbach

BAD
LAUSICK

B 176
B 176
B 176

witzer See
Koh
anzenbachtal
Erlbach

witz

Prießnitz
S 44
RINGSWALD

HBURG
Eula
GEITHAIN
B 7

A 72
Aubach

efelder
he
Streitwald

KOHREN-SAHLIS
Narsdorf

Talsperre
Schömbach
Mühlgraben
S 242
Wiederau

2 km

Tour 19

START
Parkplatz Wildpark in der Koburger Straße

ZIEL
Bahnhof Altenburg

HINKOMMEN
Auto / Parkplatz Wildpark in der Koburger Straße in Leipzig
ÖPNV / Die nächste Straßenbahnhaltestelle der Linien 9, 10 und 11 befindet sich am Connewitzer Kreuz. Von hier der Heinze-Straße und der Koburger Straße folgen.

> **1 /** Parkplatz am Wildpark
> **2 /** agra-Park > **3 /** Freibad Böhlen > **4 /** Röthaer Landschaftspark > **5 /** Meißners Eiscafè > **6 /** Haselbacher Teiche
> **7 /** Treben > **8 /** Talsperre Windischleuba > **9 /** Bahnhof Altenburg

AUENBLICK

In 7 / Höfgen schätze ich in den Biergärten des Gasthauses Zur Wassermühle sehr – schon wegen der traumhaft idyllischen Lage inmitten der Muldeaue.

➤ **1 /** Beim Bahnhof Grimma beginnt und endet die Tour entlang der Mulde

➤ **2 /** Durch die Ruinen des Nonnenklosters Nimbschen streifen

➤ **3 /** Abkühlung suchen im Muldetalbad von Kleinbothen

➤ **4 /** Im Veranstaltungskalender des Jagdhauses Kössern blättern

➤ **5 /** Vom Colditzer Markt zum Schloss hoch über der Stadt aufbrechen

➤ **6 /** Im Park beim Wasserschloss Podelwitz eine Rast einlegen

➤ **7 /** In Höfgen – dem Dorf der Sinne – den Blick über die Muldeaue genießen

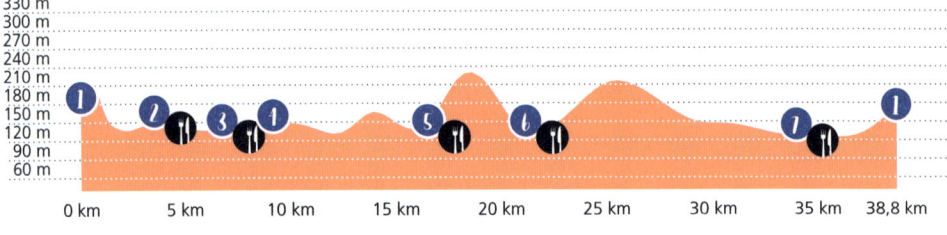

SCHLÖSSERTOUR

Architekturperlen
des Muldetals _{von Kay Tschersich}

Der Mulde-Radweg weist uns den Weg am Ufer des Flusses entlang, wobei wir schon bald einen Stopp bei den Ruinen des Klosters Nimbschen einlegen. Auch die mächtige Feste von Colditz und das malerische Wasserschloss Podelwitz liegen am Wege.

Flucht aus dem Kloster

Beim 1 / Grimmaer Bahnhof treten wir in die Pedale und folgen der Radwegbeschilderung in Richtung Colditz auf der Karl-Marx-Straße, der Colditzer Straße und der Kellerhäuser Straße hinab zur Mulde. Am Ufer des träge strömenden Flusses radeln wir auf dem Mulde-Radweg nach rechts und bewundern die historische Hängebrücke von 1924. Du bleibst aber am rechten Muldeufer und passierst gleich das traumhaft gelegene Restaurant Raffinesse. Die Kennzeichnung des Mulde-Radweges leitet dich nun bis nach Colditz. Entsprechend rollst du gleich entlang der kleinen Landstraße und querst diese schließlich wieder zum Fluss hin. Auf dem Deichweg steuern wir bald das erste Highlight der Tour an: Nur wenige Meter vom Radweg entfernt stehen die eindrucksvollen Ruinen des 1243 gegründeten 2 / Nonnenklosters

39 Kilometer
225 Höhenmeter
Rundtour

CHARAKTER
Sportlich ●●●●●
Abkühlung ●●●○○
Schlemmen ●●●●○
Panorama ●●●●●

◄ links / Die Mulde zwischen Grimma und Höfgen

Nimbschen. Bekannt ist es vor allem durch eine der einstigen Bewohnerinnen – die Nonne Katharina von Bohra. Gemeinsam mit 11 Gefährtinnen floh sie in der Osternacht des Jahres 1523 nach Wittenberg, wo sie zwei Jahre später die Ehefrau Martin Luthers wurde. Wir lassen uns vom Charme der Ruinen bezaubern, stärken uns vielleicht in der nahen Klosterschänke (www.kloster-nimbschen.de) und treten dann wieder in die Pedale.

Zum Zusammenfluss zweier Mulden

Die Route verläuft rechts der Mulde auf einem lauschigen Waldweg zwischen Fluss und steil aufragendem Uferhang. Geradewegs passieren wir die Anlegestelle der Höfgener Fähre und das Künstlerhaus Schaddelmühle. In der ehemaligen Klostermühle werden heute Workshops für Künstlerinnen und Künstler angeboten. Die Radwegbeschilderung führt dich nun aussichtsreich durch die offene Landschaft der Muldeaue. Kleinbothen – unser nächstes Zwischenziel kann mit dem 3 / Muldentalbad punkten. Über die Riesenrutsche oder auch nur ein Eis am Kiosk werden sich vor allem kleine Radler freuen (Badstraße 29). Im Ort solltest du die Weiser des Muldetal-Radweges mit der Destination Colditz im Auge behalten. Wir verlassen Kleinbothen und biegen später vor der Unterführung in Richtung Kössern ein. Auf der Straßenbrücke geht es über die Mulde, dann steigt die Tour zum prachtvollen barocken 4 / Jagdhaus Kössern hin an. Der Entwurf des Gebäudes stammte von Matthäus Daniel Pöppelmann, dem Stararchitekten August des Starken. Auftraggeber war Wolf von Erdmannsdorff, seines Zeichens sächsischer Oberhofjägermeister. Zog es den Dresdner Hof zur Jagd in den nahen Thümmlitzwald, so endete diese in Kössern meist mit einer – der Lebenswandel August des Starken lässt es vermuten – rauschenden Orgie. Du wendest dem

GRIMMAS ALTSTADT

Ob vor oder nach der Tour – ein Spaziergang durch Grimma ist ein Muss: Schmale Gassen führen zum Markt oder zur Mulde – du wirst vom Flair begeistert sein.

➤ rechts / Einst feierte hier der Dresdner Hof rauschende Feste – das Jagdhaus Kössern

Barockbau den Rücken zu, schwenkst mit dem Radweg bald ins Sträßchen nach Maaschwitz ein und rollst entspannt hinab ins Tal. An der Straßenverzweigung biegt die Tour schließlich rechts in Richtung Sermuth ein. Am nächsten Weiser orientieren wir uns an der Destination Colditz und überqueren gleich die Freiberger Mulde. Wirf von der Straßenbrücke ruhig einen Blick flussabwärts – dort mündet etwa 300 m entfernt die Zwickauer in die Freiberger Mulde. Vereinigt strömen beide dann als Mulde der Elbe entgegen. Wir radeln gerade über eine Straße hinweg und aus Sermuth hinaus.

Schlösserhopping

Steil strampelst du nun bergan, genauso steil surren die Pneus wieder ins Tal und bringen dich zum Ortseingang von Colditz. Hoch über uns thront das berühmte Schloss, entsprechend müssen wir noch einmal kräftig in die Pedale treten, um den 5 / Colditzer Markt zu erreichen. Hier haben wir uns eine Pause verdient! Wie wäre es mit einem leckeren Stück Kuchen im Café der Landbäckerei oder einem Eis im Schlosscafé? Auf jeden Fall solltest du den Abstecher hinauf zum Schloss unternehmen. Egal, ob du durch die

ABKÜHLUNG ZWISCHEN- DURCH?

Etwas abseits unserer Tour liegt der Thümmlitzsee, der mit einer Liegewiese am Strand punkten kann: Von **Förstgen** 1 km dem Sträßchen „Zum
Thümmlitzsee" folgen!

BLICK VON DER BRÜCKE AUF DEN FLUSS

Höfe schlenderst oder dich im Fluchtmuseum umschaust, das an
die Nutzung als Kriegsgefangenenlager im 2. Weltkrieg erinnert –
voller Eindrücke setzt du am Markt die Tour fort. Wir radeln nun auf
bekanntem Wege 300 m zurück, biegen beim Haus Haingasse 13
rechts ins Sträßchen Am Hainberg ein und schieben bergan. Die
Steigung flacht ab. Bald sind die Kliniken Zschadraß erreicht, wo wir
(nur leicht links versetzt) geradewegs auf dem Sträßchen Im Park
weiterradeln. Bei der Zschadraßer Hauptstraße schwenkt die Route
links. Wunderbar aussichtsreich – mit Blick über die Täler beider
Mulden – gelangst du nach Collmen. Du rollst durch den kleinen
Ort, nimmst wieder Fahrt auf und saust steil bergab bis Podelwitz.
Hier muss kurz vor der Muldebrücke der Abstecher auf der Mul-
dengasse zum 6 / Wasserschloss unternommen werden! Dieses
liegt traumhaft in einem Park zwischen alten Bäumen und einem
Taubenhaus, davor der Biergarten des Restaurants Schlossgewölbe
(www.wasserschloss-podelwitz.de) – der perfekte Ort für eine Rast.
Schon Friedrich der Große hatte hier einst sein Lager aufgeschlagen.

Durch den Thümmlitzwald ins „Dorf der Sinne"
Du machst dich schließlich wieder auf den Weg, querst die Brücke
über die Mulde und hältst dich danach rechts in Richtung Tann-
dorf. Der Hauptstraßenverlauf führt uns durch den Ort. Nach den
Bahngleisen schwenkt die Route links entsprechend der Destination Seidewitz und taucht ansteigend ins dichte Grün des Thümm-
litzwaldes ein. Schon nach 500 m hält sich die Tour – dem Weiser
nach Kössern folgend – auf das kleine Sträßchen nach links. Auch
an der Straßenkreuzung nach weiteren 2 km orientieren wir uns
links nach Kössern. Du radelst aus dem Wald hinaus und überquerst gleich nach dem Ortseingang von Kössern die Vorfahrtsstraße etwas nach links versetzt ins Sträßchen Feldseite. An der Stopp-
straße geht es gleich rechts auf der Förstgener Straße weiter. In

TOURENINFO / Die Tour verläuft auf Radwegen und kleinen Landstraßen.
Dabei sind einige steile An- und Abstiege zu bewältigen – deshalb ist sie eher
nicht für kleine Kinder und Hänger geeignet. Stärkerer Verkehr im Stadtgebiet
von Grimma. Baden kann man im Muldentalbad Kleinbothen.

Förstgen biegst du beim Gasthaus links in die Gasse Vierhäuserweg ein. Schnell bleibt der namensgebende Weiler zurück. Auf einem Radweg nimmt uns nun wieder die aussichtsreiche Muldeaue auf. Bald ist hier das malerische 7 / Höfgen erreicht. Auf einem Pflasterstäßchen holpern wir hinab zum Gasthaus Zur Wassermühle, das verlockend an unserer Route liegt. Vom Biergarten reicht der Blick bis zur Mulde, gleich nebenan kann die mehr als 300 Jahre alte Wassermühle besichtigt werden. Auf einer kleinen Anhöhe wacht die Wehrkirche über das Idyll. Höfgen trägt sein Prädikat „Dorf der Sinne" zweifellos zu recht! Zwischen Mühle und Gasthaus führt ein Weg hinab zum Fähranleger. Kurz vor dem historischen Fährhaus biegen wir auf den Radweg in Richtung Grimma nach rechts ein. Am nahen Erlebnishotel Zur Schiffsmühle solltest du unbedingt auch einen Blick auf die Schiffsmühle werfen, die dort schwimmend am Ufer vertäut ist. Entlang der Mulde radeln wir nun zurück zur Grimmaer Hängebrücke, überqueren diese und kehren zum 1 / Bahnhof zurück.

KM 21

Etwas versteckt und leicht zu übersehen ist es schon, liegt das märchenhafte 6 / Wasserschloss Podelwitz doch in einem verträumten Park umgeben von alten Bäumen. Wie ein i-Tüpfelchen fügt sich ein Taubenhaus in das Idyll. Nicht verpassen!

▲ oben / Gasthaus in der Muldenaue in Höfgen

TOUR 20

START / ZIEL

Bahnhof Grimma

HINKOMMEN

Auto / Parkplatz beim Bahnhof

ÖPNV / RB110 zwischen Leipzig und Döbeln, oberer Bahnhof Grimma

> 1 / Bahnhof Grimma
> 2 / Nonnenkloster Nimbschen **> 4 /** Jagdhaus Kössern **> 5 /** Colditzer Markt **> 6 /** Wasserschloss Podelwitz **> 7 /** Höfgen

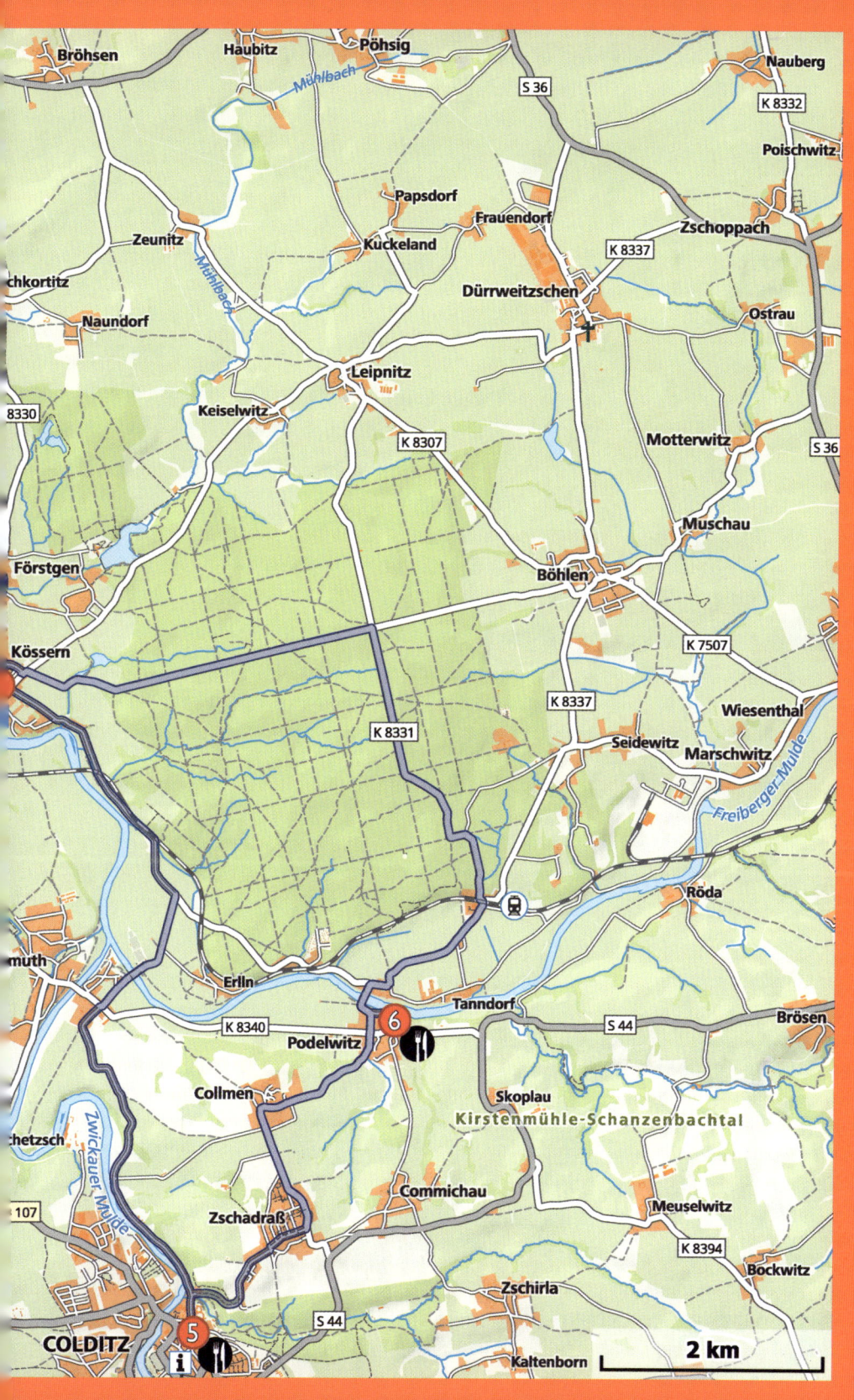

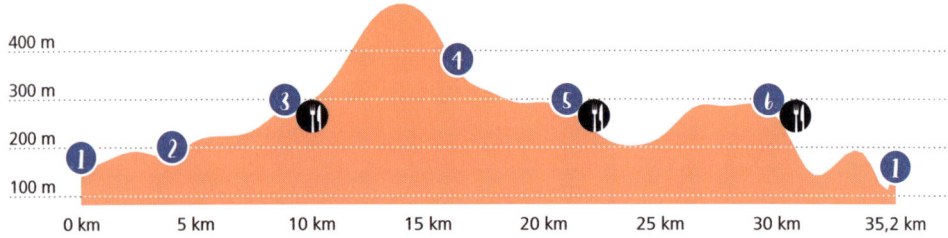

WILLKOMMEN IM WALD!

An der frischen Waldluft kann ich mich bestens auspowern.

➤ **1** / S-Bahnfahrt ins Grüne: Ausgangspunkt ist der Bahnhof Lorsbach.

➤ **2** / Ein Abstecher zur Burg Eppstein, dem ältesten Freilufttheater.

➤ **3** / Fürstlich rasten am Fröhlichen Landmann und Rettershof.

➤ **4** / Schnecke mit Ausblick.

➤ **5** / Schattiger Biergarten am Waldrand: Einkehren im Restaurant Rote Mühle.

➤ **6** / Den Weitblick vom Meisterturm Hofheim auf dem Kapellenberg genießen oder eine Einkehr in der Waldgaststätte

FRISCHE TAUNUSLUFT SCHNUPPERN

Eine Runde um Lorsbach im Taunus von Maria Hager

Der gemütliche Ortsteil Lorsbach, der zur Kreisstadt Hofheim am Taunus gehört, ist Ausgangspunkt dieser einigermaßen anspruchsvollen Tour. Auf unserer Runde werden wir vortrefflich bekocht. Und am Ende der Tour führen uns 173 Treppenstufen zum Panoramarundblick.

35 Kilometer
680 Höhenmeter
Rundtour

Durch das Lorsbachtal

Von Frankfurts Hochhäusern aus betrachtet, stellt der Taunus immer wieder eine unerwartet schöne Umrahmung der Großstadt dar. Unsere Tour beginnt am 1 / Bahnhof von Lorsbach (Am Bahnhof, 65719 Lorsbach), das in den südlichen Ausläufern des Taunus-Gebirges liegt. Es befindet sich im engen Lorsbachtal, welches Eppstein mit Hofheim verbindet. Durch das Lorsbachtal fahren wir am Schwarzbach entlang zunächst vier Kilometer bis Eppstein. Der Weg führt uns dabei über den Hessischen Radfernweg R8, die „Westerwald-Taunus-Bergstraße".

CHARAKTER

Sportlich ●●●●●
Abkühlung ●●○○○
Schlemmen ●●●●●
Panorama ●●●●○

TOURENINFO / Anspruchsvolle Tour mit einigen Steigungen. Teils Waldwege mit losem Untergrund. Viele schöne Einkehrmöglichkeiten an der Strecke. Verläuft von Lorsbach bis Eppstein über Hessischen Fernradweg R8.

◄ links / Blick auf den Meisterturm vom Radweg aus

Fachwerkstädtchen mit Burg

In Eppstein, das wir nach knapp vier Kilometern erreichen, finden wir eine romantische Altstadt mit wunderschönen Fachwerkhäuschen in engen Gassen. Über ihr liegt die 2 / Burg Eppstein mit einem Museum, in dem die 1000-jährige Geschichte dieses bedeutsamen Kulturdenkmals anschaulich aufbereitet ist. Die Eppsteiner Burg ist zudem eine der ältesten Freiluft-Theaterspiel-stätten des Rhein-Main Gebietes. Seit 1913 finden hier in den Monaten Juni und Juli die Burgfestspiele Eppstein statt. Im Ort lohnt außerdem auch ein Abstecher zum Kaisertempel, der am Hang des 451 Meter hohen Staufens liegt. Er ist eine markante Station im Netz der Wanderwege, Aussichtspunkte und Gasthäuser und beliebtes Ausflugsziel mit Restaurant. Alljährlich am ersten Sonntag des Septembers findet hier das Kaisertempelfest statt. Wir folgen einem Radweg an einer vielbefahrenen Straße bis nach Fischbach. Dennoch, der Ausblick in die umliegende Landschaft ist wunderschön. Auf der Strecke liegt auch ein kleines italienisches Restaurant (Ristorante Fischbachtal, Fischbacher Str. 9, 65817 Eppstein), dessen Speisekarte vielversprechend aussieht.

ANSTIEG MIT AUSBLICK
Die Stärkung am 3 / Rettershof war wertvoll,denn in Ruppertshain geht es kurz sehr steil auf einer asphaltierten Straße bergauf, inklusive tollem Fernblick auf die Frankfurter Skyline.

So viele Pausengelegenheiten

Ab Fischbach geht es stetig und gemächlich bergauf. Wir entdecken eine Rastbank, machen einen kurzen Stopp, um unseren Wasserhaushalt aufzufüllen und fahren anschließend noch etwa einen Kilometer bis zum 3 / Rettershof/Zum fröhlichen Landmann. Hier machen wir eine längere Pause. Es gibt viel zu entdecken: Die Geschichte des Rettershofs (Rettershof 5 / 65779 Kelkheim) reicht bis ins Jahr 1146 zurück. Heute ist das ehemalige Kloster ein schickes Hotel mit Restaurant und Beach Bar. Wer zufällig am Sonntag vorbeikommt, kann in vornehmer Szenerie Kaffee und Kuchen

> rechts / Burganlage der Burg Eppstein

einnehmen. Rustikaler geht es im benachbarten Landgasthof Zum fröhlichen Landmann (Rettershof 2, 65779 Kelkheim-Fischbach, mittwochs bis sonntags ab 11:30 Uhr geöffnet) zu. Hier stärken wir uns auf der Terrasse bei Taunus-Forelle und geschmorten Ochsenbacken.

Das Glück der Erde

Zum Rettershof gehört auch eine Reitanlage, die, eingebettet im einzigartigen, historischen Ambiente des über 860 Jahre alten Hofguts, wie eine Filmkulisse wirkt. Wir schauen uns die edlen Rosse des Pensionsstalls an und begrüßen die Hühner, die sich vor dem Reitstall aufhalten.

Steil bergauf am Zauberberg

Die Stärkung im Landgasthof war wertvoll, wie sich herausstellt, als wir wieder in die Pedale treten. Vom Kelkheimer Stadtteil Ruppertshain geht es ein kurzes Stück auf einer asphaltierten Straße sehr steil bergauf. Wir genießen dabei einen tollen Fernblick auf die Frankfurter Skyline. Wem es zu steil ist, der kann im Ort am Ende vom Gärtnerweg auch der Robert-Koch-Straße bis zur ehemaligen Lungenheilklinik (auch Hustenberg oder Zauberberg, nach dem gleich-

WANDERRUNDE AM RETTERSHOF

Vom Rettershof starten sieben ausgeschilderte Rundwanderwege. Die Touren sind mit einem R markiert und zwischen 2,5 und 13 Kilometer lang.

EDLE RÖSSER IN HISTORISCHEM AMBIENTE

namigen Roman von Thomas Mann benannt) folgen und dort über die Eppenhainer Straße weiterfahren. So oder so gelangen wir an eine Weggabelung, an der wir die Markierung der Passhöhe vom Ruppertshainer Berg entdecken – ein weißes Kreuz. Wir biegen auf den Viktoriaweg ab, und passieren einen Parkplatz zu Beginn dieses Wanderwegs. Unsere Tour führt uns auf einem Waldweg zunächst gemächlich bergauf, dann wieder leicht bergab bis zum Rastplatz 4 / Schnecke, von dem wir eine tolle Aussicht auf die Königsteiner Burg haben.

Bergab zum Biergarten

Nach einem kurzen Stopp geht es weiter gemächlich bergab, an Kuhweiden und Wiesen vorbei bis zum Örtchen Schneidhain. Wir queren den Liederbach und fahren an einer Wohnsiedlung entlang, die am Rande von Königstein liegt. Dann wieder durch Wiesen und ein kurzes Stück an der Landstraße entlang. Kurz vor der 5 / Roten Mühle (Rote Mühle 1, 65812 Bad Soden am Taunus) überqueren wir erneut den Liederbach. Die Rote Mühle präsentiert sich als uriger Landgasthof, der direkt am Waldrand liegt. Im schattigen Biergarten lassen wir uns unter den alten Linden ein Eis schmecken. Die Rote Mühle ist auch Austragungsort eines Krimi-Dinners und von hier starten geführte Wanderungen durch das angrenzende Braubach- und Liederbachtal.

Kuchen in Kelkheim

Wir verlassen diesen idyllischen Ort und machen uns auf den Weg nach Kelkheim, wo wir jetzt den Stadtteil Hornau durchfahren. Am Rande Kelkheims kommen wir am Gimbacher Hof (Hof Gimbach 1, 65779 Kelkheim) vorbei, ein beliebtes Ausflugsziel für große und kleine Frankfurter. Wer noch Platz im Magen hat, sollte sich hier ein Stück Kuchen genehmigen. Dieser wird selbst gebacken und schmeckt

wirklich vorzüglich. Wenn die Kleinen noch Lust haben, dann bietet sich Ponyreiten an (bestenfalls vorher reservieren). Zum Hof gehört auch ein kleiner Campingplatz, den wir vom Rad aus sehen können.

Fernblick

Durch den Stadtwald von Hofheim gelangen wir zum 6 / Meisterturm (Meisterturm 1, 65719 Hofheim am Taunus, nur fußläufig erreichbar). Die Anstrengungen der Tour sind beinahe vergessen und so geht es für uns noch einmal bis nach ganz oben auf den offenen Turm, der selbst auf dem Kapellenberg liegt. Wir haben Glück und genießen einen unverstellten Panoramablick, nach Süden über das Rhein-Main-Gebiet bis zum Odenwald, nach Norden auf die Höhenzüge des Taunus mitsamt dem Großen Feldberg. Rund 30 Kilometer liegen hinter uns und wir sind nun bereit für die letzten fünf Kilometer bis zum Ausgangspunkt. Vom Meisterturm aus geht es zunächst sehr steil bergab, am Wildpark Hofheim. Der Wildpark ist das Zuhause von Damwild und Wildschweinen und sollte eigentlich im Jahr 2015 geschlossen werden. Ein Verein hat sein Bestehen gerettet und über Spendengelder wird der Wildpark seither zunehmend attraktiver gestaltet. Unser Weg führt uns danach über Asphalt- und Waldwege stetig abwärts bis zum 1 / Bahnhof Lorsbach.

10

Autominuten entfernt, in Bad Soden, gibt es einen zugehörigen Reiterhof mit Reitschule. Die Reitanlage auf dem 3 / Rettershof ist eine Pensionsanlage für Privatpferde.

⌃ **oben / Landgasthof Zum fröhlichen Landmann am Zauberberg in Kelkheim**

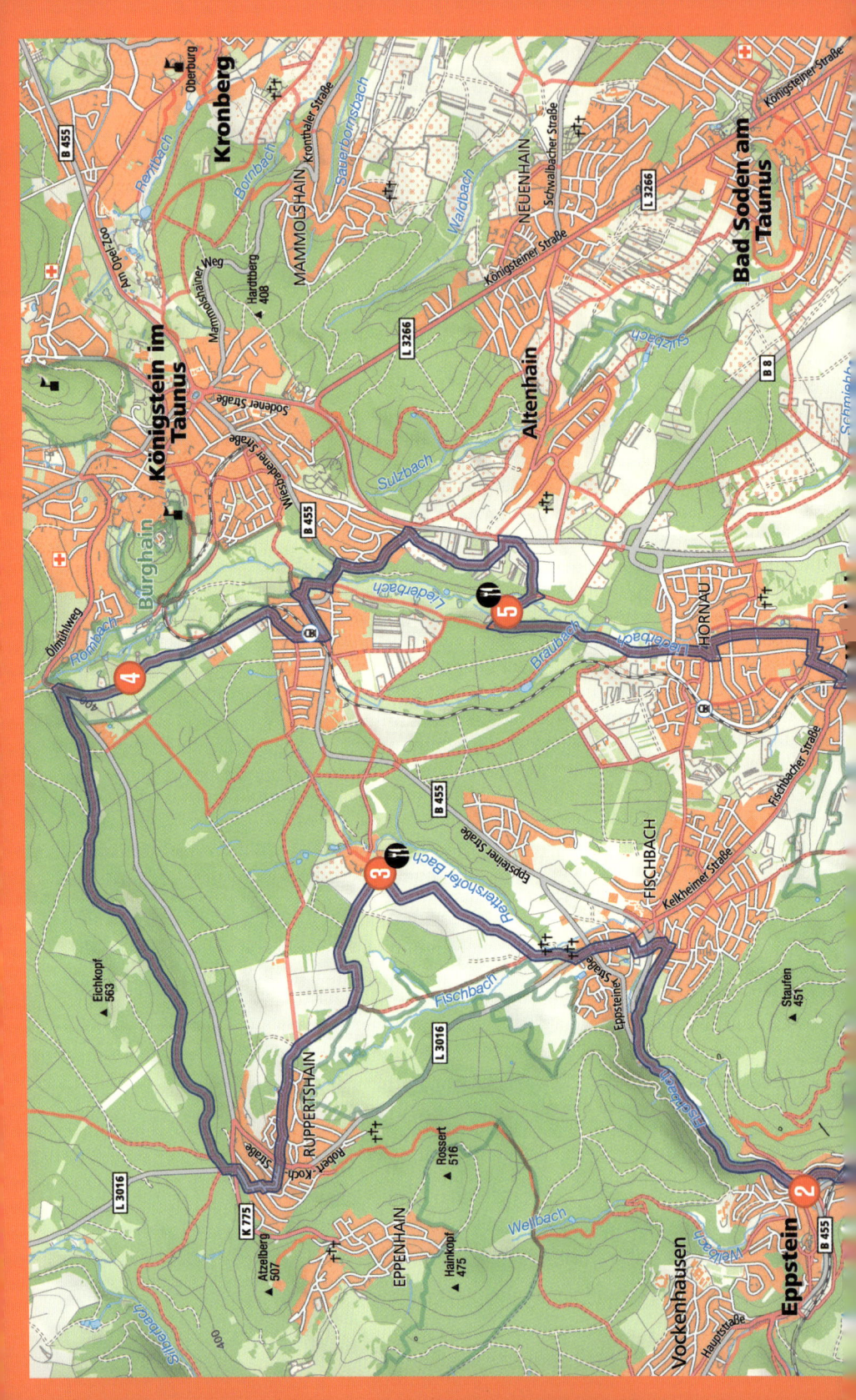

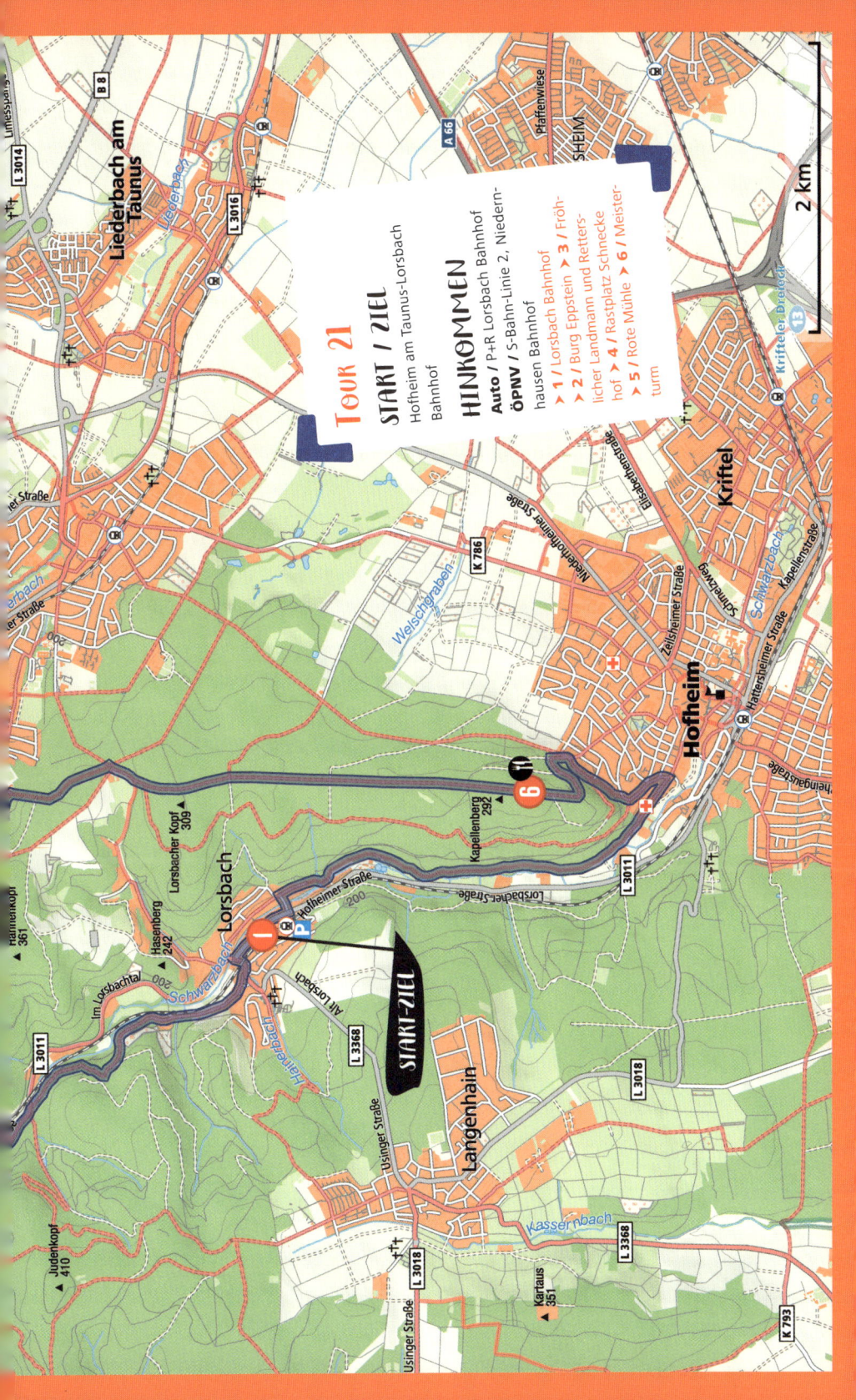

TOUR 21

START / ZIEL
Hofheim am Taunus-Lorsbach Bahnhof

HINKOMMEN
Auto / P+R Lorsbach Bahnhof
ÖPNV / S-Bahn-Linie 2, Niedern-hausen Bahnhof

▸ **1** / Lorsbach Bahnhof ▸ **3** / Fröh-
▸ **2** / Burg Eppstein ▸ **3** / Retters-
licher Landmann und Retters-
hof ▸ **4** / Rastplatz Schnecke
▸ **5** / Rote Mühle ▸ **6** / Meisterturm

START-ZIEL

2 km

NICHTS FÜR GEMÜTLICHE!

Wenn ich mich so richtig fit fühle und schon frühmorgens auf der Piste bin, dann entscheide ich mich für diese Tour.

➤ **1 /** Parken oder Aussteigen am P+R Hohemark.

➤ **2 /** Den Fischen auf der Spur: Richtung Forellengut Herzberger.

➤ **3 /** Steil bergauf bis zur Saalburg.

➤ **4 /** Rasten vor malerischer Kulisse am Schloss Kransberg.

➤ **5 /** Pause für Kletterfans an den Eschbacher Klippen.

➤ **6 /** Picknick mit Ausblick auf den Grünwiesenweiher.

➤ **7 /** Durch die Usinger Altstadt treiben lassen.

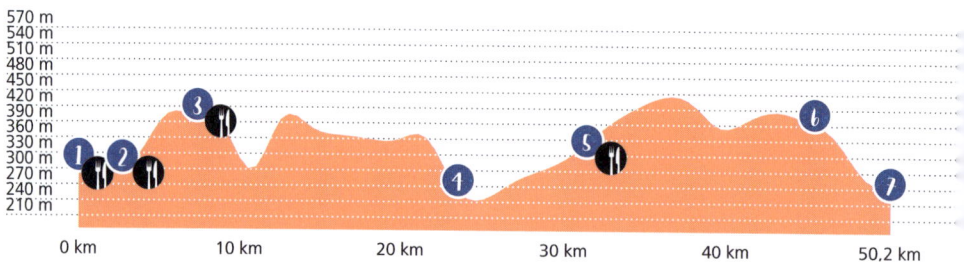

570 m
540 m
510 m
480 m
450 m
420 m
390 m
360 m
330 m
300 m
270 m
240 m
210 m

0 km   10 km   20 km   30 km   40 km   50,2 km

BUCHFINKEN AUF DER SPUR

Von **Oberursel** *nach* **Usingen** von Maria Hager

Es geht stark bergauf bis zur Saalburg, wo wir uns bei einem kühlen Getränk ausruhen. Auf dem Limes-Radweg sehen wir Wachtürme und das Kleinkastell Lochmühle mit angeschlossenem Freizeitpark. An den Eschbacher Klippen machen wir ein Picknick. Unsere Tour mündet in die Buchfinkenstadt Usingen.

50 Kilometer
900 Höhenmeter
Streckentour

Im Taunus

Als Einstieg für diese Tour haben wir den 1 / P+R Hohemark im Norden von Oberursel gewählt. Das ist ein beliebter Startpunkt für Wanderer, Spaziergänger und Radfahrer. Im hier ansässigen Taunus-Informationszentrum kann man sich über die Umgebung informieren, E-Bikes leihen oder im Boulderwald verausgaben. Auch Einkehrmöglichkeiten und Toiletten sind vorhanden. Unser Ausgangspunkt befindet sich gleichfalls am unmittel-

CHARAKTER

Sportlich ●●●●●
Abkühlung ●●○○○
Schlemmen ●●●○○
Panorama ●●○○○

TOURENINFO / Anspruchsvolle Tour am Rande des Taunus-Gebirges, ständiges Auf und Ab. Quert Limes Radweg, Hessischen Fernradweg R6, Weiltalradweg. Optional Verlängerung über Usatalradweg nach Weiltal oder nur Buchfinkenroute vom Usinger Bahnhof aus. Die Tour kann ab Usinger Bahnhof als Runde (37Km) gefahren werden. Anreise ab Frankfurt mit der Taunusbahn. E-Bike-Ladestation in der Wehrheimer Mitte an der Tourist-Information.

◄ links / Am Grünwiesenweiher ist es schön schattig

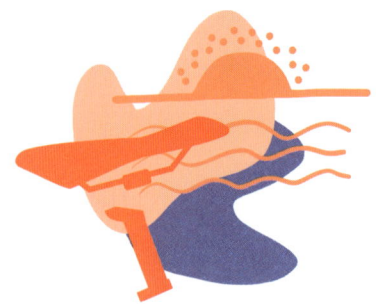

baren Rand der Höhenzüge des Taunus-Gebirges, was bedeutet, dass wir schon im ersten Abschnitt der Strecke einen größeren Anstieg überwinden müssen.

Einziges deutsches Mittelgebirge neben einer Metropole

Der Taunus bietet seinen Besuchern die spannende Kombination von großer Geschichte mit ihren zeitzeugenden Denkmälern, interessanten Ausflugzielen, umgeben von teils unberührter Naturlandschaft. Heute trägt die gesamte Region ihre beiden historischen Bezeichnungen gleichzeitig: „Taunus. Die Höhe." Weil er voller Höhepunkte ist – und vieles auf hohem Niveau bietet. Natur, Kultur, Attraktionen, Sport, Erholung und jede Menge Genuss.

AUF 460 METER HÖHE

Hinauf zum 3 / Römerkastell Saalburg, dem einzigen wiederaufgebauten Römerkastell der Welt, radeln wir mit elektrischer Unterstützung in unter einer Stunde..

Zu Mammutbäumen

Über moderat befahrbare Wanderwege führt unsere Route zunächst bis zur Saalburg. Wir passieren zwei Mammutbäume am Frankfurter Forsthaus. Die beiden Sequoia-Bäume wurden vermutlich im Jahr 1848 gepflanzt, sie haben einen Durchmesser von gut zwei Metern. Anschließend fahren wir an der Hardertsmühle, einem ehemaligen Ausflugslokal, vorbei, von wo aus wir zum 2 / Forellengut Herzberger abbiegen können.

Auf ein Erfrischungsgetränk im Biergarten

Nach etwa einer Stunde Fahrtzeit erreichen wir das einzige wiederaufgebaute Römerkastell der Welt. Das 3 / Römerkastell Saalburg (Saalburg 1, 61350 Bad Homburg vor der Höhe) liegt auf einer Höhe von etwa 460 Metern. Hier machen wir eine Pause, besichtigen das Kastell und bleiben auf ein erfrischendes Getränk im Biergarten des preisgekrönten Landgasthofs Saalburg.

> rechts / Am Ortsrand von Michelbach (Usingen)

Über den Limes-Radweg

Für uns geht es weiter auf dem Limes-Radweg. Rund 100 km des insgesamt über 800 km langen Radwegs führen im Taunus von West nach Ost, von Heidenrod nahe der Grenze zu Rheinland-Pfalz bis Pfaffenwiesbach bzw. Butzbach in der Wetterau. Auf unserem Abschnitt passieren wir mehrere Wachtürme und das Kleinkastell Lochmühle, wo auch der Freizeitpark Lochmühle angeschlossen ist.

Die Buchfinkenroute verspricht Abwechslung

Bei Wehrheim biegen wir Richtung Usingen ab, um auf die Buchfinkenroute zu gelangen. Wer sich an dieser Stelle schon genug ausgepowert hat, der kann von unserer Route abfahren und kurz vor dem Sportplatz Oberloh in Wehrheim nach Usingen abbiegen oder einen kleinen Abstecher nach Neu-Anspach machen. Für Naschkatzen liegt an der Abzweigemöglichkeit Richtung Usingen oder Neu-Anspach ein großes Erdbeerfeld, das in der Regel ab Ende Mai geöffnet hat. Dort gibt es herrlich schmeckende Erdbeeren zum direkten Verzehr oder zum Mitnehmen.

HESSENPARK

Das große Freilichtmuseum bietet verschiedene Attraktionen, wie Walderlebnispfad oder Insektenparadies sowie Bühnen, Handwerkskunst und Theater.

WACHTÜRME UND KLEIN-KASTELL

Das Auf und Ab erfordert gute Kondition

Auf der Buchfinkentour erleben wir Taleinschnitte und Höhenzüge gleichermaßen. Insgesamt stehen uns jetzt noch einmal knapp 500 Höhenmeter und rund 32 Km bevor. Diese verlaufen hauptsächlich durch Waldgebiete und an Waldrändern entlang. Entlang der Strecke befinden sich zahlreiche Sehenswürdigkeiten. Wir halten zunächst am 4 / Schloss Kransberg (Schloßstraße 1, 61250 Usingen). Das historische Gemäuer ist inzwischen vollständig restauriert und Austragungsort für Veranstaltungen. Kurz darauf, zwischen Kransberg und Wernborn ist die Buchfinkenroute mit dem Usatalradweg verknüpft. Hier besteht u.a. Anschluss in das Weiltal, über den Weiltalradweg. Eine schöne Verlängerungsmöglichkeit für Sportliche. Die Besichtigung der barocken Residenzstadt Weilburg ist ein echter Höhepunkt.

Für Kletterfans: 12 Meter hohe Eschbacher Klippen

Wir bleiben unserer Route treu und steuern die 5 / Eschbacher Klippen an. Bevor wir zu diesen abbiegen, durchfahren wir den Ort Eschbach, wo die Einkehr in die „Eschbacker Katz" (Michelbacher Str. 2, 61250 Usingen) zu empfehlen ist. Wir stärken uns hier mit einer veganen Spargel-Gnocci-Pfanne. An den Eschbacher Klippen passieren wir einen Parkplatz, wo grüne Schilder auf Alternativrouten der Buchfinkenroute aufmerksam machen. Die Eschbacher Klippen bilden zu der sanfthügeligen Landschaft des Taunuses einen starken Kontrast. Steil aufragende bis 12 Meter hohe Felsen aus Quarzgestein sind Teil eines etwa 6 Kilometer langen Quarzganges, der sich quer durch das Usatal erstreckt. Bei Wilhelmsdorf können wir einer Alternativroute folgen, die zum Hattsteinweiher führt. Hier finden wir eine Badestelle mit etwa 4.500 qm Wiesen-Liegefläche. Zu empfehlen ist das nahe gelegene Tennisrestaurant „Lava" (Am

Hattsteinweiher 2, 61250 Usingen), wo es von montags bis freitags einen sehr guten und preiswerten Mittagstisch gibt (Mittwoch Ruhetag). Wir halten Kurs auf den idyllisch gelegenen 6 / Grünwiesenweiher, der zum Rasten einlädt. Im Wald befindet sich eine verborgene Kreuzkapelle.

Alles dreht sich um die Buchfinken

Schließlich endet unsere Tour in 7 / Usingen. Die Stadt ist auch bekannt als Buchfinkenstadt. Das im Jahr 1938 durch Theo Geisel verfasste Buchfinkenlied beschreibt den Heimatbegriff vom Usinger Land im östlichen Hintertaunus, dem Buchfinkenland. Das Lied vermittelt Geborgenheit, menschliche Nähe und Wärme. Durch den Buchfinkenball, die Buchfinkenmesse und den Buchpreis „Usinger Buchfink" ist der Begriff in das Bewusstsein der Bürger zurückgekehrt. Seit dem Jubiläumsjahr 2002 verschönern an verschiedenen Stellen in der Stadt bunte Buchfinken das Stadtbild. Ein Ausflug in die wunderschöne historische Altstadt lohnt sich aber auch unabhängig davon. Unsere Radtour beenden wir am Usinger Bahnhof, wo die S-Bahn-Linie 5 oder die Taunus-Bahn zurück nach Frankfurt fährt.

120

Fahrgeschäfte sowie Tiere und Landwirtschaft gibt es im Freizeitpark Lochmühle zu entdecken. Dieser befindet sich auf dem Gelände des Kleinkastells Lochmühle.

⌃ oben / Pause für Kletterfans: Die Eschbacher Klippen

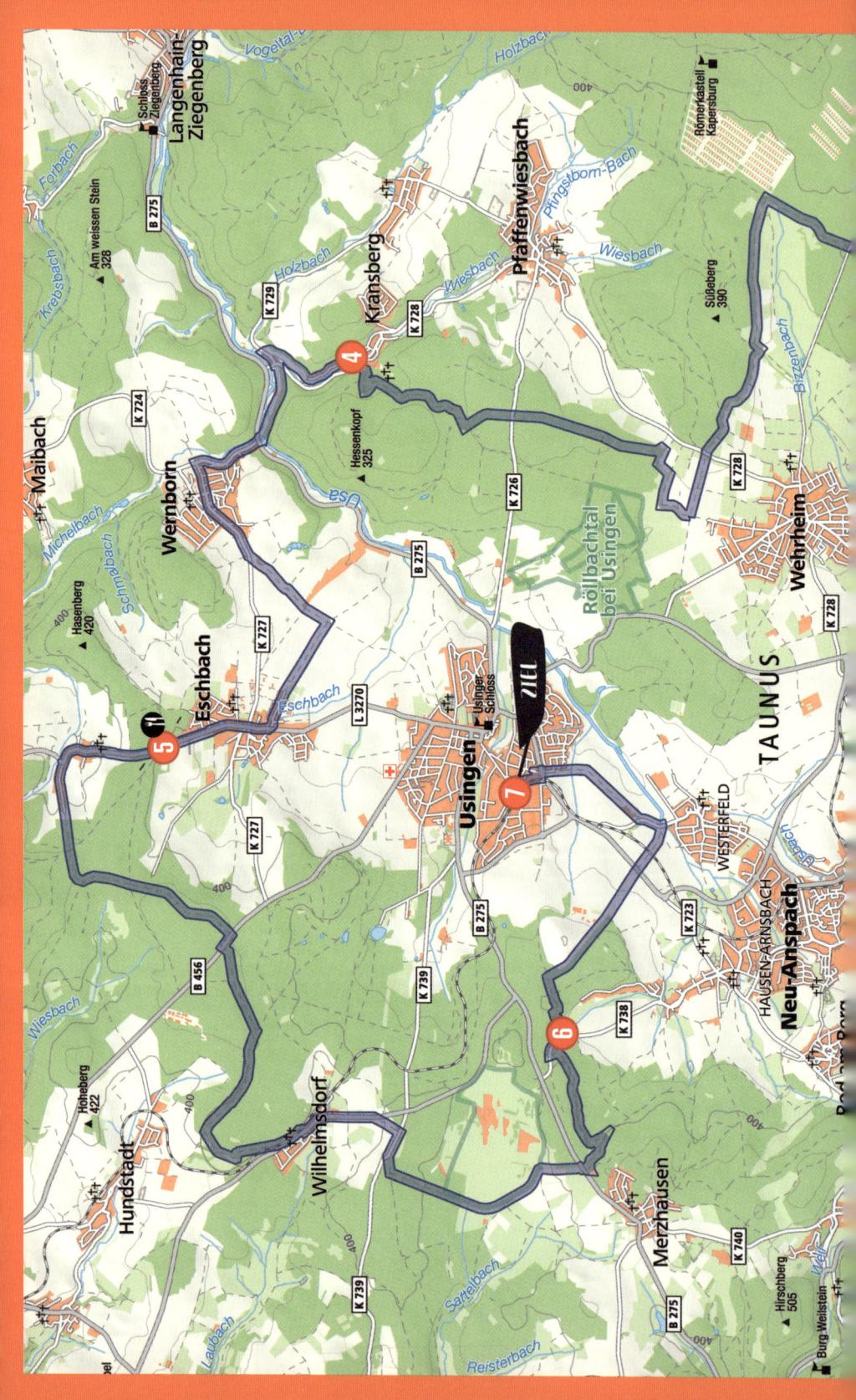

Tour 22

START
P+R Hohemark

ZIEL
Usingen Bahnhof

HINKOMMEN
Auto / Parkplätze am P+R Hohemark

ÖPNV / U-Bahn Linie 3 (Hohemark)

▶ 1 / P+R Hohemark ▶ 2 / Forellengut ▶ 3 / Saalburg
▶ 4 / Schloss Kransberg
▶ 5 / Eschbacher Klippen
▶ 6 / Grünwiesenweiher
▶ 7 / Usingen

INS KÜHLE NASS

Nicht nur führt die Tour am Main entlang. An warmen Tagen ist es besonders toll, in einem – oder mehreren – der vielen Seen zu schwimmen.

➤ 1 / Wir starten am Bahnhof Bad Staffelstein

➤ 2 / Der Ebensfelder See wartet mit einem kleinen Strand auf

➤ 3 / Durch die hübsche Fachwerk-Altstadt von Rattelsdorf

➤ 4 / Paradies nicht nur für Angler, Surfer und Segler: Baggersee Breitengüßbach

➤ 5 / Kurzer Stopp in Breitengüßbach mit modern erweiterter Kirche

➤ 6 / Wir radeln durch Kemmern, das nur mehr 7 km vor Bamberg liegt

➤ 7 / Kurz vor der Mündung der Regnitz in den Main liegt Hallstadt

➤ 8 / Die Weltkulturerbe- und Bierstadt Bamberg hat viel zu bieten

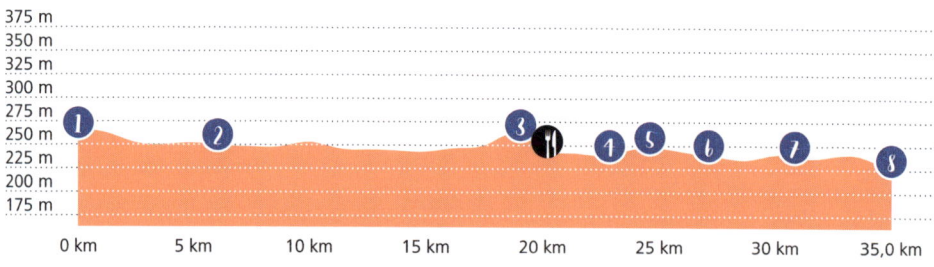

IN DIE DOMSTADT

Von **Bad Staffelstein**
nach **Bamberg** <small>von Maria Strobl</small>

Zwischen Bad Staffelstein und Bamberg radeln wir die Flusschleifen des Mains entlang
durch eine schöne Auenlandschaft und ein
seenreiches Gebiet, das zur Abkühlung einlädt. Wir kommen durch viele kleine Städt-
chen, in denen sich eine Rast anbietet, und
zuletzt in die bekannte Bierstadt Bamberg.

35 Kilometer
40 Höhenmeter
Streckentour

Durch die Auenlandschaft

Vom 1 / Bahnhof Bad Staffelstein geht es nach Südwesten auf der Straße Am Kurpark, von der wir an
der Querstraße links in die Auwaldstraße biegen und
bahnbegleitend Bad Staffelstein verlassen. Bei Unter-
zettlitz führt uns der Weg nach
rechts durch Felder zum Main.
Wir radeln stets in der Nähe des **CHARAKTER**
Flusses über Niederau vobei am **Sportlich** ●●○○○
2 / Ebensfelder See mit Mini- **Abkühlung** ●●●●●
strand bis Ebensfeld. Am Bahn- **Schlemmen** ●●●○○
hof vorbei, dann führt uns die **Panorama** ●●●●○
Straße Gries zurück zum Main,
den wir an der St 2987 über-
queren. In Oberbrunn wenden wir uns links in die
Straßen Ziegelanger und Wiesenweg. Auf straßen-
begleitendem Radweg radeln wir bis Unterbrunn.

TOURENINFO / Am MainRadweg führt hier hauptsächlich über asphaltierte Radwege, Nebensträßchen und einige
gekieste Strecken. Fast völlig flach.

◄ links / Rathaus Bad Staffelstein

Durch Seen und Felder nach Rattelsdorf

Am Ortsanfang biegen wir in den Angerweg und radeln vorbei am Großen Angersee und zwischen weiteren kleinen Gewässern nach Süden bis in die Nähe von Zapfendorf, das auf der anderen Mainseite liegt. Vor dem Ortsgebiet wenden wir uns rechts in die Mainstraße und gelangen entlang von Feldern bis zu einem linkerhand einzeln stehenden Haus. Davor müssen wir uns links halten, immer geradeaus durch die Felder bis Ebing, einem Gemeindeteil des Markts Rattelsdorf, unserem nächsten Ziel. Am Friedhof nehmen wir rechts den straßenbegleitenden Radweg der Ebinger Hauptstraße, biegen bei der Bushaltestelle noch einmal rechts ab und gleich wieder links in die zweite Straße. So gelangen wir auf den Markt- und Kirchplatz von 3 / Rattelsdorf, das rund 4.600 Einwohner hat. Rund um den Platz lassen sich ein historisches und schön renoviertes Fachwerkensemble bewundern sowie der spätmittelalterliche Torturm mit seiner barocken Kuppel. Der berühmte Bildhauer Ferdinand Tietz schuf 1765 die Marienstatue, die auf dem Rattelsdorfer Marktplatz steht. Auch einige Gasthäuser laden zur Einkehr. Entlang der Hauptstraße und Bamberger Straße verlassen wir im Anschluss die Marktgemeinde.

RADFERNWEG

Wer durch diese Tour auf den Geschmack gekommen ist, kann sich den gesamten MainRadweg mit 500–550 km vornehmen. Man beginnt entweder am Weißen oder Roten Main – oder deren Zusammenfluss bei Kulmbach – und endet, wo der Main in den Rhein mündet.

Noch mehr Baggerseen

Am Ortsende wenden wir uns rechts und auch gleich darauf vor der B 4 rechts auf den straßenbegleitenden Radweg. Stets entlang der Felder geht es knapp 3 Kilometer an den 4 / Breitengüßbacher See. Hier im Nordwesten von Breitengüßbach ist durch den Kiesabbau eine ausgedehnte Seenlandschaft entstanden, heute ein Naherholungsgebiet. Im „Großen See", der eine neu gestaltete Badeinsel hat, lässt sich wunderbar baden, paddeln und angeln. An zwei kostenfreien Sandstränden kann man es sich am Wasser bequem machen. Mobile Toiletten stehen zur Verfügung. Bei unserer Weiterfahrt queren wir kurz darauf mit der B 4 die A 73, und fahren entlang der Lichtenfelser Straße hinein nach 5 / Breitengüß-

bach. An der großen Kreuzung biegen wir rechts in die Baunacher Straße und gleich links auf den Kirchplatz. Hier befindet sich die Pfarrkirche Sankt Leonhard, die einen modernen Erweiterungsbau in Form eines zeltförmigen Daches („Gottes Zelt auf Erden") über dem Langhaus hat.

Durch Kemmern und Hallstadt

Rechts in die Austraße und links in die Bühlstraße sind wir nun wieder nach Süden unterwegs. Wir folgen dem Straßenverlauf, queren die A 73 erneut und kommen durch Felder und Wiesen an den Ortsrand von Kemmern, das nur mehr sieben Kilometer von Bamberg entfernt liegt. Die Frankenstraße leitet uns in den Ort, wo wir an der Kreuzung mit der Apotheke rechts auf die Breitengüßer Straße biegen, die uns in einem Bogen ins Zentrum von 6 / Kemmern führt. Die Gemeinde liegt eingebettet zwischen dem Main und den Ausläufern der Haßberge. Vorbei an der Kirche St. Peter und Paul verlassen wir immer geradeaus den Ort. Der Radweg verläuft ein kurzes Stück parallel zum Fluss, bevor er nach links Richtung Süden eine Flussbiegung abschneidet. Durch Felder erreichen wir den Ortsrand von Hallstadt. Der Gründleinsbach versperrt uns den Weg

▲ oben / Kirche St. Peter und Paul

HEXEN-BRENNER

Im 16. und 17. Jh. war das ehemalige Hochstift Bamberg eines der Hauptzentren der Hexen- und Zaubererverfolgung in Süddeutschland. Bis 1631 wurden in drei Wellen über 880 Personen der Hexerei oder Zauberei angeklagt und hingerichtet. Maßgeblich dafür verantwortlich war etwa der Bamberger Fürstbischof Johann Georg II. Fuchs von Dornheim, genannt der „Hexenbrenner", der auch 1627 das Drudenhaus erbauen ließ.

und so folgen wir diesem ein kurzes Stück nach rechts, bis uns die Brücke in die Mühlhofstraße leitet. Wir umrunden so 7 / Hallstadt, dessen Besiedlungsursprung durch Ausgrabungen bis 5.000 Jahre v. Chr. belegt werden kann. Links in die St 2281 Mainstraße, gleich rechts in Straße Tiergarten kreuzen wir die Valentinstraße. Hier hat man nun zwei Optionen. Entweder wir biegen hier nach Westen auf die Valentinstraße ab, folgen dem Main ein kurzes Stück länger, unterqueren die Bahngleise und die A 70 und wechseln auf das andere Ufer des MainDonau-Kanals, um diesem und gleich darauf der Regnitz ins Zentrum zu folgen. Den großen Bogen abschließend, geht es im Anschluss über die Regnitz und den Main-Donau-Kanal hinüber zum Bahnhof. Oder wir folgen dem MainRadweg weiter auf direktem Weg zum Bahnhof von Bamberg, der nordöstlich des Zentrums auf der rechten Seite des Main-Donau-Kanals liegt.

Bier- und Domstadt

Hallstadt geht jedenfalls nahtlos in 8 / Bamberg über, das weit mehr als nur die bekannte Bierstadt ist. Bamberg liegt am nordöstlichen Ausläufer des Steigerwalds nahe der Mündung der Regnitz in den Main. Zwischen den beiden Flussarmen – der rechte wurde zum Main-Donau-Kanal ausgebaut – liegt die sogenannte Inselstadt. Die Stadt wurde auf sieben Hügeln erbaut, Vorbild der mittelalterlichen Städteplaner war Rom. Diese geografischen Besonderheiten trugen dazu bei, dass Bamberg heute auch als „Klein-Venedig" bezeichnet wird. Seit 1993 trägt die Universitätsstadt das Prädikat „UNESCO-Weltkulturerbe" und sieht man sich die Liste der Sehenswürdigkeiten an, durchaus zu recht. Der viertürmige Dom, mehr als zehn Theater, eine Vielzahl an Museen und der größte unversehrt erhaltene historische Stadtkern Deutschlands sind nur eine kleine Auswahl dieser Auflistung. Die mit rund 78.000 Einwohnern größte Stadt Oberfrankens hat mit den 1946 von ehemaligen Mitgliedern der Deutschen Philharmonie in Prag und Musikern aus Karlsbad und Schlesien gegründeten Bamberger Symphonikern ein Orchester von Weltruf und ist bekannt für das E.T.A.-Hoffmann-Theater und das

Internationale Künstlerhaus Villa Concordia. Die Neue Residenz, das Erzbischöfliche Palais, das Alte Rathaus und die ehemalige Kaiserpfalz sind nur einige der rund 1.200 Baudenkmäler der Stadt. Aus wirtschaftlicher Sicht bedeutend ist für Bamberg seit Langem der Anbau von Gemüse und von Samen der Süßholzwurzel. Von ehemals 400 Gärtnereibetrieben sind circa zwanzig verblieben, mit nach wie vor großen Anbauflächen inmitten der Stadt. Die Bamberger tragen nebenbei bemerkt noch immer den Spitznamen „Dswiebldreedä", was für „Zwiebeltreten" steht. In den Bamberger Sandböden gedeihen Speisezwiebeln besonders gut, zur gegebenen Zeit werden seit alters her die jungen Zwiebeltriebe umgetreten, um damit das Knollenwachstum zu fördern. Sehenswert zu diesem Thema ist das Gärtner- und Häckermuseum. Natürlich trugen seit dem Mittelalter auch die vielen Bierbrauereien zum wirtschaftlichen Aufschwung Bambergs bei, die ältesten von ihnen führen ihre Geschichte bis in das 13. und 14. Jh. zurück. Erhalten sind heute noch neun völlig eigenständige Braureigaststätten, in denen vierzig unterschiedliche Biersorten gebraut werden, so etwa das bekannte „Schlenkerla Rauchbier" im Schlenkerla. So finden wir auf alle Fälle genügend Möglichkeiten, um die Tour entspannt ausklingen zu lassen.

SÜSSHOLZWURZEL

Der Anbau von Süßholzwurzel ist bereits für das Jahr 1536 belegt. Im 16. und 17. Jh. wurden jährlich rund 30 Tonnen der Wurzeln geerntet. Das enthaltene Glycyrrhizin hat eine 150-mal stärkere Süßkraft als Zucker, es wird heute noch in der Herstellung von Lakritze eingesetzt.

⌃ **oben / Dom in Bamberg**

START

Tour 23

START
Bahnhof Bad Staffelstein

ZIEL
Bahnhof Bamberg

HINKOMMEN
Auto / Bahnhofstr. 101,
96231 Bad Staffelstein, P+R-
Parkplätze am Bhf. **ÖPNV** / von
Würzburg 1 Std. 10 Min., von
Nürnberg und Erfurt 1 Std.; Bamberg–Bad Staffelstein 12 Min.
▶ **1** / Bahnhof Bad Staffelstein ▶ **2** / SEbensfelder See
▶ **3** / Rattelsdorf ▶ **4** / Breitengüßbacher See ▶ **5** / Breitengüßbach
▶ **6** / Nelsons Kajüte ▶ **7** / Findling Alter Schwede ▶ **8** / Bamberg

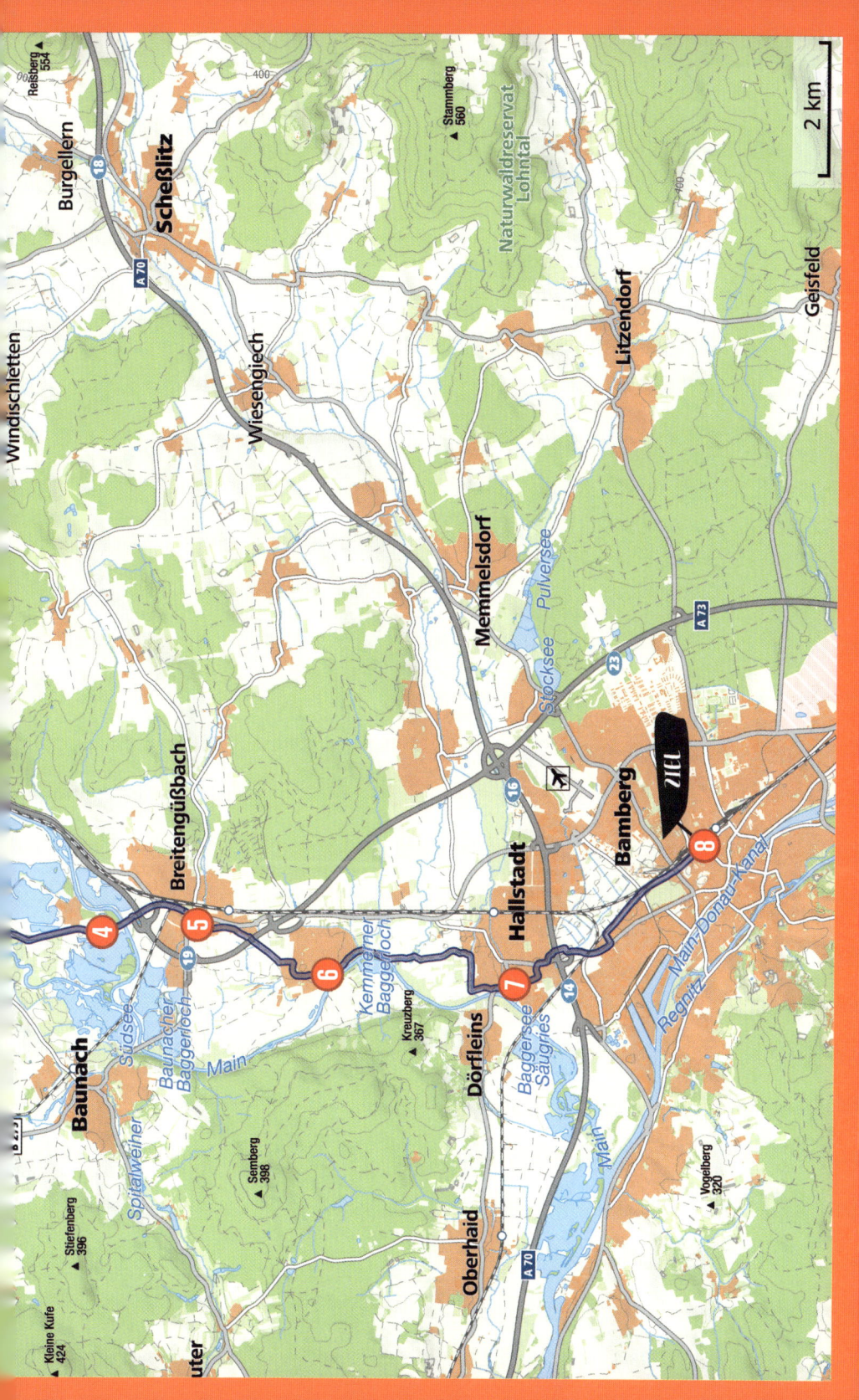

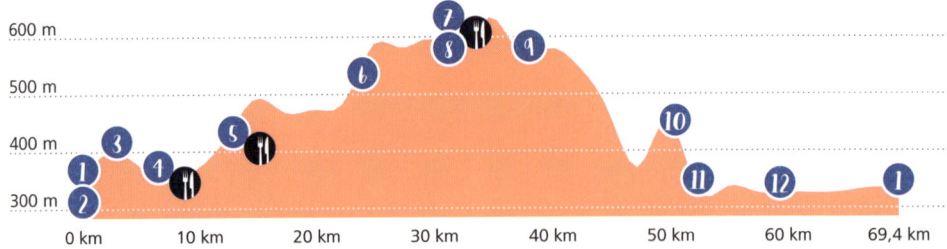

ÜBERRASCHENDE ERLEBNISSE

Jeder Kilometer, der mich zwischen Burgen und Schlössern durch die Natur der Bayerwaldberge führt, ist ein Erlebnis besonderer Art.

➤ **1 /** Am Parkplatz beim Festplatz satteln wir auf und starten zur Tour

➤ **2 /** Gleich zu Beginn geht's zur Ruine Burg Donaustauf

➤ **3 /** Im Inneren der Walhalla sehen wir Büsten bedeutender Deutscher

➤ **4 /** Vom Gasthaus Hammermühle sind es 300 m zum Jagdschloss

➤ **5 /** Mitten im Otterbachtal stoßen wir auf den „Koreawirt"

➤ **6 /** In Schillertswiesen wechseln wir auf die Bahntrasse

➤ **7 /** Der Gasthof Zur Post war Poststation des Fürstenhauses Thurn und Taxis

➤ **8 /** In der Burg Falkenstein erleben wir Theaterabende

➤ **9 /** Wilde Natur sehen wir am Höllbach

➤ **10 /** Am Nepal Himalaya Pavillon sind wir dem Dach der Welt gefühlt ganz nah

➤ **11 /** Am Schloss Wiesent setzen wir uns ins Café

➤ **12 /** In Bach probieren wir vom Landwein

HELDENTEMPEL

Bayerische Akropolis, Burgen *und* Schlösser: *Zwischen* Donaustauf *und* Falkenstein *von Ralf Enke*

In Donaustauf genießen wir den Blick von der Walhalla über den Gäuboden, radeln anschließend durch das Tal des Otterbaches und machen beim Koreawirt Rast. Auf ruhigen Kreisstraßen erreichen wir Schillertswiesen und rollen auf einer Bahntrasse zur Burg Falkenstein. Retour geht's ins Wiesenttal und hinauf zum Nepal-Himalaya-Pavillon, hinab zur Donau und an ihr entlang zurück nach Donaustauf.

Burgenblick

Wir starten zu unserer Tour auf dem 1 / Parkplatz beim Festplatz in Donaustauf. Hoch über uns sehen wir die Mauerreste der Burg Donaustauf. Sie werden wir am Ende der Radrundtour

CHARAKTER

Sportlich ●●●●○
Abkühlung ●●○○○
Schlemmen ●●●○○
Panorama ●●●●○

69 Kilometer
1165 Höhenmeter
Rundtour

TOURENINFO / Bergauf geht's zur Walhalla und dann auf schmalem Waldweg am Ottersbach entlang. Auf ruhigen Kreisstraßen immer leicht bergauf, erreichen wir die Schillertswiesen. Auf einer Bahntrasse geht's fast eben nach Falkenstein. Zum Tannerl fahren wir auf breitem Waldweg und anschließend auf Asphaltsträßchen nach Donaustauf. E-Bike-Ladestationen: Donaustauf, Die Kupferpfanne Hotel und Landgasthof, Lessingstraße 46–48; Donaustauf, Weingarten Flori-Der Brotzeithof, Walhallastraße 8; Markt Falkenstein, Rathausparkplatz Falkenstein, Marktplatz 1; Wiesent, Bahnhofstraße 15, beim Kinderhaus Nähe Rathaus; Wiesent, Gaststätte Liebl, Schlossplatz 7

◄ **links / Die Walhalla – Heldentempel überm Donautal**

wieder sehen. Bevor wir in die Bayerwaldberge aufbrechen richten wir unser Augenmerk auf die ehrwürdige 2 / Burg. Wir radeln durch die Kolpingstraße zur Taxisstraße und gehen links durch das Burgtor zur Ruine. Die Mauerreste geben einen herrlichen Blick auf die Auwälder an der Donau, die Walhalla und den Höhenzug des Scheuchenberges frei.

Darf's ein wenig Exotik sein?

Auf der Burgenstraße geht's zurück an die Wörther Straße und links zum Chinesischen Turm. Ja, nicht nur München hat einen Chinesischen Turm. Schon um 1800 gab es in Donaustauf etwas Exotik, ein bemaltes, chinesisches Sommerhaus des Fürstenhauses Thurn und Taxis. Anlässlich der Einweihung der Walhalla wurde aus dem Sommerhaus ein zweistöckiger Turm mit Laternendach. Super schönes Fotomotiv.

SCHLOSSBLICK
Wir laden unser Rad in der Gaststätte Liebl. Von der Terrasse schauen wir hinüber zum malerischen 11 / Schloss Wiesent mit zwei dicken Türmen.

Monument überm Gäuboden

Links führt die Walhallastraße bergauf zur 3 / Walhalla, zur „bayerischen Akropolis". Die Walhalla innen ist prunkvoll, ein gigantischer Saal. Die monumentale Größe soll die Wichtigkeit der Personen zeigen, die verewigt sind. König Ludwig I. ließ sie anfertigen. Nun rollen wir zurück an den Abzweig und rechts die Weinbergstraße hinab. Kurz vor der Staatsstraße biegen wir auf den Waldweg nach Dachsberg ein. Linker Hand sehen wir das 4 / Gasthaus Hammermühle (Tel. 09403 96840, Thiergartenstraße 1, 93093 Donaustauf) und fahren darauf zu. Ein Sträßchen dort führt zum fürstlichen Jagdschloss des Hauses Thurn und Taxis.

Zum Koreawirt

Ein schmaler Weg, auf dem auch der Donaustaufer Burgensteig markiert ist, führt uns am Rande des Ottersbacher Talgrundes nach Ober-

➤ **rechts / Der Chinesische Turm in Donaustauf**

lichtenwald, sehen wir gegenüber. Von links kommt ein breiter Weg durchs Tal und führt uns zum Wanderparkplatz Eichelmühle. Hier verlassen wir den Burgensteig-Wanderweg und erreichen auf unserer Talseite Bruckhäusl und die Waldgaststätte Ottersbachtal (Tel. 09408 555, Bruckhaus 1, 93177 Altenthann), bekannt als 5 / „Koreawirt".

Die alte Bahntrasse

Der Ottersbach ist weiterhin unser Begleiter. An der Lichtung mit der Brücke überm Karlswiesbach steigt unser Weg bergan und biegt auf der Kuppe links nach Forstmühle ab. Die Staatsstraße führt uns kurz nach rechts zur Einmündung der Straße nach Siegenstein. Sie schlängelt sich durchs Ottersbachtal bis nach Süssenbach. Mitten im Dorf kommen wir zur Expositurkirche St. Jakob Maior und fahren auf der Falkensteiner Straße nach 6 / Schillertswiesen. Hier hielten einmal die Züge, die von Regensburg nach Falkenstein heraufschnauften. 1984 kam das Ende des Schienenverkehrs und aus der Bahntrasse wurde ein feiner Bahnradweg, der Falkenstein-Radweg. Wir sorgen dann mal für Radverkehr, zweigen beim Ortsende von Schillertswiesen links ab und erreichen nach wenigen Radumdrehungen den Falkenstein-Radweg. Rechts radeln wir nach Falkenstein. An der „Bahnstation"

Gfäll erreichen wir die Staatstraße und ab hier schlängelt sich die Bahntrasse an der Straße entlang nach Falkenstein.

Burghofspiele

Sie geht in die Regensburger Straße über, auf der wir den Marktplatz und den 7 / Gasthof Zur Post (Tel. 09462 213, Marktpl. 8, 93167 Falkenstein) erreichen. Das Haus war einst Poststation des Fürstlichen Hauses von Thurn und Taxis. Dann lassen wir uns einmal „fürstlich" bewirten. Von hier aus sind es nur 300 Meter zum Wahrzeichen des Vorderen Bayerischen Walds, 8 / Burg Falkenstein. Trutzig auf einem Granitkegel steht die Veste inmitten eines der größten und schönsten Natur- und Felsenparks Bayerns. Also radeln wir mal hinauf, vom Marktplatz aus links durch die Burgenstraße zum Burgtor. Der romantische Burghof ist jeden Sommer Kulisse für unterhaltsame Theaterabende.

MIT DEM RAD AUF DER SCHIENE

Gruß aus Nepal

Dann machen wir uns mal auf den Rückweg, zuerst zum Marktplatz und am Gasthof Zur Post vorbei in die Regensburger Straße. Kurz hinterm Marktplatz zweigt gleich die Tannerlstraße ab. Sie geht in die Arracher Höhe über und führt uns zur Straubinger Straße. Rechts gelangen wir zum Wanderparkplatz und biegen zum Wald ein. Der breite Waldweg bringt uns zum Tannerl, an die kleine Wallfahrtskirche mitten im Wald. Am anderen Ende des Waldes liegt das Dorf Ruderszell. Wir radeln geradewegs hindurch nach Postfelden zum Hofcafé „Zur Hölle", hat leider nur an Wochenenden geöffnet. Ein Stück weiter erreichen wir den Wanderparkplatz am Weg zu den Felsenmeeren am 9 / Höllbach. Wir radeln kurz am Ufer des Stausees entlang und biegen dann rechts auf das Sträßchen zum Dorf Zumhof ab. Wir stoßen auf die Kreisstraße und radeln geradeaus an die Straßenkreuzung mit der Staatsstraße. Gegenüber geht's nach Aumbach und am Dorfende links talwärts. Bald zweigt ein schmales Sträßchen nach Hinter-

grub ab und bringt uns zur Staatsstraße vor Kirnberg. Wir queren die Straße und biegen bei den ersten Häusern von Kirnberg links nach Dietersweg ab. Wir radeln durchs Dorf ins Tal der Wiesent. Kurz vor der Neumühle zweigt ein breiter Waldweg ab, der uns steil bergwärts durch eine Serpentine an die Staatsstraße führt. Links radeln wir zum imposanten 10 / Nepal Himalaya Pavillon mit herrlichem Japan- und Himalayagarten. Den müssen wir besichtigen.

Baierwein

Wir rollen nach Wiesent hinab und auf der Frauenzeller Straße in die Ortsmitte zum 11 / Schloss Wiesent am Schlossplatz. Gelb getüncht, mit den grünen Fensterläden, beherbergt es ein Café. Vom Schlossplatz biegen wir in die Regensburger Straße ein. Am Kreisverkehr geht's geradeaus auf der Staatsstraße nach Kruckenberg. Hier radeln wir nun mit der Wegemarkierung des Donau-Radweges links ans Ufer der Donau. Richtung Regensburg folgen wir der Donau an Frengkofen und 12 / Bach vorbei, hier wird übrigens Wein angebaut, nach Demling. Unterhalb des Scheuchenberges fahren wir parallel zur Staatsstraße und sehen über uns bereits die Walhalla. Das Ziel ist nahe, noch einmal unter der Straßenbrücke hindurch und wenig später rechts auf der Brücke über die Straße nach Donaustauf abbiegen und wieder rechts zum 1 / Parkplatz beim Festplatz.

KM 35

Der Falkensteiner Schlosspark zählt zu den größten Natur- und Felsenparks Bayerns. Er ist eine Stätte unberührter Natur direkt am Fuße der Burg mit Baumriesen und wuchtigen Felstürmen. Auf markierten Wegen durchwandern wir ihn und erreichen 8 / Burg Falkenstein.

▲ **oben / Der Nepal-Himalaya-Pavillon bei Wiesent**

TOUR 24

START / ZIEL
Festplatz Donaustauf neben der Ausfahrt an der Staatsstraße

HINKOMMEN

Auto / Auf der BAB A3 Regensburg–Passau zur Ausfahrt 102 Neutraubing, dort Richtung Barbing und Donaustauf. Von der Donaubrücke rechts zur Maxstraße in Donaustauf abfahren und links zum Festplatz. **ÖPNV /** keine öffentliche Anfahrt

> **1 /** Parkplatz beim Festplatz
> **2 /** Burg > **3 /** Walhalla
> **4 /** Gasthaus Hammermühle
> **5 /** „Koreawirt" > **6 /** Schillertswiesen > **7 /** Gasthof Zur Post
> **8 /** Burg Falkenstein > **9 /** Höllbach > **10 /** Nepal Himalaya Pavillon > **11 /** Schloss Wiesent
> **12 /** Bach

KEIN GRUND ZUR SCHNAPPATMUNG

Ja, es geht steil bergauf. Allerdings mag ich solche Strecken, weil man die oft für sich allein hat. Außerdem schmeckt's dann in der Bisonstube Bodenwald besonders gut.

➤ **1 /** Am Bahnhof Konstanz klemmen wir uns hinter den Lenker

➤ **2 /** Blick auf den Hafen und die Imperia von der Seepromenade Konstanz

➤ **3 /** Durch den grünen Tunnel der Graf-Lennart-Bernadotte-Allee

➤ **4 /** Auf ein kaltes Getränk in der Bauernstube Litz

➤ **5 /** Boxenstopp vor dem Husarenritt im Hof Höfen

➤ **6 /** Bergankunft an der Bisonstube Bodenwald

➤ **7 /** Beeindruckendes Gemäuer mit Übersicht: Ruine Altbodman

➤ **8 /** Im Skulpturengarten Peter Lenk tummeln sich die skurrilen Figuren

➤ **9 /** Durchs Schilfmeer des Naturschutzgebietes Stockacher Aach

➤ **10 /** Sprung vom Jahrhundertsteg im Strandbad Ludwigshafen

➤ **11 /** Zieleinfahrt am Bahnhof Ludwigshafen

OCHSENTOUR ZUR BÜFFELHERDE

Von **Konstanz** *über den* **Bodanrück** *nach* **Ludwigshafen** *von Kai Glinka*

Vom quirligen Konstanz aus führt uns diese sportliche Tour zunächst am Seeufer entlang, bis wir ins hügelige Hinterland abbiegen. Ist der steile Bodanrück erklettert, wartet am Ende der Etappe in Ludwigshafen eines der ältesten Strandbäder am Bodensee als Belohnung.

Konstanzer Hafenansichten

Für diese MuskulaTour haben wir uns einen ordentlichen Brocken vorgenommen. Wir starten am 1 / Bahnhof Konstanz. Zunächst orientieren wir uns an den Schildern der D8 Rhein-Route. Kurz hinter dem Bahnhof blicken wir nach rechts auf den Konstanzer Hafen und winken der Imperia zu. Die üppige Kurtisane dreht sich im Konstanzer Hafen leicht bekleidet, aber unermüdlich, den König in der rechten, den Papst in der linken Hand. Beide verschrumpelt und nackt. Einst ein Skandal, ist die 18 Tonnen schwere Dame mittlerweile längst das Wahrzeichen der Stadt.

47 Kilometer
480 Höhenmeter
Streckentour

CHARAKTER
Sportlich ●●●●●
Abkühlung ●●●○○
Schlemmen ●●●○○
Panorama ●●●○○

TOURENINFO / Sportliche Tour über Asphalt und Schotterwege mit zahlreichen knackigen Steigungen. Der Weg zur Bisonstube ist nichts für Rennräder. Nimm viel zu Trinken mit!

◄ **links / Toller Panoramablick auf den Überlinger See vom Bodanrück**

Am Rheintorturm geht es kurz darauf über die Rheinbrücke. An der Seestraße, auch 2 / Seepromenade, geht es direkt am Ufer entlang. Von hier bietet sich ein schöner Blick auf die Rheinmündung und den Konstanzer Hafen. Von der Seepromenade geht es weiter Richtung Therme und Bodenseestadion, dann fahren wir im Schatten hoher Bäume gemächlich durch den Lorettowald. Wenn du immer dem Radweg zur Insel Mainau folgst, bist du richtig.

Durch den grünen Tunnel

Zwischen den Bäumen bieten sich uns auf der rechten Seite immer wieder herrliche Aussichten auf den See. Bei guter Sicht schweift der Blick von hier bis Meersburg und Hagnau auf der anderen Seeseite.

Mit der malerischen 3 / Graf-Lennart-Bernadotte-Allee erreichen wir ein weiteres Highlight unserer Tour. Wie durch einen lichten grünen Tunnel fahren wir auf dem gut befestigten Sandweg auf die Mainau zu. Die Blumeninsel ist unbedingt einen Besuch wert, allerdings sind Fahrräder auf ihr tabu. Deshalb gucken wir nur von weitem und vertagen den Ausflug ins Blütenparadies. Die schattige Allee führt uns weiter parallel zum Seeufer. Wenn der Bodenseeradweg scharf rechts abbiegt, fahren wir weiter geradeaus. Der Weg macht hier einen sanften Bogen und mündet schließlich in eine steile, aber kurze Rampe. Die strampeln wir hinauf und erreichen Litzelstetten. Allmählich wird es sportlich. Die Route verläuft durch eine grüne Hügellandschaft, gespickt mit Obstplantagen und kleinen Gärten.

> **DER WEG IST DAS ZIEL**
> So schön wie in der schattigen 3 / Lennart-Bernadotte-Allee ist der Bodenseeradweg an wenigen Stellen. Zur Rush hour wird es bisweilen voll.

Weiter, immer weiter!

Auf der spärlich befahrenen Straße passieren wir nacheinander Oberndorf, Dingelsdorf, Dettingen und Kaltbrunn. In den Ortschaften bieten kleine Bäckereien und Wirtshäuser Möglichkeiten für eine kurze Verschnaufpause. Nach und nach verlieren wir den

➤ rechts / Die Ruine Altbodman ist einen Abstecher wert

Bodensee aus dem Blick und dringen tiefer in das hügelige Hinterland vor. Der Bodanrück, dessen höchste Erhebungen wir heute bezwingen wollen, baut sich bereits vor uns auf. Wir nehmen die Herausforderung an und treten in die Pedale. Zunächst lassen wir unsere Drahtesel allerdings rollen und genießen den Fahrtwind. Nach dem Ortsausgang Kaltbrunns geht es durch den Wald und dann nach rechts. Sobald am linken Straßenrand eine Bushaltestelle auftaucht, biegen wir rechts auf einen schmalen asphaltierten Weg ein, der uns über eine knackige Steigung nach Freudental führt. Auf einer Anhöhe thront dort herrschaftlich das Schloss Freudental. Wo einst der Adel tafelte, lädt heute ein luxuriöses Hotel zum exklusiven Aufenthalt. Nach dem Aufstieg eben steht uns allerdings eher der Sinn nach einem kalten Bier oder Radler denn nach perlendem Champagner. Wir lassen das Schloss also Schloss sein und finden unsere wohlverdiente Erfrischung in der 4 / Bauernstube Litz (Zum Einfang 2, 78476 Freudental). Die schöne Gartenwirtschaft erreichen wir, indem wir uns an der T-Kreuzung erst rechts und dann sofort wieder links halten.

HART IM NEHMEN

Die zwanzig zähen nordamerikanischen **Bisons der Zucht Bodenwald** verbringen das ganze Jahr im Freien. Ein ausgewachsener Bulle bringt 900 Kilogramm auf die Waage.

JETZT GEHT ES INS HINTERLAND

Hors categorie

Gut gestärkt stellen wir uns nun dem schwersten Abschnitt der Königsetappe. Kurz hinter Langenrain geht es auf einem Schotterweg stetig hinauf in den Wald. Wir folgen den Schildern zum 5 / Hof Höfen (Hof Höfen 1, 78476 Allensbach), der mit seinem Biergarten idyllisch am Waldrand liegt. Der Gasthof öffnet seine Tore jedoch nur am Wochenende vor 16 Uhr. Montags und dienstags ist zu. Wir strampeln weiter. Das gepunktete Bergtrikot dieser MuskulaTour ist uns so gut wie sicher. Nach einer letzten steilen Rampe ist der höchste Punkt der Tour geschafft. Der exotische Anblick, der sich dir nun bietet, ist real und keine durch Sauerstoffmangel verursachte Halluzination: In aller Seelenruhe grasen hier Bisons. Die mächtigen Rinder gehören zur Bisonzucht Bodenwald. Wir fahren direkt auf die 6 / Bisonstube Bodenwald (Bodenwald 1, 78351 Bodman-Ludwigshafen), bisonstube-bodenwald.de zu, einem urigen Biergarten. Genau das, was wir nach unserer Ochsentour jetzt brauchen.

Trutzburg im Wald

Nicht weit von der Bisonstube liegt die 7 / Ruine Altbodman im Wald. Am besten ihr parkt die Räder bei den Bisons und geht zu Fuß zur Ruine. Nach etwa 15 Minuten taucht das massive Gemäuer vor uns zwischen den Bäumen auf. Vom Turm lässt sich der gesamte Überlinger See bewundern. Zurück bei unseren Drahteseln rollen wir den Schotterweg von der Bisonstube in Richtung Bodman hinab. Wenn der Schotterweg auf eine asphaltierte Straße trifft, wenden wir uns nach rechts und sausen durch den Wald. Es geht nun in die Ortschaft Bodman, wo wir einen Schlenker machen und den Bodenseeradweg verlassen. Nach dem Ortsschild folgen wir zunächst der Kaiserpfalzstraße, bis uns der Wegweiser zum 8 / Skulpturengarten des Bildhauers Peter Lenk (Kaiserpfalzstraße 20, 78351 Bodman-Ludwigshafen)

nach rechts schickt. Wem ein Blick über den Zaun nicht genügt, für den gibt es auch Führungen. Lenks kontroverse Skulpturen sind um den gesamten See verteilt. Auch die Imperia im Hafen Konstanz geht auf seine Kappe. Die stellte er 1993 in einer Nacht-und- Nebel-Aktion auf. Wohl bis heute die größte Statue einer Prostituierten weltweit.

Zum ältesten Strandbad am Bodensee

Vom Lenk'schen Panoptikum machen wir uns auf Richtung Ludwigshafen. Bei der Kapelle halten wir uns rechts, biegen vor dem Sportplatz rechts ab und durchqueren nun das 9 / Naturschutzgebiet Stockacher Aach. Die schilfgesäumte Bucht bildet den nördlichsten Teil des Bodensees. In Ludwigshafen ignorieren wir unser heutiges Ziel zunächst und rollen ein paar hundert Meter weiter, bis wir das 10 / Strandbad (Seehalde 8, 78351 Bodman-Ludwigshafen) erreichen. Schon seit über 100 Jahren springen hier die Gäste mit Anlauf ins Wasser, was die Badeanstalt zu einem der ältesten Strandbäder am Bodensee macht. Herzstück ist der denkmalgeschützte Holzsteg, quasi ein Jahrhundertsteg mit Erfolgsgarantie für die Arschbombe. Die Abkühlung im See habt ihr euch redlich verdient. Jetzt noch ein Eis und dann zurück zum 11 / Bahnhof Ludwigshafen, dem Endpunkt unserer MuskulaTour.

1307

Vor dem Baubeginn der heutigen 7 / Ruine Altbodman zerstörte ein Feuer die alte Burg. Einziger Überlebender: der einjährige Johannes von Bodman. Der entging dem Inferno nur, weil ihn seine Amme geistesgegenwärtig in einen großen Kessel steckte und aus dem Fenster warf.

▲ **oben / Die Stockacher Aach mündet am westlichen Ende in den Bodensee**

TOUR 25

START
Bahnhof Konstanz, 78462
Konstanz

ZIEL
Bahnhof Ludwigshafen, 78351
Bodman-Ludwigshafen

HINKOMMEN
Auto / Parkplatz bei der Boden-
see-Therme. Zur Torkel, 78462
Konstanz.
ÖPNV / Mit dem Zug zum Kons-
tanzer Bahnhof

➤ **1** / Bahnhof Konstanz ➤ **3** / Graf-
➤ **2** / Seepromenade ➤ **3** / Graf-
Lennart-Bernadotte-Allee ➤ **5** / Hof
➤ **4** / Bauernstube Litz ➤ **5** / Hof
Höfen ➤ **6** / Bisonstube Bodman-
wald ➤ **7** / Ruine Altbodman
➤ **8** / Skulpturengarten Peter
Lenk ➤ **9** / Naturschutzgebiet
Stockacher Aach ➤ **10** / Strandbad
Ludwigshafen ➤ **11** / Bahnhof
Ludwigshafen

Bodensee

Hohenbodman

Bambergen

Andelshofen

NUSSDORF

DINGELSDORF

WALLHAUSEN

Hagstaffelweiher

Mühlenweiher

Freudental

Langenrain

Ruine Kargegg

Ruine Burghof

Sipplingen

Burghalde
528

Ruine
Hohenfels

Ludwigshafen

Bodman

Ruine
Altbodman

Espasingen

Möggingen

Markelfingen

Mindelsee

ZIEL

B 34

K 6101

K 6170

K 6168

K 6169

K 6172

K 6168

K 7786

K 7773

B 31n

K 7771

K 7763

L 195

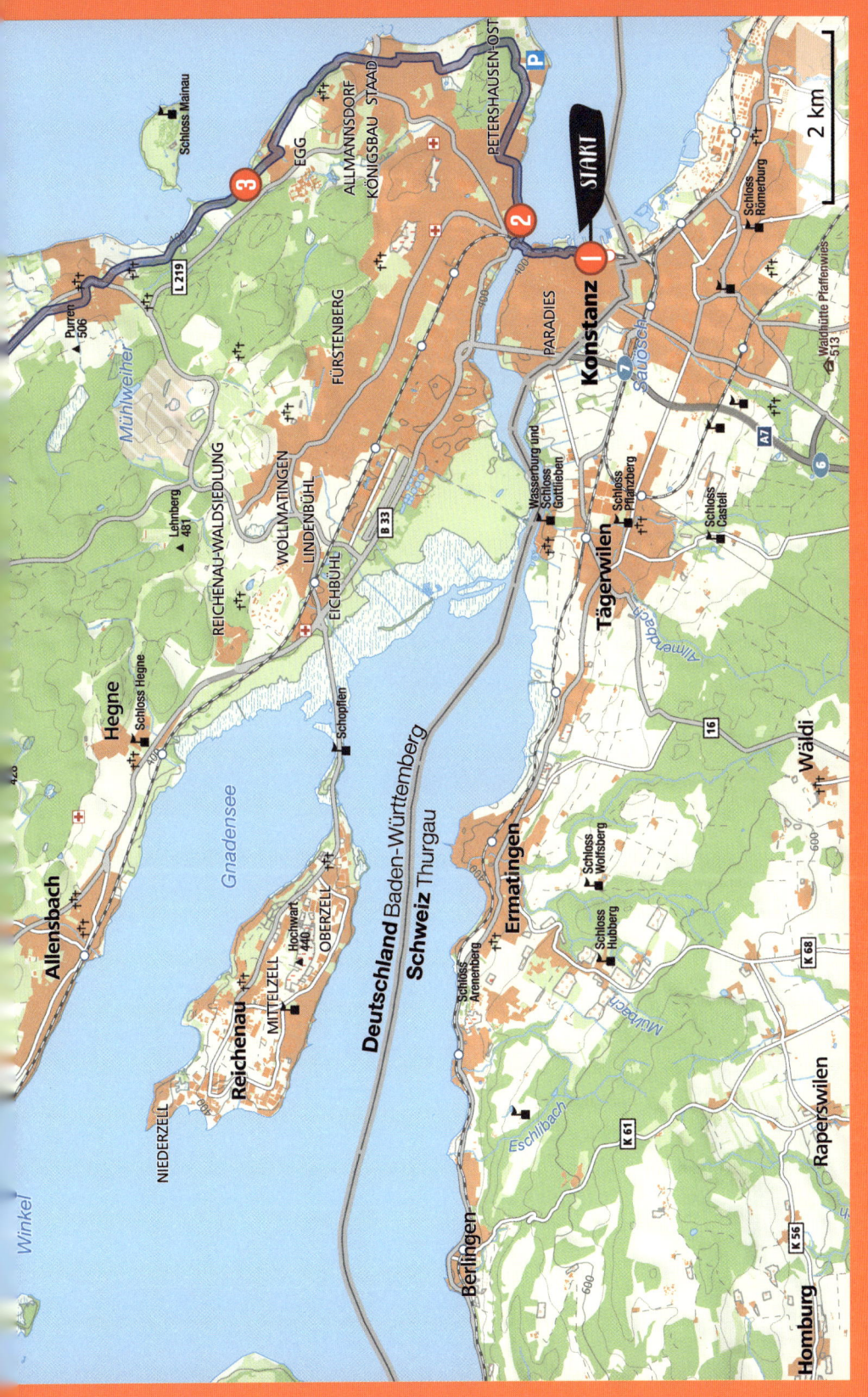

START

2 km

Schloss Mainau

EGG

ALLMANNSDORF

KÖNIGSBAU STAAD

PETERSHAUSEN-OST

P

3

2

1

L 219

Purren 506

Mühlweiher

Lehnberg 481

PARADIES

Konstanz

Schloss Römerburg

Waldhütte Pfaffenwies 513

FÜRSTENBERG

REICHENAU-WALDSIEDLUNG

WOLLMATINGEN

LINDENBÜHL

EICHBÜHL

B 33

7

Sauoschi

A7

6

Wasserburg und Schloss Gottlieben

Schloss Pfalzberg

Schloss Castell

Tägerwilen

Hegne

Schloss Hegne

Schöpflen

Gnadensee

Schloss Wolfsberg

16

Wäldi

Deutschland Baden-Württemberg

Schweiz Thurgau

Ermatingen

Schloss Hubberg

Allensbach

Hochwart 440

OBERZELL

MITTELZELL

Reichenau

NIEDERZELL

Schloss Arenenberg

K 68

Eschlibach

Berlingen

Murrbach

K 61

Raperswilen

Winkel

K 56

Homburg

PERFEKT FÜR WOLKENTAGE!

Die Tour ist mein Favorit an schlechten Tagen. Ohne E-Bike kommt man an heißem Wetter nämlich ganz schön ins Schwitzen.

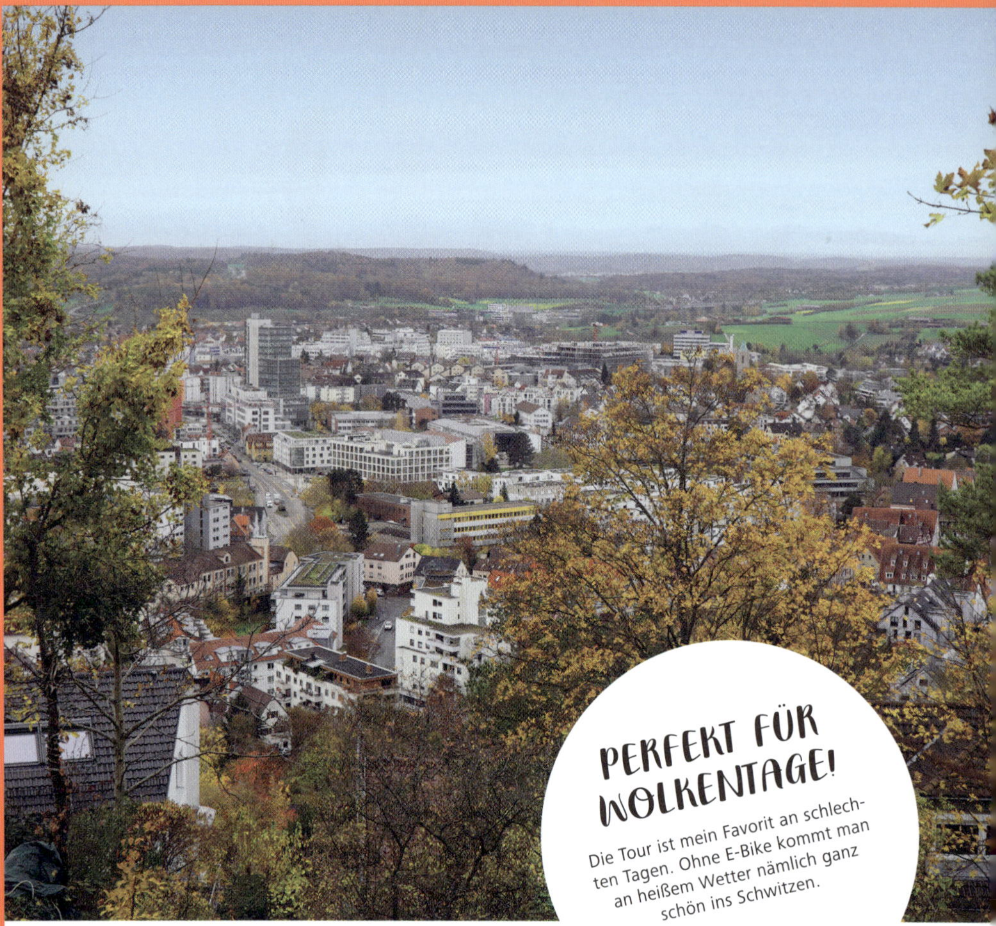

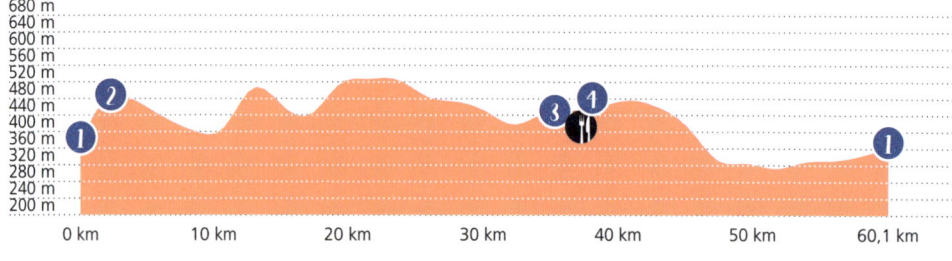

➤ **1 /** Vor dem Start noch die Blumenpracht im Pomeranzengarten bewundern

➤ **2 /** Den Blick schweifen lassen vom Engelbergturm

➤ **3 /** Die wohl beste Pizza im Umkreis gibt's im Sapori del Sud

➤ **4 /** Steil hinauf auf den Birkenkopf

680 m
640 m
600 m
560 m
520 m
480 m
440 m
400 m
360 m
320 m
280 m
240 m
200 m
1
2
3
4
1
0 km
10 km
20 km
30 km
40 km
50 km
60,1 km

MUSKELKATER HOCH 795

Von Leonberg *steil hinauf* *zum* Birkenkopf von Sarah Bioly

Brennende Waden sind auf dieser Route garantiert, aber wie heißt es doch so schön: ohne Fleiß kein Preis. Und der Preis auf dieser Tour ist die Anstrengung wahrlich wert – denn belohnt wirst du mit einem Panoramablick über Leonberg und Stuttgart.

Die ersten Höhenmeter

Von allen Tagestouren ist diese Tour mit 795 Höhenmetern auf 60 Kilometer die wohl schwierigste. Mit E-Bike fährt es sich da deutlich entspannter. Los geht's am 1 / Pomeranzengarten (Schlosshof, 71229 Leonberg), die ersten Höhenmeter warten schon direkt in Leonberg auf dich. Vom Pomeranzengarten fährst du die Rutesheimer Straße nach links. Du triffst auf die Bahnhofstraße, auf der es links weitergeht. Nach fünfhundert Metern zweigt die Stuttgarter Straße rechts ab.

Auf ihr umrundest du den Engelberg zuerst und fährst dann – nachdem du den Berg bis zur Hälfte umkreist hast – die erste Ausfahrt rechts und weiter hinauf zum 2 / Engelbergturm (Stuttgarter Stra-

60 Kilometer
795 Höhenmeter
Rundtour

CHARAKTER

Sportlich ●●●●●
Abkühlung ●○○○○
Schlemmen ●●○○○
Panorama ●●●●○

TOURENINFO / Anspruchsvolle steile Tour, meist im Wald abseits vom Verkehr. Teils Asphalt, teils Schotter. Ein E-Bike ist bei heißem Wetter von Vorteil.

◄ links / Blick vom Engelberg über Leonberg

ße 98, 71229 Leonberg). Vor dir ragt das Wahrzeichen Leonbergs 35 Meter in die Höhe. Immer sonntags von Mai bis Oktober hat der Turm geöffnet. Eine Besichtigung lohnt sich, denn oben hast du eine atemberaubende Rundumaussicht. Bei klarer Sicht kannst du sogar bis zum Schwarzwald und zur Schwäbischen Alb blicken.

Erst mal gemütlich bergab

Weiter geht es dann erst einmal bergab und auf dem Fahrradweg neben der Stuttgarter Straße, bis du einen Kreisverkehr erreichst. Du nimmst hier den Fahrradweg, der auf der gegenüberliegenden Seite zwischen Bäumen und Feldern hindurchführt. Folgst du ihm, triffst du nach einer gemütlichen Fahrt durchs Grüne auf die Engelbergstraße. Weiter geht es durch die Unterführung. Entweder du fährst nun hinter dem Restaurant auf einem schmalen Weg durch den Wald oder an der Stuttgarter Straße zurück und am Kreisel in den Wald hinein bis zum Parkplatz und dann zweimal links und einmal rechts. Gemütlich rollst du an einem Waldspielplatz und einem Walderlebnispfad vorbei. Am Waldgasthaus Krummbachtal geht es dann für dich rechts am Krummbach entlang. Leicht bergab schlängelt sich der Weg durch den Wald bis zur Mahdentalstraße. Hier geht es für dich rechts am Start- und Zielpunkt des Solituderennens vorbei, das einmal jährlich stattfindet. An der Unterführung wechselst du dann am besten auf die andere Seite der Landstraße, fährst ein Stück zurück und biegst rechts in den Wald hinein und gleich die nächste Straße links.

Vorbei an Seen und Wäldern

Elfeinhalb Kilometer fährst du nun durch den Wald in Richtung Sindelfingen. Die Sonne spitzelt durch das Blätterdach und teilt den Kies vor dir in helle und dunkle Flecken. Vielleicht fällt es

E-BIKER SIND GENIESSER

Um die Rundtour über den 2 / Engelbergturm und den 4 / Birkenkopf zu genießen, ist das E-Bike perfekt. Sportlich sind die 60 Kilometer und fast 800 Höhenmeter doch sehr herausfordernd.

> ➤ rechts / Der Engelbergturm – das Wahrzeichen Leonbergs

dir aber auch gar nicht auf, denn an vielen Stellen ist es nun sehr steil, sodass du außer Atem bist und es sein kann, dass du schieben musst. Dann lichtet sich der Wald und vor dir glitzert der Hölzersee. Von dort folgst du dem Rankbach ein Stück und dann den Schildern nach Vaihingen. Abermals fährst du durch den Wald, während der Schotter wieder zu Teer wird und du das Rauschen von Autos wahrnimmst. Neben dir – nicht sichtbar, aber hörbar – verläuft die A8. Statt aber direkt über die erste Autobahnbrücke zu fahren, geht es für dich noch einmal auf dem Schotter weiter bis zur nächsten Brücke. Zu deiner Linken taucht jetzt die Bernetkapelle auf. Die ehemalige Schutzhütte erinnert heute an Flüchtlinge und Heimatvertriebenen des Zweiten Weltkrieges. Direkt danach auf deiner linken Seite ist die Autobahnbrücke. Du überquerst sie und kommst vorbei am Wanderparkplatz Bernhardshöhe und dem BMW Standort. Statt hier nach rechts durch die Unterführung zu fahren, hältst du dich links. So geht es für dich am Katzenbachsee und am Katzenbacher Hof vorbei. Du überquerst die Büsnauer Straße und folgst dem Katzenbach in Richtung Bärenschlössle. Vor dem Neuen See geht es

GEHEIMTIPP

Die beste Pizza im Umkreis: Draußen auf der Terrasse speist du im 3 / Sapori del Sud mit Blick auf die Tennisplätze.

für dich dann rechts immer am See entlang. Es wird wieder ein bisschen holprig, bis du auf eine geteerte Straße gelangst, auf der du zwischen Neuer See und Pfaffensee auf die andere Seite des Waldes gelangst. Halte dich hier rechts, um auf die Schlösslesallee zu gelangen und radle dann weiter bis zum Grillplatz Bettelweg. Holz liegt aufgeschichtet vor der Hütte, es gibt einen kleinen Spielplatz und eine Bank zum Rasten. Gerade im Herbst kannst du hier die letzten schönen Tage im Jahr genießen und die Grillsaison noch einmal aufleben lassen.

Gestärkt auf den Birkenkopf

DENKMAL FÜR FLÜCHTLINGE UND HEIMAT-VERTRIEBENE

Weiter geht es dann nach rechts und über die Autobahnbrücke. Fährst du nun nach der Brücke die erste Straße links, kannst du dich erst einmal im Restaurant 3 / Sapori del Sud (Rotenwaldstraße 383, 70197 Stuttgart) für die nächsten Höhenmeter stärken. Dort gibt es die besten Pizzen im Umkreis. Dünner Boden, knuspriger Rand und nicht zu viel Käse – perfekt. Anschließend warten nämlich ein paar saftige Höhenmeter auf dich. Du fährst wieder bis zu der Stelle, an der du abgezweigt bist und dann links weiter. Nach rund einem Kilometer kommst du zu einer zweiten Grillstelle mit Spielplatz. Ab hier hältst du dich immer links. Links in die Bürgerallee, links in den Sophienweg, links über die Rotenwaldstraße – und dann heißt es Treten, Treten, Treten. Insgesamt vierzig Höhenmeter liegen vor dir. Wie die Windungen in einem Weinbergschneckenhaus zeichnet die Straße ein kreisrundes Muster in die Landschaft, das nach innen immer höher wird. Dann endlich stehst du auf dem 4 / Birkenkopf und wirst belohnt mit Gipfelkreuz und einer atemberaubenden Aussicht über Stuttgart. Der Berg wurde nach dem Zweiten Weltkrieg aus den Trümmern der Stadt aufgetürmt. Er soll an die Opfer des Krieges erinnern und den Lebenden als Mahnung dienen.

Auf ins letzte Drittel

Auf dem Rückweg spürst du dann wieder den Fahrtwind im Gesicht. Unten angekommen geht es an der Kreuzung für dich nach rechts und dann immer geradeaus durch den Wald, an einem Parkplatz vorbei und über die Vaihinger Straße. Auf der anderen Seite holperst du über den Kies vorbei am Wildschweingehege. Vielleicht siehst du sogar ein paar Ferkel, wie sie im Schatten schlafen. Nach sechs Kilometern lösen Schrebergärten den Wald ab. Vor der Unterführung musst du nun links. So fährst du durch den Ort, bis du die U-Bahnstation Wolfbusch erreichst. Auf der anderen Seite der Gleise geht es für dich an einem schmalen Fluss entlang, bis dieser unter der Gerlinger Straße hindurch taucht. Für dich geht es hier rechts bis zur nächsten Gelegenheit, an der du die große Straße überqueren kannst. Ab jetzt geht es im Zickzack zwischen Feldern hindurch. Erst links, dann rechts, dann noch einmal rechts und wieder links und dann den Schildern nach Leonberg hinterher. So erreichst du nach neun Kilometern die Rutesheimer Straße. Fährst du links, erreichst du direkt danach den 1 / Pomeranzengarten. Nach all den Höhenmetern kannst du zwischen der Blumenpracht nun endlich entspannen – oder wenn du noch Lust hast, durch die Innenstadt von Leonberg bummeln.

40

Meter – um diese Zahl wuchs der 4 / Birkenkopf zwischen 1953 und 1957. Wie das? Auf seiner Anhöhe wurden 1.500.000 Kubikmeter Trümmerschutt gelagert. Noch heute erinnern viele der zerstörten Steine an die eingstigen Gebäude und die Zerstörung im Zweiten Weltkrieg.

⌃ oben / Der Birkenkopf: ein Berg aus Trümmern des Zweiten Weltkrieges

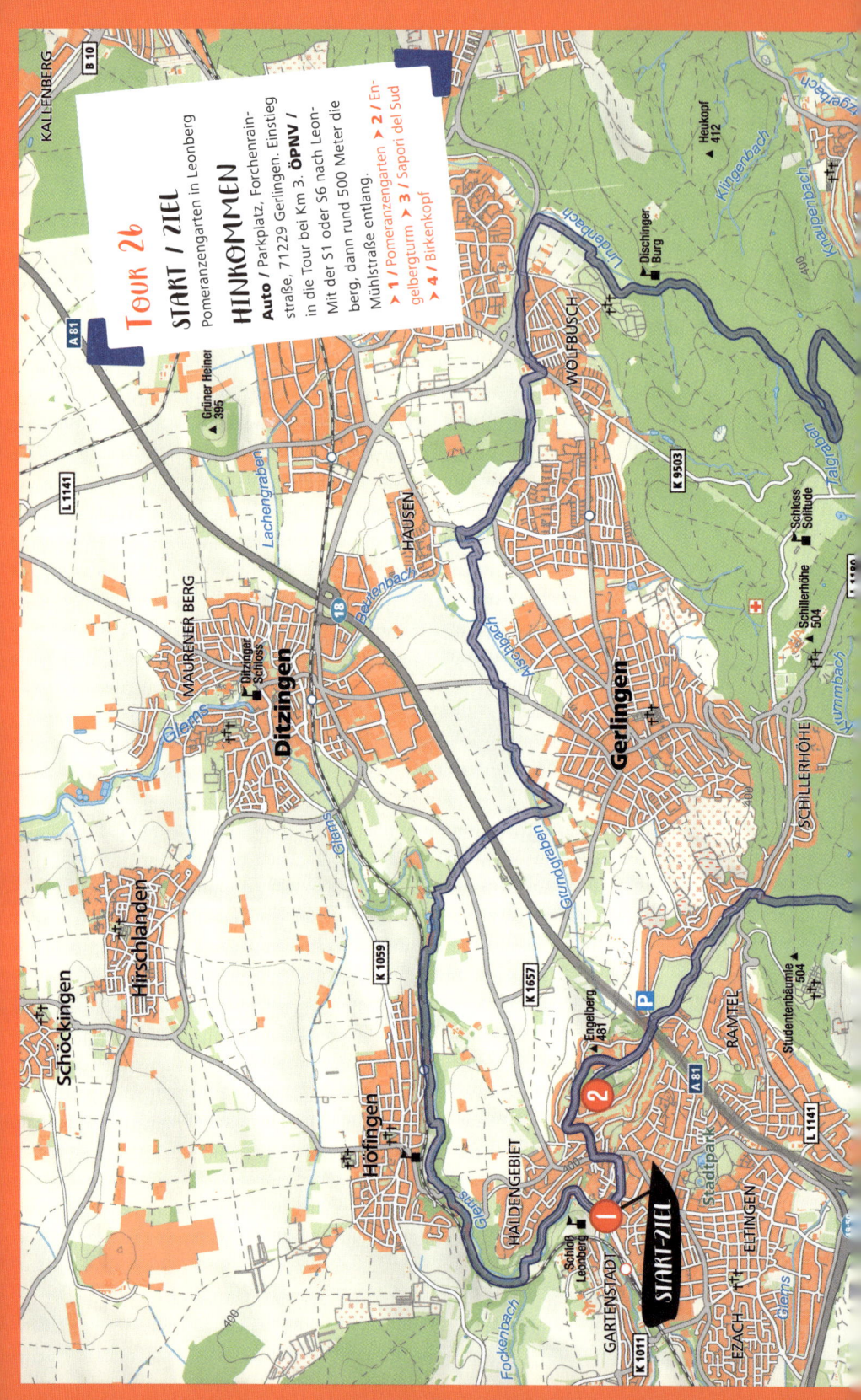

START / ZIEL

Pomeranzengarten in Leonberg

HINKOMMEN

Auto / Parkplatz, Forchenrainstraße, 71229 Gerlingen. Einstieg in die Tour bei Km 3. **ÖPNV** / Mit der S1 oder S6 nach Leonberg, dann rund 500 Meter die Mühlstraße entlang.

> **1** / Pomeranzengarten > **2** / Engelbergturm > **3** / Sapori del Sud
> **4** / Birkenkopf

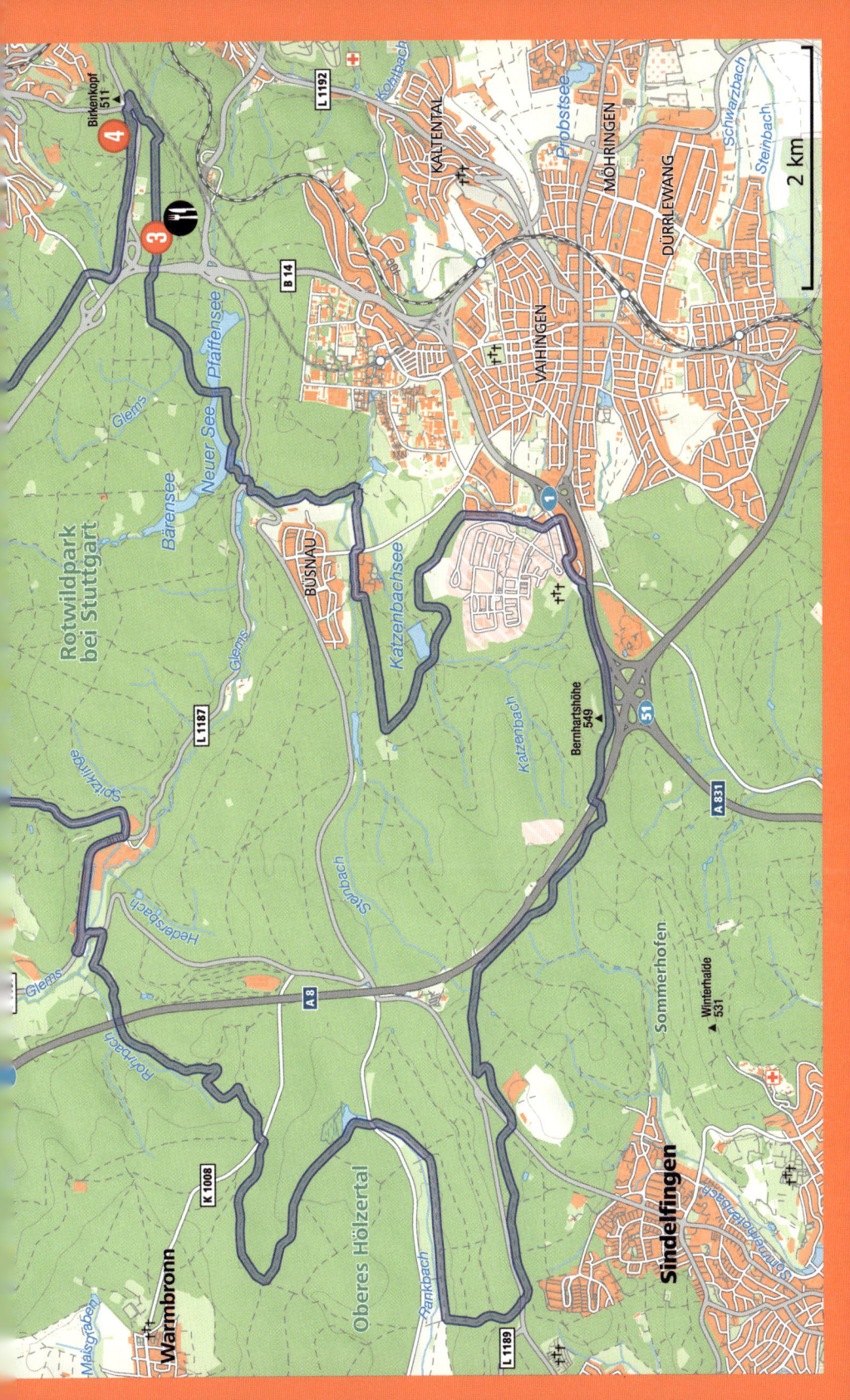

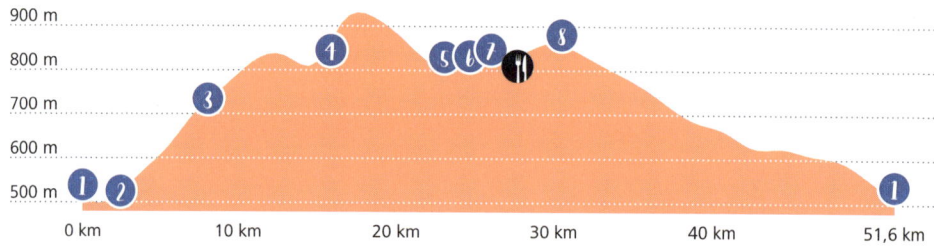

UNTER DAMPF

Richtung Haidmühle schalte ich einen Gang höher, um genussvoll im Gasthof Strohmaier einzukehren. Dann freue ich mich auf ein beschwingtes hinabcruisen auf dem Adalbert-Stifter-Radweg.

➤ **1 /** Vom Bahnhof Waldkirchen geht's Richtung tschechischer Grenze

➤ **2 /** An der Edelmühle weht uns der Duft von frischem Brot um die Nase

➤ **3 /** Ab Vorderfreundorf radeln wir durchs Waldgebiet des hohen Haidel

➤ **4 /** Von Duschlberg blicken wir hinüber zum Dreisesselberg

➤ **5 /** Wir radeln durch das Grenzstädtchen Haidmühle

➤ **6 /** Wir schauen zu unseren Nachbarn an der Grenze nach Tschechien

➤ **7 /** Endlich im Gasthof Strohmaier einkehren

➤ **8 /** Von Frauenberg ist der Dreisesselberg schnell erreicht

HALLO NACHBAR

Unserem tschechischen Nachbarn *über die* Schulter geschaut *von Ralf Enke*

Von Waldkirchen radeln wir über den Bergrücken des Pfahl nach Vorderfreundorf gut 200 m bergwärts. Hier tauchen wir in den Duschlbergwald ein und erreichen Haidmühle an der tschechischen Grenze. Personalausweis nicht vergessen! Auf dem Adalbert-Stifter-Radweg rollen wir talwärts über Frauenberg, Neureichenau und Jandelsbrunn nach Waldkirchen zurück.

52 Kilometer
802 Höhenmeter
Rundtour

Interkulturelle Küche

Waldkirchen ist seit 1285 Markt und wichtigstes Handelszentrum am Goldenen Steig, der alten Handelsroute nach Böhmen. In der guten Stube des Städtchens auf dem wunderschönen Marktplatz verschmelzen bayerische, böhmische und österreichische Küche zum reinen Ge-

CHARAKTER
Sportlich ●●●●○
Abkühlung ●●●○○
Schlemmen ●●●○○
Panorama ●●●○○

TOURENINFO / Auf asphaltierten Sträßchen geht's von Waldkirchen stetig bergauf nach Duschlberg. Durch den Duschlberger Wald führen breite Waldwege ins Hochmoor von Haidmühle. Das permanente sanfte Gefälle der geschotterten Bahntrasse des Adalbert-Stifter-Radweges sorgt dann für Fahrspaß bis nach Waldkirchen. Personalausweis oder Pass mitnehmen, da wir nach Tschechien radeln. E-Bike-Ladestationen: Tourismusbüro Waldkirchen, Marktplatz 17, Waldkirchen; Tourist-Info Haidmühle, Dreisesselstr. 12, Haidmühle; Gaststätte Dreisesselalm, Frauenberg 39, Haidmühle

◄ links / Auf dem Adalbert-Stifter-Radweg

nuss. Genug geschwärmt, wir satteln auf am 1 / Bahnhof Waldkirchen der Ilztalbahn, die in Freyung ihr Ende findet. Die Bahnhofstraße führt uns erst einmal über den Bahnübergang zum Gewerbegebiet. Hier heißt die Straße immer noch Bahnhofstraße und noch dreimal queren wie die Gleise der Ilztalbahn, bis wir nach Auerbach gelangen.

Steinofenbrot

Unser Asphaltsträßchen führt uns an die Staatsstraße, der wir links zur 2 / Edelmühle folgen. Hier kommt uns der Duft von frischem Steinofenbrot aus der Brotbäckerei vor die Nase. Ein Stück geht's nun auf der Straße Richtung Böhmzwiesel. In der Straßenkurve biegen wir erst an der zweiten Straße Am Zwieselberg ein und erreichen unterm Zwieselberg wieder die Staatsstraße. Jetzt treten wir mächtig in die Pedale hinauf zur Kirche St. Konrad, sie liegt auf einer Anhöhe. Wir bleiben auf der Staatsstraße und biegen nach wenigen Radumdrehungen rechts in die Ortsstraße Am Goldenen Steig ein. An der Einmündung mit der Kreisstraße geht's rechts und gleich links auf das Sträßchen nach Pilgramsberg. Es führt uns geradewegs hindurch an eine Wegeverzweigung. Wir entscheiden uns für den mittleren Schotterweg, der in das Sträßchen Krautgärten mündet. Rechts fahren wir durch den Weiler Exenbach und biegen vor dem Waldrand links ab zur Kapelle St. Kolomann. Ein breiter Waldweg schlängelt sich nach 3 / Vorderfreundorf. Am Ortsanfang führt uns die Alte Dorfstraße rechts parallel zur Staatsstraße durch den Ort. An ihrem Ende geht's nun links an die Staatsstraße, der Dreisesselstraße.

DREISESSELBERG MIT DEM BIKE

Von Frauenberg führt das Sträßchen auf den Dreisesselberg zum 1302 m hohen Dreisesselhaus. In der Dreisesselalm in 8 / Frauenberg laden wir unser Rad und genießen den Blick zum Gipfel.

Im Abteiland

Der Berg dazu, der Dreisesselberg, liegt an der tschechischen Grenze, 1333 m hoch. Zur Zeit Kaiser Heinrichs II. war das Land

➤ **rechts / Abendstimmung am Marktplatz in Waldkirchen**

als Nordwald, das Gebiet nördlich der Donau, bekannt. Im Jahre 1010 vermachte er es als „Nordwaldschenkung" dem Kloster Niedernburg in Passau. Kaiser Friedrich I. Barbarossa nahm dem Kloster das Grundeigentumsrecht 1218 aber wieder ab und vermachte das „Land der Abtei" als Reichslehen an den Bischof von Passau. Im Jahre 1803 wurden die geistlichen Besitzungen im Abteiland aufgelassen, zuerst an das Großherzogtum Salzburg und 1806 an das neu errichtete Königreich Bayern.

Hügelauf- und -abwärts

Wir verlassen Vorderfreundorf durch die Straße Fischbach, die gegenüber von der Dreisesselstraße abzweigt. Hinterm Sportplatz folgen wir dem Asphalträßchen nach Gschwender. Wir folgen der Radwegemarkierung schwarze 5 und grünem Grund erst mäßig, dann steiler durch den Wald hinauf und über Hinterfreundorf talwärts nach Branntweinhäuser. Kurz vor der Staatsstraße biegen wir im spitzen Winkel links ab, steil bergwärts auf dem Asphalträßchen nach 4 / Duschlberg. Hier wählen wir die obere Ortsstraße am Waldrand entlang zum Wanderparkplatz am Wald.

KALTE MOLDAU

Das Flüsschen bildet die 6 / Grenze nach Tschechien. Während des „Kalten Krieges" war hier kein Durchkommen. Heute radeln wir hinüber in den Böhmerwald.

RICHTUNG TSCHECHIEN

Duschlberger Wald

Die Markierung schwarze 58 führt den Hang hinauf. Am Abzweig der Nr. 58 fahren wir geradeaus und treffen sie bald wieder. Sie kommt von rechts her und führt uns talwärts über eine Lichtung zu einem Wegedreieck. Hier wenden wir uns nach rechts, weiter ohne Markierung, leicht talwärts Richtung Haidmühle. Am Waldrand treffen wir auf eine sternförmige Wegekreuzung und rollen auf dem Asphaltsträßchen nach Haidmühle. Kurz vor Haidmühle stoßen wir auf den Adalbert-Stifter-Radweg, der gemeinsam mit dem Donau-Moldau-Radweg links zur Dreisesselstraße ins Herz von 5 / Haidmühle führt.

Böhmischer Dampf

Wir fahren noch am Rathaus vorbei geradeaus in die Neuthaler Straße zur 6 / Grenze nach Tschechien. Gleich links fahren täglich Züge vom Bahnhof Nové Údolí 14 km durch den Böhmerwald nach Volary. Am Haltepunkt Tusset weiht uns dann die Informationsstelle des Nationalparks Šumava in die Geschichte des Böhmerwaldes ein. An bestimmten Tagen im Jahr dampfen Nostalgiezüge vom Bahnhof Udoli nach Volary. Zurück in Haidmühle kehren wir im 7 / Gasthof Strohmaier (Tel. 08556 490, Kirchbergstraße 25, 94145 Haidmühle, Mo + Di ist Ruhetag) ein. Der Küchenchef bereitet uns noch deftige, echte bayerische Schmankerln.

Adalbert-Stifter-Radweg

Dann nehmen wir Abschied von Haidmühle auf der Hochmoorplatte des unteren Bayerischen Waldes, zwischen Dreisessel und Haidel. Auf dem Adalbert-Stifter- Radweg geht's nach Waldkirchen zurück. Er verläuft auf der abgebauten Bahntrasse, die von Haidmühle bis nach Waldkirchen führt. 1995 wurde die Strecke stillgelegt und es entstand ein Radweg, der dem böhmischen

Dichter und Schriftsteller gewidmet wurde. Am südlichen Orts-ende zweigt der Radweg rechts ab und führt uns über Wiesen an den Waldrand. Uns erwarten auf knapp 27 km geschotterter Bahntrasse eine idyllische Hügellandschaft, ausge-dehnte Berg-wälder und emporragende Granitfelsen, alles in allem eine ur-sprünglich gebliebene Landschaft.

Dreisessel

Wir erreichen den Bahnhof 8 / Frauenberg. Von hier führt eine Mountainbikeroute auf den Dreisesselberg und zum Dreisesselhaus beim 1333 m hohen Gipfel. Das Dreisesselmassiv ist zweifellos der Höhepunkt des Unteren Bayerischen Waldes. Beim Berg Plöcken-stein, der ist mit 1364 m die höchste Erhebung des Massivs, liegt das Dreiländereck Deutschland-Österreich-Tschechien. Die nächsten Haltepunkte wären Altreichenau und Neureichenau. Dann nähern wir uns Jandelsbrunn, blicken hinüber zur Wallfahrtskirche auf dem Wollaberg, und ehe wir uns versehen, sind wir zurück am 1 / Bahnhof Waldkirchen. Vom Bahnhof zur Altstadt ist es nur ein Katzensprung. Am Marktplatz gibt es im Restaurant „Johanns" „Gutes ganz oben". In modernem Ambiente genießen wir den Abend in stilvoller Atmo-sphäre mit Blick über die Dächer der Altstadt in die Bergwelt.

1333

Das Gipfelkreuz des Dreisesselberges steht auf dem Hochstein, 1333 m hoch. Von 8 / Frauenberg führt eine Straße bis zum Parkplatz am Dreisesselhaus unter-halb des Gipfels. Dann sind es noch 800 m zu Fuß, die auch Kinder schaffen.

▲ oben / Wegweiser in Haidmühle

TOUR 27

START / ZIEL

Parkplatz am Bahnhof Waldkirchen in der Bahnhofstraße

HINKOMMEN

Auto / Von Passau auf der B12 Richtung Freyung. Bei Außernbrünst auf die Staatsstraße 2131 nach Waldkirchen und der Umgehungsstraße bis zur Kreuzung beim Bahnhof folgen. Zum Bahnhof links abbiegen. **ÖPNV /** Mit der Ilztalbahn von Passau über Röhrnbach nach Waldkirchen

➤ 1 / Bahnhof Waldkirchen
➤ 2 / Edelmühle **➤ 3 /** Vorderfreundorf **➤ 4 /** Duschlberg
➤ 5 / Haidmühle **➤ 6 /** Grenze nach Tschechien **➤ 7 /** Gasthof Strohmaier **➤ 8 /** Frauenberg

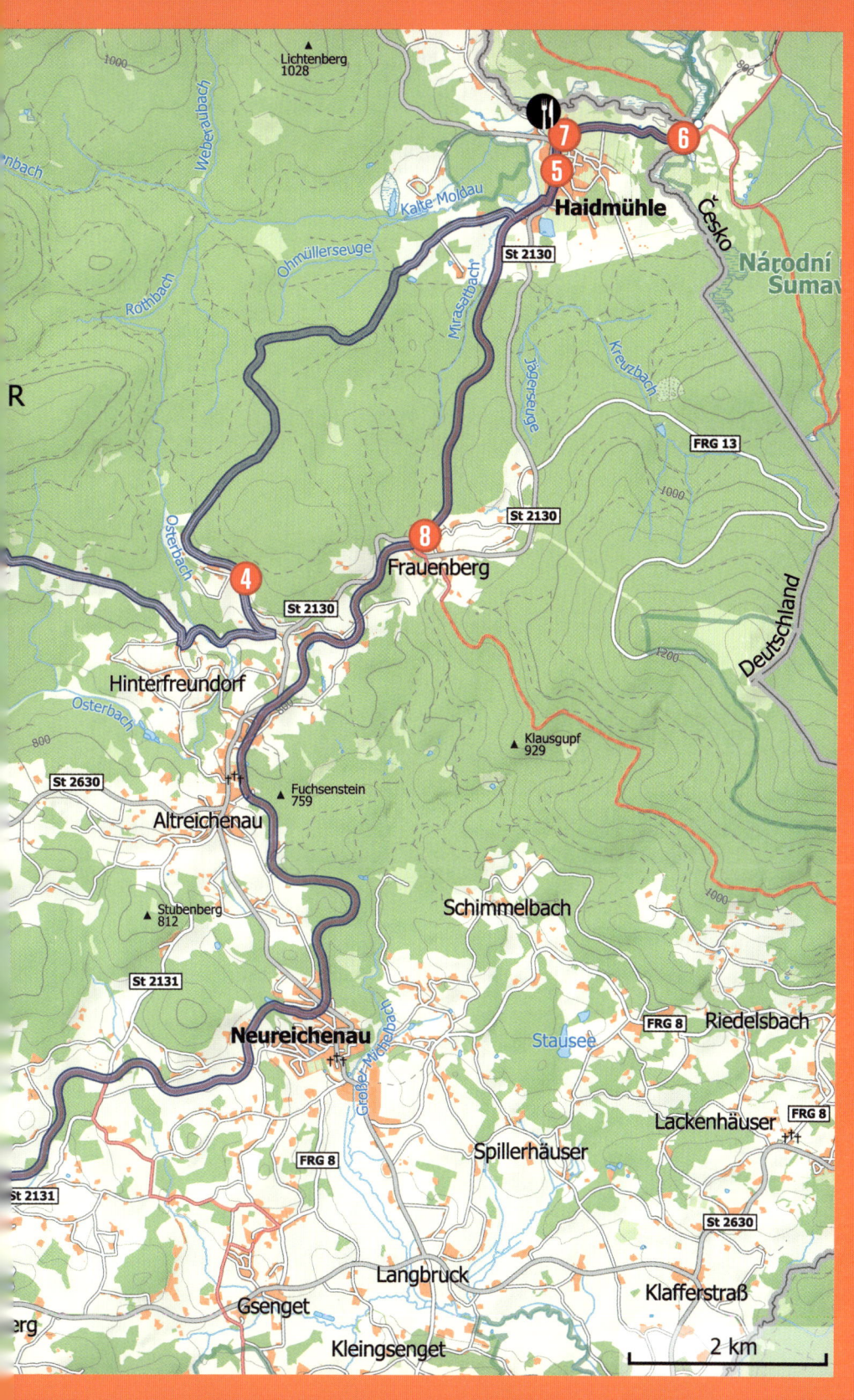

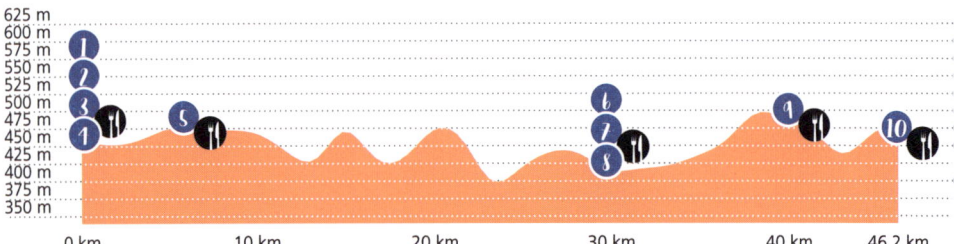

AUSZEIT

Ich radle die Tour am liebsten im Spätsommer, wenn die duftenden grünen Blüten des Hopfens kurz vor der Ernte stehen und die Sonnenblumen ihre Köpfe zur Sonne strecken.

➤ **1 /** Treffpunkt Marktplatz Au i.d.Hallertau neben dem Rathaus

➤ **2 /** Im Schloss Au zeigt der Schlossherr seine Jagdtrophäen

➤ **3 /** Im Biergarten des Schlossbräukellers noch ein Weißwurstfrühstück nehmen

➤ **4 /** Mit den Hopfenland Cowboys durchs Hopfenland reiten

➤ **5 /** Von der Terrasse des Holledauer Wirtshauses blicken wir ins Hopfenland

➤ **6 /** Im Deutschen Hopfenmuseum erfahren wir alles zum „Grünen Gold"

➤ **7 /** Der Koch von der Nepomuk Stub'n bereitet zur Saison leckeren Hopfenspargel

➤ **8 /** Im Erlebnisbad von Wolnzach ins kühle Nass springen

➤ **9 /** Einkehrstopp im Wirtshaus Spitzer

➤ **10 /** Der Biergarten im Gasthaus Bergsteffl gehört zu den Top Ten in der Hallertau

GRÜNES GOLD

Durchs **Hopfenland Hallertau** von Ralf Enke

Von Ende Juli bis in den September, wenn die Hopfenreben meterhoch in den Himmel ragen, stehen die Hopfengärten in voller Pracht. Unsere Tagestour führt durch das sehr hügelige Hopfenland Hallertau zum großen Teil auf asphaltierten Sträßchen von Au i.d.Hallertau nach Wolnzach und zurück zum Auer Schloss.

46 Kilometer
242 Höhenmeter
Rundtour

Jagdtrophäen

Treffpunkt 1 / Marktplatz Au i.d.Hallertau neben dem Rathaus. Hier werden wir unsere Rundtour auch beenden. Bevor wir nun durch das Hopfenland radeln, sollten wir mal kurz zur Schlossbrauerei und Schloss Au vorbeischauen. Im Jagdsaal von 2 / Schloss Au (Tel. +49 8752 86320, Schlossbräugasse 2, 84072 Au-Hallertau, www.auerbier. de) gibt es eine riesige Sammlung von Jagdtrophäen zu sehen. Besichtigung nur nach Anmeldung. Im alten Sudhaus sind dank der Sammelleidenschaft des Schlossherrn Eugen Beck von Peccoz alle Wände mit emaillierten Werbeschildern aus früheren Zeiten dekoriert. Besichtigung zu den Öffnungszeiten des 3 / Schlossbräukellers (Mo 16–22 Uhr, Di–So 11–22 Uhr,

CHARAKTER

Sportlich ●●●●○
Abkühlung ●●○○○
Schlemmen ●●●○○
Panorama ●●●●○

‹ links / Auer Schloss

Tel. +49 8752 9822, Schloßbräugasse 2, 84072 Au in der Hallertau, www.schlossbraeukeller.de).

Drahtesel oder Pferdesattel?

Gegenüber dem Rathaus starten wir durch die Schlesische Straße zur Hochfeldstraße. Über die Richard-Strauß-Straße und Schießstattstraße gelangen wir zur Pfaffenhofer Straße. Wir biegen links ein und radeln gleich rechts auf der schmalen Straße Richtung Osseltshausen. Rechts im Haus wird Wanderreiten durch die Hallertau angeboten. 4 / Hopfenland Cowboy (Mo–So 9–19 Uhr, Tel. +49 171 8053276, Pfaffenhofener Str. 50, 84072 Au in der Hallertau, www.wanderreiten-hopfenlandcowboy.de). Vielleicht sollten wir das Sportgerät tauschen.

SPÄTSOMMER FÜR GENIESSER"

Zur Hopfenernte erwacht die Hallertau. Wenn wir durch die herrliche Landschaft des „Grünen Goldes" radeln, können wir am Deutschen Hopfenmuseum auftanken und E-Bike laden.

Brandkatastrophe in Eschelbach

Also mit dem Radfahren kenne ich mich aus und komme gewiss nach Osseltshausen. Vor dem Dorf strebt der Hopfen in die Höhe. Im Dorf nehmen wir auf der Terrasse des 5 / Holledauer Wirtshauses (So + Feiertags, 11.30–14 Uhr, Tel. +49 8752 7405, Schäfflerstr. 29a, 84072 Osseltshausen, www.holledauer-wirtshaus.de) Platz und genießen den Blick über die Hopfengärten. Der kurze Weg dorthin lohnt sich allemal. Sonst biegen wir aber bereits am Dorfanfang links ab und folgen der Talstraße über Gschwend nach Geroldshausen. Auf der Gschwendner Straße kommen wir zur Hauptstraße, biegen rechts ein und radeln durch das Dorf bis zum Abzweig zur Kirche. Den Kirchberg hoch zur Kirche St. Martin und hinunter an die Kreisstraße. Dort rechts einbiegen und gleich links auf den Fahrweg über Abeltshausen nach Kemnathen radeln. An der Wegkapelle schwenken wir links ein auf die Straße nach Eschelbach an der Ilm. Die Dorfstraße führt bis zur Turmstraße. Rechts oben erhebt sich die Brandkapelle.

➤ rechts / Braukessel

Gosseltshausen hieß mal Gozilhusa; hat aber nichts mit Godzilla zu tun

Die Turmstraße führt hinauf nach Schermbach. Dort schwenken wir links ein und radeln am Waldrand entlang über Edenthal auf den Schlickerberg. Dort stoßen wir auf den Hallertauer Lehrpfad. Auf Schautafeln wird die Hallertauer Kulturlandschaft beschrieben. An der Staatsstraße kurz nach links einbiegen und dann rechts zur Kompostieranlage. Dahinter fahren wir rechts hinab nach Gosseltshausen. Wir steuern auf die Pfarrkirche Mariä Heimsuchung zu. Die fantastischen Deckenfresken der Saalkirche und die prächtigen Altäre schauen wir uns einmal an.

Von der Geschichte des Hopfens

Vor der Bahnlinie halten wir uns links, am Bahnübergang rechts durch Sterzhausen bis zur Hofmarkstraße. Wir radeln nach rechts bis links der Fahrweg nach Niederlauterbach abzweigt. Er führt uns auf den Kastanienberg. Oben im Wald wird der Weg schmal und unbefestigt. Dann rollen wir zur Kreisstraße hin-

DIE HOPFEN-
LAND COWBOYS

Wir steigen in den Sattel und
probieren mal 4 / Wanderreiten aus
durch eine der schönsten Gegenden
Bayerns. Im Rhythmus der Pferde
lassen wir den Alltag hinter uns.

HIER WÄCHST
DAS BIER AM
WEGESRAND

unter und biegen rechts ein, Richtung Wolnzach. An der Staatsstraße kurz rechts einbiegen und hinter der Baumreihe links.
Von rechts kommt ein Fahrweg, dem wir zur Wegekreuzung
folgen. Nun rechts den Weg zur Straße Sieglberg in die Stadtmitte von Wolnzach zum 6 / Deutschen Hopfenmuseum (Di–So
10–17 Uhr, Tel. +49 8442 7574, Elsenheimerstraße 2, 85283
Wolnzach, www.hopfenmuseum.de, E-Bike-Ladestation). Im
Haus, das aussieht wie ein Hopfengarten, schauen wir uns die
wohl größte Spezialsammlung der Welt zum Thema „Hopfen"
an. Damit die Sache nicht zu trocken wird, gibt es im Museum
auch Bierseminare. Na dann Prost.

Sprung in kühle Nass

Am historischen Marktplatz erheben sich Rathaus und Pfarrkirche
St. Laurentius. Sie ist das Glanzstück von Wolnzach, 55 Meter lang
mit markanter Doppelkuppel auf dem 55 Meter hohen Turm. Wir
radeln mal weiter, die Schlossstraße hinunter an die Wolnzach zur
7 / Nepomuk Stub'n (Mi–Sa 18–22 Uhr, So 11–14 Uhr + 17.30–
22 Uhr, Tel. +49 8442 3223, Schloßstr. 15, 85283 Wolnzach, www.
nepomuk-stubn.de). Hinter dem Restaurant führt der Radweg an
der Wolnzach entlang zum 8 / Erlebnisbad (tgl. 9 – 19:30 Uhr,
Tel. +498442 916873, Hanslmühlweg 8, 85283 Wolnzach, www.
wolnzach.de/schwimm-erlebnisbad).

Es gab sie mal, die Hallertauer Bockerlbahn

Am Parkplatz biegen wir links ein zum Hanslmühlweg und radeln
zur Auenstraße. Rechts zur Preysingstraße und hinter der Autobahn erneut rechts zur Mühlfeldstraße. Wir biegen links ein und
radeln nach Jebertshausen. Hier fuhr einst die Hallertauer Bockerlbahn. Die ehemalige Bahntrasse ist jetzt ein Radweg. An der Auer-

---

TOURENINFO / Die Tour führt durch eine wunderschöne aber sehr hüge-
lige Landschaft mit oft wechselnden Straßen und Wegebeschaffenheiten.
Neben einer guten Kondition ist die Mitnahme einer Badehose von Vorteil.
E-Bike-Ladestation am 6 / Deutschen Hopfenmuseum.

bergstraße biegen wir rechts ab und gleich links auf den Bockerlbahn-Radweg. Der führt uns über Gebrontshausen nach Hüll zum
Hopfenforschungszentrum. An der „Busch-Farm" geht's rechts
auf der Kreisstraße zum Abzweig nach Hagertshausen. Nach dem
Weiler gelangen wir an ein asphaltiertes Sträßchen. Rechts geht's
nun nach Osterwaal und wir kehren dort im 9 / Wirtshaus Spitzer
(Do–So 11–23 Uhr, Tel. +49 8752 7455, Lohweg 10, 84072 Au in
der Hallertau, www.gasthaus-spitzer.de) ein. Zum Wirtshaus geht's
Richtung Kirche, in der scharfen Linkskurve rechts in den Lohweg.

Endspurt

Nächstes Dorf ist Enzelhausen. An der B 301 biegen wir links ein
und nach der Rechtskurve rechts auf die ehemalige Bahntrasse der
Bockerlbahn Richtung Au. Wo der Bockerlbahn-Radweg die Maria-
Eich-Straße in Au kreuzt, biegen wir rechts ab zur Straße Kloster-
berg. Rechts zur Kirche St. Vitus einbiegen und wir sind zurück am
1 / Marktplatz in Au i.d.Hallertau. Zum Abschluss kehren wir nochmal ein im Gasthaus Bergsteffl in der Bürgergasse neben dem Rathaus. Der urige Biergarten gehört zu den Top Ten in der Hallertau.
10 / Gasthaus Bergsteffl (Di–Sa 10–14 Uhr + ab 16.30 Uhr, So 10–
14 Uhr, + ab 17.30 Uhr, Tel. +49 8752 207, Bürgergasse 1, 84072
Au i.d.Hallertau).

HOPFEN-
BLÜTEN

Das 5 / Holledauer Wirtshaus
hat eine tolle Terrasse mit
super Aussicht auf die
Hopfengärten. Wir be-
suchen es im Frühjahr,
da finde ich es besonders
schön. Die ersten Wurzel-
triebe des Hopfens, der
Hopfenspargel, gelten als
regionale Delikatesse, die
es nur von Mitte März bis
Mitte April gibt.

﹀ oben / Hopfenpflanzen

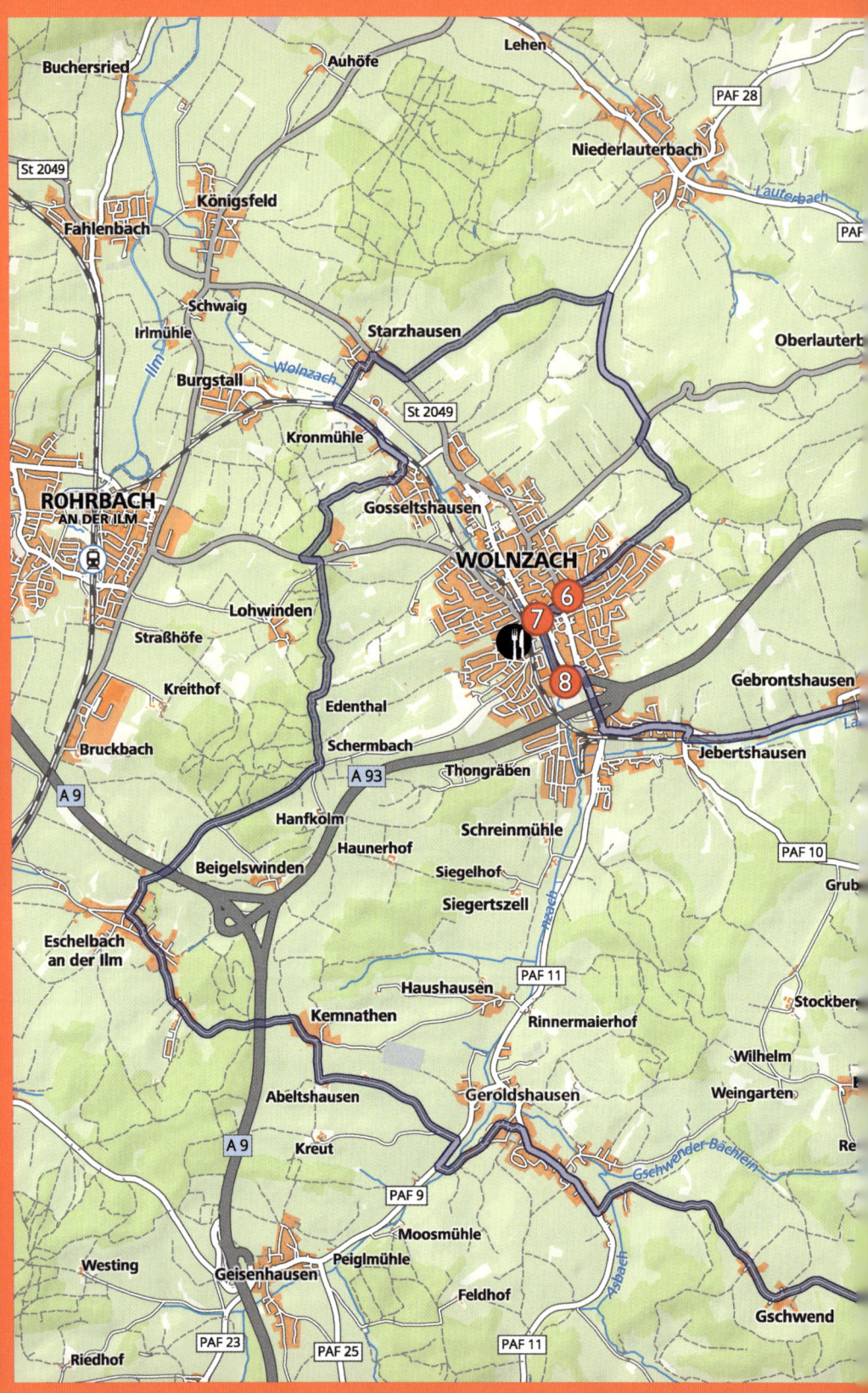

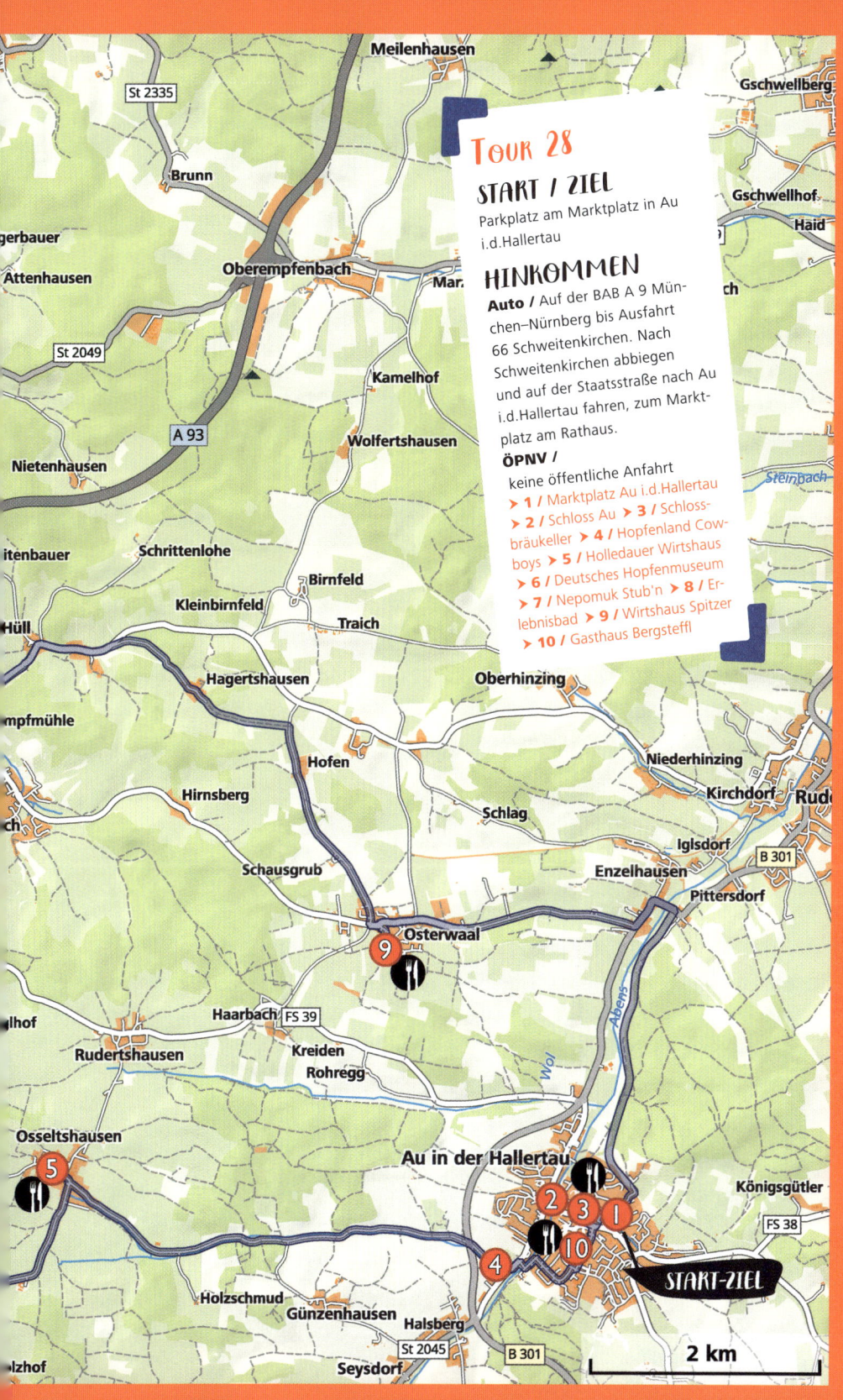

TOUR 28

START / ZIEL
Parkplatz am Marktplatz in Au i.d.Hallertau

HINKOMMEN
Auto / Auf der BAB A 9 München–Nürnberg bis Ausfahrt 66 Schweitenkirchen. Nach Schweitenkirchen abbiegen und auf der Staatsstraße nach Au i.d.Hallertau fahren, zum Marktplatz am Rathaus.

ÖPNV /
keine öffentliche Anfahrt
> **1 /** Marktplatz Au i.d.Hallertau
> **2 /** Schloss Au **> 3 /** Schloss-bräukeller **> 4 /** Hopfenland Cow-boys **> 5 /** Holledauer Wirtshaus
> **6 /** Deutsches Hopfenmuseum
> **7 /** Nepomuk Stub'n **> 8 /** Er-lebnisbad **> 9 /** Wirtshaus Spitzer
> **10 /** Gasthaus Bergsteffl

START-ZIEL

2 km

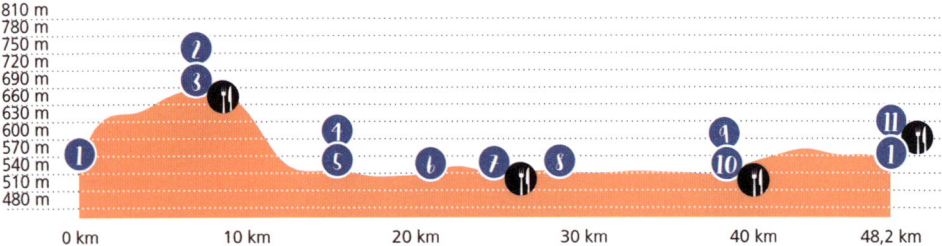

AUSSICHTEN

Die Drei-Seen-Tour führt mich zu den schönsten Aussichten hinunter auf die Seen und in die Berge, verbunden mit genialen Einkehrstopps.

➤ **1 /** Parkplatz unterhalb von Schloss Seefeld mit tollem Blick zum Schloss

➤ **2 /** Ich bin gern im Kloster Andechs auf dem „Heiligen Berg"

➤ **3 /** Den Alpenblick im Biergarten des Andechser Bräustüberl genießen

➤ **4 /** Die Kuriositäten im Kupfermuseum anschauen

➤ **5 /** In der Andechser Kaffeerösterei wird der Kaffee selbst geröstet

➤ **6 /** Kunst-Pavillon, das Schaufenster Dießener Künstler und Handwerker

➤ **7 /** Vor dem Restaurant Seehaus weht die Tricolore Français

➤ **8 /** Ein herrlicher Bauernpark umgibt das Künstlerhaus Gasteiger

➤ **9 /** Mit den nostalgischen Raddampfern der Bayerischen Seenschifffahrt fahren

➤ **10 /** Vom Seehaus Schreyegg das Anlegen der Raddampfer beobachten

➤ **11 /** Im Bräustüberl Schloss Seefeld den tollen Tag ausklingen lassen

NOSTALGIE AM AMMERSEE

Drei **Seen,** *ein* **Ziel:**
Schloss Seefeld von Ralf Enke

Start und gleich geht's 100 Meter hinauf zur Ebene über Pilsensee und Ammersee zum „Heiligen Berg" Andechs. Dort steil hinunter nach Aidenried und am Westufer des Ammersees entlang über Utting zum Hafen der Raddampfer in Stegen. Der Anstieg über den Stegener Berg führt uns nach Inning und über Bachern an den Wörthsee zurück an den Pilsensee.

Über dem Herrschinger Moos

Am 1 / Parkplatz unterhalb von Schloss Seefeld rüsten wir uns für den „day ride". Hier werden wir nach rund 48 Kilometern auch wieder zurück sein. Helm auf und los geht's Richtung Herrsching. Schon nach wenigen Metern führt die Tour steil bergauf nach Widdersberg, aber mit herrlichem Ausblick über den Pilsensee. Am Weiher fahren wir links zur Kirche. Der Dorfstraße folgen wir nach rechts und biegen dann nach Andechs ab. Hoch über dem Herrschinger Moos radeln wir zum „Heiligen Berg".

Der „Heilige Berg"

Wer Andechs sagt, meint das 2 / Kloster Andechs und die Wallfahrtskirche mit ihrem charakteris-

48 Kilometer
170 Höhenmeter
Rundtour

CHARAKTER

Sportlich ●●●●○
Abkühlung ●●○○○
Schlemmen ●●●●○
Panorama ●●●●○

◄ links / Andechs, „Heiliger Berg"

tischen Zwiebelturm. Wir fahren die Bergstraße hinauf. Gleich links erscheint der Klostergasthof Andechs und danach das 3 / Andechser Bräustüberl (Mo–Fr 11–20 Uhr, Sa + So 10–20 Uhr, Tel. +49 8152 376261, Bergstraße 2, 82346 Andechs, www.andechs.de/gastronomie/braeustueberl) mit großem Biergarten und E-Bike-Ladestation. Ich kehre gerne hier ein. Essen und Trinken hält zwar Leib und Seele zusammen, aber wir sollten doch einen Blick in die Wallfahrtskirche St. Nikolaus werfen. Der Innenraum ist überwältigend, ein Rokokojuwel bis ins Detail.

MUSKELN SPIELEN LASSEN

Unter uns der Ammersee, während wir auf den „Heiligen Berg" von Kloster Andechs zuradeln. Im Andechser Bräustüberl packen wir die Brotzeit aus und das E-Bike an die Ladestation.

Das „Rote Gold" von Fischen

Wir rollen ins Dorf Andechs hinunter. An der Herrschinger Straße wenden wir uns nach rechts, um dann in der scharfen Rechtskurve auf den schmalen Weg einzubiegen. Wir folgen ihm hinunter zum Wald nach Wartaweil an den Ammersee. Weiter geht's parallel zur Straße nach Aidenried. Rechter Hand erstrecken sich die Seewiesen. Links oberhalb erblicken wir die Kirche St. Pankratius in Mitterfischen. Gleich am Ortsanfang von Vorderfischen radeln wir auf das 4 / Kupfermuseum (Mi–Sa 10–16 Uhr, Tel. +498808 921721, Herrschinger Str. 1, 82396 Pähl, www.kupfermuseumfischen.de) im denkmalgeschützten Gutshof zu. Wir steigen ab und besichtigen die Kunstwerke. Siegfried Kuhnke hat Werke namhafter Künstler und Kuriositäten aus „Rotem Gold" zusammengetragen. Gleich daneben duftet es aus der 5 / Andechser Kaffeerösterei (Mo–Fr 10–18 Uhr, Sa 10–14 Uhr, Tel. +49 8808 9246104, Herrschinger Straße 1, 82396 Pähl-Fischen, www.andechser-kaffee-roesterei.de). Wir sind im Paradies der Bohnenbrüher.

Künstlerkolonie Dießen

Rechts geht's über die Ammer entlang der Staatsstraße nach Dießen. Das letzte Stück vor Dießen begleitet uns die Bahnlinie

---

➤ **rechts / Kupfermuseum**

entlang der Jägerallee bis an den Ammersee. Von der Jahnstraße geht's durch den Park zur Seestraße. Rechts liegt der Dampfersteg, links der Bahnhof und vor uns der 6 / Kunst Pavillon (April bis Oktober, tgl. 11–18 Uhr, www.diessener-kunst.de), das Schaufenster Dießener Künstler und Handwerker. Schöne Dinge sind dort ausgestellt.

Hier weht die Tricolore Français

Wir folgen noch ein Stück der Seestraße, radeln links über den Bahnübergang und rechts zur Lachener Straße. Sie bringt uns nach Lachen. An der Lachen-Birkenallee geht's hinunter zum Kloster St. Alban der Benediktinerinnen an den Ammersee. Am Seeweg-Süd biegen wir ein und radeln an der Bahnlinie entlang Richtung Riederau. Beim Campingplatz liegt das Seerestaurant St. Alban mit schöner Aussicht von der Terrasse auf den Ammersee. Kurz vor Riederau könnten wir überlegen, noch im 7 / Seehaus (Mi–So 12–22 Uhr, Tel. +49 88 07 7300, Seeweg-Süd 22, 86911 Dießen-Riederau, www.seehaus.de) einzukehren. Hier weht die französische Trikolore. Der Patron im Seehaus ist Monsieur Houillot. Jahrzehnte prägte der Bretone die feine, kreative Küche. Heute führt Florian Kiening den Kochlöffel mit asiatisch, indischen Einflüssen.

HIER GIBT
ES VIEL ZU
ENTDECKEN

Ein Münchner Künstler

Am Bahnhof Riederau bleiben wir auf der Seeseite und radeln nach Holzhausen. Ab hier heißt der Weg nach Utting Eduard-Thöny-Straße. Schon bald liegt rechts das Jugendstil-Museum im 8 / Künstlerhaus Gasteiger (Mo 10.30–13 Uhr, Di–So 10–17.30 Uhr, Tel. +49 8143 93040, Eduard-Thöny-Straße 43, 86919 Utting), einst Wohnsitz des Bildhauers Mathias Gasteiger inmitten eines herrlichen Bauernparks. Am Bahnhof Utting wenden wir uns zum Schiffsanleger und biegen links in die Seestraße zum Camping-platz ab. Dort im Freizeitgelände gibt es das Restaurant Pavillon am See. Mit Blick zum See steuern wir auf Schondorf zu. An der Kirche führt unser Weg zum Restaurant Seepost und der Anlege-steg in den See.

Die Juwelen des Ammersees

Hinterm Anlegesteg macht die Seestraße eine Linkskurve, nach der wir in den Weingartenweg rechts abbiegen. Er führt am Ufer entlang nach Eching. Am Ende des Waldes beginnt Eching. Wir ra-deln auf der Kaagangerstraße bis zum Kreisverkehr. Dort wenden wir uns nach rechts und fahren parallel zur Straße, biegen dann rechts nach Stegen ab zum Parkplatz am Hafen der 9 / Bayeri-schen Seenschifffahrt (Tel. +49 8143 94021, Landsberger Straße 81, 82266 Inning, www.seenschifffahrt.de). Hier liegen die Juwe-len des Ammersees vor Anker. Die Raddampfer Herrsching und Dießen mit stilvollem Ambiente versetzen wohl alle in die gute alte Zeit zurück. Hier starten die Rundfahrten über den See. Wir gönnen uns einen Einkehrstopp, entweder im Restaurant Fischer oder im 10 / Seehaus Schreyegg (tgl. 11.30–22 Uhr, Tel. +49 8143 992537, Landsberger Straße 78, 82266 Stegen, www.seehaus-schreyegg.com).

TOURENINFO / Sportlich geht's zu auf der Tour mit einer steilen Auffahrt und einer steilen Abfahrt auf Wegen und Sträßchen, die zum großen Teil asphaltiert sind. Die Badehose brauchen wir nur bedingt, denn die Tour ist super interessant und abwechslungsreich. E-Bike-Ladestation am 3 / Andechser Bräustüberl.

Zwei blaue Augen am Ammersee

Wir radeln nun über die Landsberger Straße nach Inning zur Kirche am Marktplatz. Rechts geht's zur Walchstadter Straße. Wir biegen links ein und rollen geradeaus hinunter an den Wörthsee nach Bachern. Unten angekommen wenden wir uns nach rechts in die Fischerstraße und radeln zur Liegewiese. Die Wörthseestraße führt um das Erholungsgebiet herum zum Campingplatz in Schlagenhofen. Wir radeln nach Hechendorf zur Unterführung beim Bahnhof und weiter entlang der Seefelder Straße nach Seefeld, das Schloss schon fest im Blick. Nochmal die Staatsstraße queren und der 1 / Parkplatz unterhalb von Schloss Seefeld liegt rechts. Rad abstellen und zum Endspurt die Treppe hinauf zum 11 / Bräustüberl Schloss Seefeld (tgl. 10–24 Uhr, Tel. +49 8152 99120, Schlosshof 4c, 82229 Seefeld, www.braeustueberl-seefeld.de) im Wirtschaftshof. Hier gibt es noch mehr zu entdecken. Künstler-Ateliers und exklusive Boutiquen mit einzigartigen Dingen laden zum Stöbern und Shoppen ein.

BOHNEN-BRÜHER

In der 5 / Andechser Kaffeerösterei werden Kaffeebohnen von kleinen, privaten Fincas, verteilt aus aller Herren Ländern der Welt zu köstlichem Kaffee aufbereitet. Hier gibt's auch eine super Bohnen-Beratung für einen eigenen perfekten Kaffeegenuss.

⌃ oben / Bräustüberl mit Terrasse, Schloss Seefeld

Painhofen Echin
LL 1
Gießübl

Schöffelding
Sixenried
A 96
LL 6
Windach
Greifenberg
Neugreifenberg
Aumühle

Schondorf
am Ammersee
S

Riedhof
Steinebach
Hechenwang

LSG
Windachtal

Dürrhansl

St 2346
St 2346
Achselschwang

Westerschondorf

St 2346
LL 6
Beim Wiesmann

UNTERFINNING

Utting
am Ammersee

Finning
OBERFINNING

Reichhof
LL 23

Entraching

Hofstetten
LL 23
LL 6

Hartmannshausen

Holzhausen
am Ammersee

8

Fuchshof Hängeberg

Rieden

Kittenalm

TOUR 29

START / ZIEL

Parkplatz unterhalb von Schloss
Seefeld in 82229 Seefeld

LL 3

Oberbeuern

Hübschenried

Riederau

7

HINKOMMEN

Auto / BAB A 96 München–Lin-
dau, Ausfahrt 31 Wörthsee. Nach
Weßling abbiegen, am Kreisverkehr Richtung Herrsching bis
nach Seefeld zum Parkplatz.
ÖPNV / S8 München–Herrsching
bis S-Bahnhof Seefeld-Hechen-
dorf. Von dort mit dem Rad 1,5
km bis zum Parkplatz.

Ummenhausen

Bierdorf
St 2055
LACHEN

Pitzeshofen
Tannenhof
St 2056
Römenthal

> **1 /** Parkplatz unterhalb von
Schloss Seefeld > **2 /** Kloster Andechs > **3 /** Andechser Bräustüberl
> **4 /** Kupfermuseum
> **5 /** Andechser Kaffeerösterei
> **6 /** Kunst Pavillon > **7 /** See-
haus > **8 /** Künstlerhaus Gasteiger
> **9 /** Bayerische Seenschifffahrt
> **10 /** Seehaus Schreyegg
> **11 /** Bräustüberl Schloss Seefeld

DIESSEN
AM
AMMERSEE
6

SCHACHTELHAUSEN
ST. GEORGEN
WENGEN

LL 5

St 2055
Abtsried

Ziegelstadl

LL 10

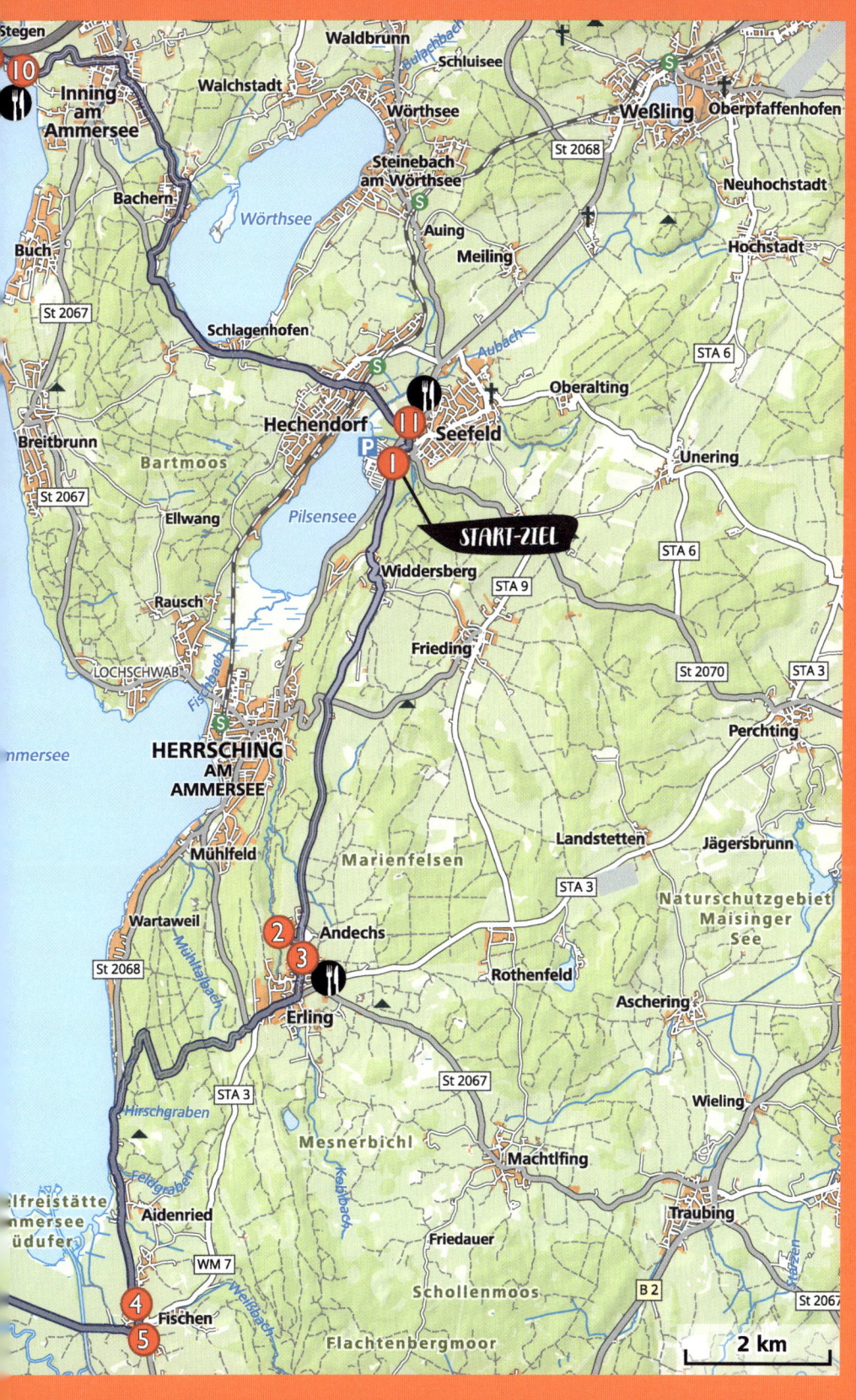

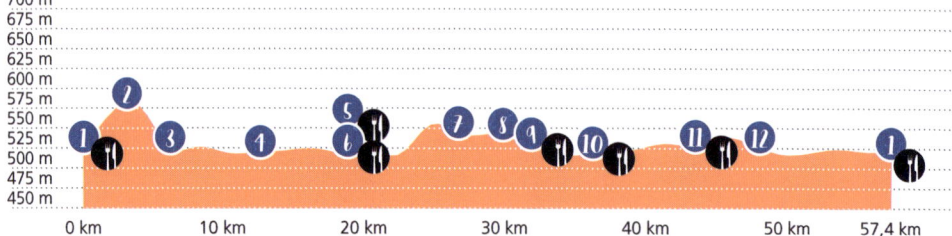

ZEITLOSER KLASSIKER

Der Chiemsee – für mich ist er der schönste See der Welt! Und der Chiemsee-Rundweg ist ein Radtourenklassiker. Einfach zeitlos. Für diese Tour habe ich ihn „neu erfunden".

> 1 / Unsere Tour startet und endet am Bahnhof Übersee

> 2 / Beeindruckende Kirche St. Peter und Paul, eine der ältesten des Chiemgaus

> 3 / Im Bayerischen Moor- und Torfmuseum über die Geschichte des Torfabbaus informieren

> 4 / Irschener Winkel: Einer von fünf Vogelbeobachtungstürmen direkt am See

> 5 / An der Uferpromenade Prien-Stock grüßt König Ludwig II. Touristen aus aller Welt

> 6 / Leckere Steckerl- und Räucherfische in der Fischhütte Reiter

> 7 / Wir halten an einem ehemaligen Römischen Gutshof

> 8 / Grundloser See: Mystischer Moorsee am Rande des Lienzinger Hochmoors

> 9 / Strandbad Gollenshausen: Kostenfreie Badestelle mit Restaurant und Imbiss nebenan

> 10 / Seebruck: Das römische Bedaium ist einer der schönsten Orte am See

> 11 / Chieming: Nach Seebruck der zweite große Ort, der einen Stopp lohnt

> 12 / Einzigartiger Ausblick vom Vogelbeobachtungsturm Hagenau auf das Mündungsdelta der Tiroler Achen

MOOR UND MEER

Die **besondere Runde**
um den **Chiemsee** von Sven Hähle

Der gut beschilderte Chiemsee-Radweg um das „Bayerische Meer" gehört zu den beliebtesten Biker-Zielen der Region. Die offizielle Tour lohnt sich sehr. Wir ändern sie dennoch ein wenig und besuchen ein paar Sehenswürdigkeiten im Chiemsee-Hinterland.

Aufwärmen: Auf den Westerbuchberg

Wir beginnen die Tagestour am 1 / Bahnhof Übersee. Auf der Bahnhofstraße fahren wir westwärts bis zum Kreisverkehr, den wir an der ersten Hauptausfahrt in die Dorfstraße verlassen. Wir radeln an einem kleinen Park vorbei, queren den Überseer Bach und biegen rechts ab zur neogotischen Pfarrkirche St. Nikolaus. An der T-Kreuzung beim Gasthaus Hinterwirt biegen wir links ab – und befinden uns jetzt auf dem Chiemsee-Radweg, der uns an der nächsten Kreuzung rechts in die Horlacher Straße leitet. Etwa 700 m nach dieser Kreuzung, ungefähr auf Höhe der Sportplätze, schwenkt der Chiemsee-Radweg südwestwärts und führt nördlich um den Westerbuchberg herum. Achtung: Wir fahren südwärts weiter (Horlacher Straße, Hadergasse). Es geht bergan. Nach zwei kurzen Waldpassagen halten wir uns beim

57 Kilometer
150 Höhenmeter
Rundtour

CHARAKTER
Sportlich ●●●○○
Abkühlung ●●●●●
Schlemmen ●●●●○
Panorama ●●●●●

◄ links / Unterwegs auf dem gepflegten Chiemsee-Rundweg bei Übersee

Hof Westerbuchberg 41 scharf rechts und strampeln hinauf zur 2 / Kirche St. Peter und Paul. Das sehenswerte Gotteshaus gehört zu den ältesten des Chiemgaus. Die Tuffsteinmauern des Langhauses stammen noch aus romanischer Zeit, der Kirchenraum ist gotisch und überrascht mit schönen Fresken.

Moor und Meer gehören zusammen

Wir radeln auf breitem Weg weiter westwärts, bald leicht bergab, und treffen in einer steilen Kurve auf den Chiemsee-Radweg, der von rechts heraufkommt. Wir folgen ihm aber geradeaus, lassen den Westerbuchberg hinter uns und düsen schnurgerade entlang eines Entwässerungsgrabens durch das Verlandungsgebiet des Chiemsees.

So kommen wir zum 3 / Bayerischen Moor- und Torfmuseum (Mai–Okt. Sa, So 11–16 Uhr, 30.6.–29.9. zusätzl. Mi, Feldbahnfahrten 12–15 Uhr zur vollen Std., www.museum-torfbahnhof.de). Vom Torfbahnhof folgen wir weiter dem gut beschilderten Chiemsee-Radweg, zunächst an der Eisenbahnstrecke München–Salzburg entlang, dann nordwärts und am Rande des Bernauer Ortsteils Eichet vorbei. Nach Unterquerung der A8 erreichen wir den Chiemseepark Felden mit Badestelle und den 4 / Beobachtungsturm Irschener Winkel.

BEI DEN RÖMERN

Wer den Chiemsee mit dem E-Bike umrundet: Am Weinlokal Taverna in Bedaium, wie Seebruck bei den Römern hieß, gibt es Schuko-Dosen.

Am Ostufer des Bayerischen Meeres

Auf dem Chiemsee-Radweg kommen wir um den Irschener Winkel herum und immer am Westufer des Sees entlang. Vom Biberspitz (Campingplatz Harras) bis Prien-Stock verläuft der Radweg auf einer Straße. Dieser ziemlich unattraktive Abschnitt lässt sich nicht gut umgehen. Umso interessanter ist es, anschließend etwas Zeit an der belebten 5 / Uferpromenade Prien-Stock zu verbringen. Allerdings müssen die Fahrräder geschoben werden: Der Bereich

> ➤ rechts / Bike unter Booten: Wir parken am Hafen Seebruck und schauen uns in Ruhe um

um den Schiffsanleger und der kleine Park auf der Landzunge sind Fußgängerzonen. Das nebenan gelegene Freizeitbad Prienavera ist Hallen- und Strandbad zugleich (www.prienavera.de). In Osternach teilt sich der Chiemsee-Radweg in zwei Varianten. Schöner ist die östliche, die näher am See entlangführt. An dieser Route liegen das Fischrestaurant Winklfischer und die empfehlenswerte 6 / Fisch-hütte Reiter (www.chiemseefischerei.de/michael-reiter). Gestärkt radelst du auf dem Chiemsee-Radweg zur Prien-Mündung und halb um die Schafwaschener Bucht herum.

Durchs Hinterland zum mystischen Moorsee
Am Yachthafen Aiterbach fährst du nicht auf den Uferweg, sondern bleibst auf dem Straßenradweg Naturpalette Chiemsee. Beim See-café Toni in Hochstätt verlassen wir den Chiemsee-Radweg (s. auch Tour 12). Wir biegen links ab zur St.-Koloman-Kapelle (Radweg Richtung Eggstätt), an der wir geradeaus in den Wald hineinfahren. Der „Naturweg" trifft auf eine Straße: Wir lenken rechts und etwa 150 Meter weiter wieder rechts Richtung Kitzing. In Oberkitzing folgen wir dem Radwegweiser „Eggstätt 4,6 km". Wir stoppen beim ehemaligen 7 / Römischen Gutshof in Unterkitzing und informieren

SCHAFE
WASCHEN!

Wie ein kleiner See hängt sie am
großen Chiemsee dran – die Schafwaschener Bucht im Nordwesten.
Ihren Namen bekam sie tatsächlich,
weil zu früheren Zeiten Schafe ins
Wasser getrieben wurden, um ihr
Fell vor der Schur zu waschen.

uns zur Geschichte, bevor wir der Naturpalette Chiemsee Richtung Mooshappen folgen. Nach einer kurzen Waldpassage auf einem Schotterweg erreichen wir eine markante Kreuzung von fünf Wegen bei einer Pferdekoppel. Dort folgen wir weiter dem Weg Naturpalette Chiemsee Richtung Nordosten entlang eines Grabens. Achtung: „Naturpalette-Wege" sind auch in andere Richtungen beschildert. Nordostwärts geht es durch Teile des Niedermoors Lienzinger Moos zum Hochmoor Lienzinger Filz. Am Rande des Filzes liegt der mystische 8 / Grundlose See. Früher glaubten die Menschen, der See sei unendlich tief. Das rührt vermutlich daher, dass man im Hochmoor keinen Untergrund „spüren" kann und dazumal Ängste bestanden, vom Moor „verschluckt" zu werden. Das Lienzinger Filz steht wie alle bayerischen Hochmoore unter Naturschutz – hilf bitte mit, dass das kleine Paradies erhalten bleibt! An der Kreuzung nordöstlich vom Grundlosen See fahren wir rechts. Naturpalette Chiemsee und Via Julia leiten uns über Lienzing zum 9 / Strandbad Gollenshausen (kein Eintritt, Liegewiese und Holzplattformen zum Liegen, Restaurant/Imbiss).

Einfache Orientierung dank Chiemsee-Radweg

Ab Gollenshausen bleiben wir bis beinah zum Schluss auf dem offiziellen Chiemsee-Radweg und folgen seiner sehr guten Beschilderung. Erst am Ortsrand von Feldwies, etwa 2 km vor Tourende, verlassen wir ihn: Hinter der Pension Schwaiger (Haus Laxganer) biegen wir scharf links in die Moosener Straße, der wir südwärts bis zur Bahnhofstraße folgen, die uns nach rechts zum 1 / Bahnhof Übersee bringt.

Highlights ab Gollenshausen

Entlang des Chiemsee-Radwegs von Gollenshausen bis Feldwies gibt es viel zu entdecken. In 10 / Seebruck lohnt ein kurzer Abstecher in den Kurpark mit einem Beobachtungsturm. Der Zugang

---

TOURENINFO / Eine bequeme Rundtour auf sehr guten Wegen. Aufgrund ihrer Länge eher nichts für Kinder. Den Chiemsee-Rundweg teilst du dir meist mit Fußgängern – gegenseitige Rücksichtnahme ist oberstes Gebot. Badesachen sind natürlich ein Muss!

befindet sich bei der Ausgrabung einer Römischen Darre. Im Römermuseum (www.roemer museum-bedaium.byseum.de) erfahren wir mehr über die Geschichte von Bedaium. Auf der Seebrucker Halbinsel mit Yachthafen können wir am Strandbad in den See springen (Mai–Sept. 9–22 Uhr, Eintrittsgebühr). Rund 4,7 km nach der Alzbrücke entdecken wir das sehenswerte gotische Kirchlein St. Johann Baptist zu Stöttham. Der Friedhof geht auf einen Pestacker aus dem 14. Jh. zurück, als beinah die gesamte Bevölkerung des Dorfes Stöttham an der Seuche verstarb. Nach weiteren 2,3 km erreichen wir dann 11 / Chieming, wo wir die ländlichere Variante des zweigeteilten Chiemsee-Radwegs bevorzugen. Die Strecke am See folgt der viel befahrenen Straße. Auf jeden Fall lohnt ein Abstecher zum Schiffsanleger. Dort kann man auf Ruhebänken und Kiesbänken gleichermaßen relaxen und die Füße ins Wasser stecken. Wer schwimmen will, geht ins Strandbad südlich vom Schiffsanleger (Mai–Ende der bayer. Sommerferien 9–19 Uhr, Eintrittsgebühr, www.strandbad-chieming.de). Schließlich lohnt sich bei Kilometer 48 unserer Rundfahrt ein Blick vom 12 / Vogelbeobachtungsturm Hagenau. So erhaschen wir einen Eindruck vom Mündungsdelta der Tiroler Achen, an dessen Rändern wir auf der letzten Etappe südwärts radeln.

75

Meter lang ist der Spiegelsaal im Schloss Herrenchiemsee. König Ludwig II. ließ ihn in Anlehnung an den Spiegelsaal des Schlosses Versailles bauen, jedoch um zwei Meter verlängern, um Bayerns Macht eindrucksvoll zu demonstrieren. Von 5 / Prien und Gstadt verkehren regelmäßig Schiffe zur Herreninsel mit dem Königsschloss.

⌃ oben / Der Grundlose See lädt zum Verweilen ein

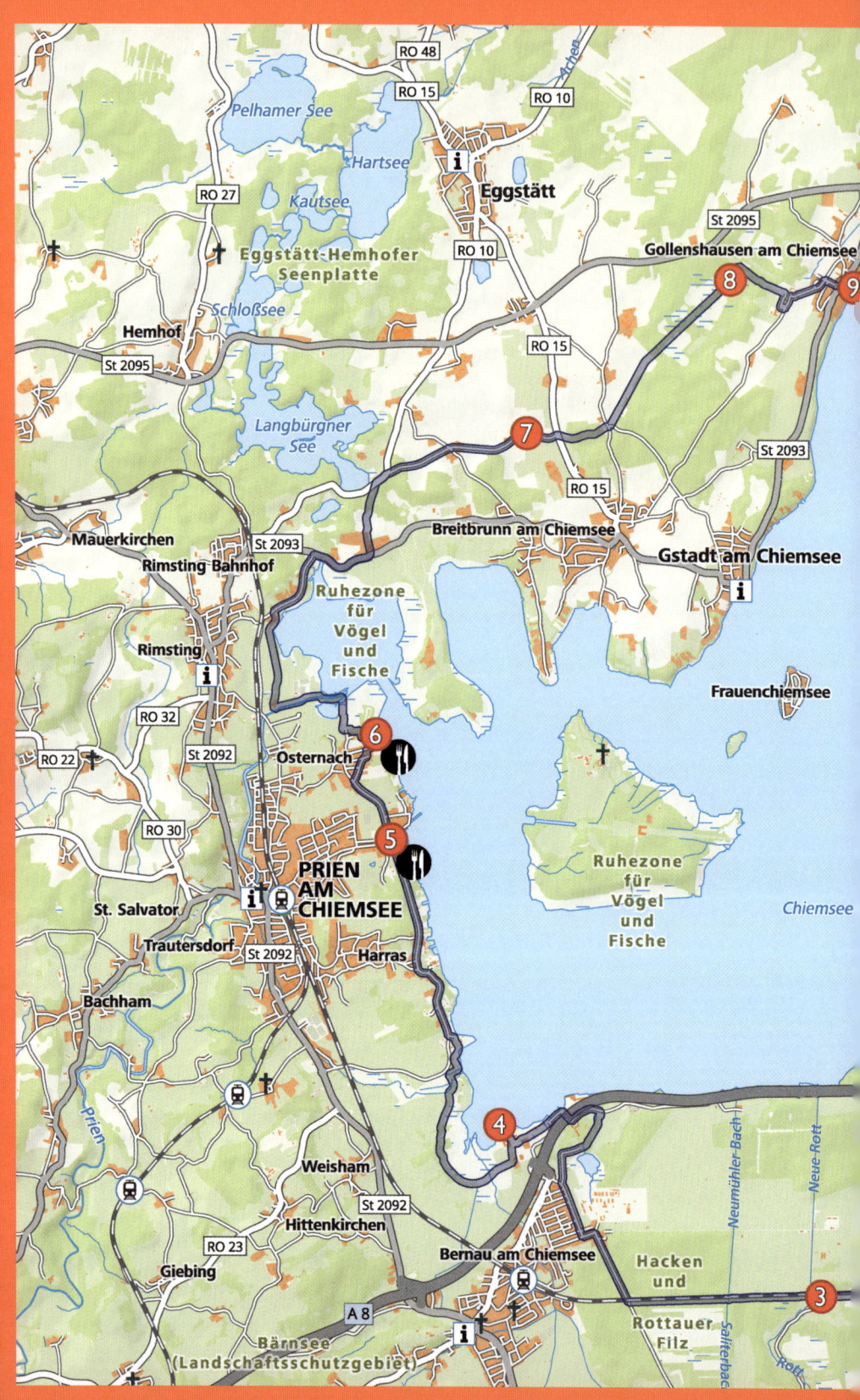

Seebruck

Ruhezone für Vögel und Fische

Hart

Ising

TS 11

TS 47

St 2096

Sondermoning

TS 46

Egerer
Stöttham

Lohbach

St 2095

Chieming

St 2095

Pfaffing

Krebsbach

St 2096

TS 3

Marwang

Mündung
der
Tiroler
Achen

Grabenstätt

Ruhezone
für
Vögel
und
Fische

TS 45

Tiroler-Achen

Rottgraben

St 2096

TS 3

Feldwies

Winkl

A 8

Altrach

START-ZIEL

Alte Rott

TS 45

Übersee

Sossauer-Kanal

Sossauer
Filz
und
Wildmoos

Weiße Achen

Bergener
Moos

St 2096

TS 45

Ilmühlfilzen

2 km

TOUR 30

START / ZIEL
Bahnhof Übersee

HINKOMMEN
Auto / Gebührenpflichtiger
Park & Ride Parkplatz am Bahnhof, Bahnhofstraße 30, 83236
Übersee
ÖPNV / stündlich Regionalzüge
von/nach München und Salzburg,
ab und an Fernzughalte
➤ **1 /** Bahnhof Übersee
➤ **2 /** Kirche St. Peter und Paul
➤ **3 /** Bayerisches Moor- und
Torfmuseum ➤ **4 /** Beobachtungsturm Irschener Winkel
➤ **5 /** Uferpromenade Prien-Stock
➤ **6 /** Fischhütte Reiter ➤ **7 /** Römischer Gutshof ➤ **8 /** Grundloser See ➤ **9 /** Strandbad
Gollenshausen ➤ **10 /** Seebruck
➤ **11 /** Chieming ➤ **12 /** Vogelbeobachtungsturm Hagenau

PACKLISTE

GRUNDAUSSTATTUNG

- Fahrradhelm
- Radkleidung
- Radhandschuhe
- Radbrille
- Trinkflasche
- Fahrradschloss
- Handy
- Karte/Navigationsgerät
- Fahrradlicht, Ersatzakku/-batterie
- Erste-Hilfe-Set

TAGESTOUR

Regenkleidung
Wechselkleidung
Reparaturset:
Ersatzschlauch, Werkzeug
Luftpumpe
Packtaschen klein
Verpflegung: Snacks,
genügend Wasser
evtl. wasserdichte
Handyhülle

MIT ÜBER-NACHTUNG

- [ ] Zahnbürste
- [ ] Waschbeutel
- [ ] Packtaschen groß
- [ ] evtl. Zelt
- [ ] evtl. Schlafsack
- [ ] evtl. Kompass
- [ ] Handyladegerät

REISE-APOTHEKE

- [ ] (Blasen-) Pflaster
- [ ] Mückenschutz
- [ ] Sonnenschutz
- [ ] After Sun Creme
- [ ] Zeckenkarte
- [ ] Erste Hilfe Paket

RADCHECK

findest du auf
der nächsten Seite

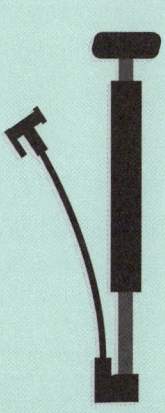

RADCHECK

AM BESTEN nimmst du dein Fahrrad vor jeder Tour unter die Lupe, zumindest aber beim Frühjahrsputz. Darüber hinaus ist ein regelmäßiger Service bei Profis zu empfehlen.

EINFACH ERKLÄRT MIT PROFI-TIPPS

✓ Picobello: Reinigung des Fahrrads

Ein sauberes Fahrrad lebt länger und dir fallen beim Putzen Defekte auf. Daher ran an den Schwamm und die milde Seife oder den Fahrradreiniger und losgelegt! Wenn das Fahrrad getrocknet ist, mit einem sauberen Lappen Wasserränder wegpolieren. Handarbeit ist angesagt – ein Hochdruckreiniger ist tabu, da er auch Fett und Öl entfernt und Wasser in empfindliche Teile eindringen kann.

Tipp: Für verwinkelte Teile ist eine alte Zahnbürste praktisch.

✓ Pralle Geschichte: die Reifen

Um grob den Reifendruck zu überprüfen, mach die Daumenprobe: Lässt sich der Reifen mehr als 1 cm eindrücken, musst du pumpen. Angaben zu Mindest- und Maximaldruck findest du auf der Reifenflanke. Für wenig Rollwiderstand auf befestigten Straßen orientiere dich an der oberen Grenze, wenn du auf unbefestigten Wegen unterwegs bist, an der unteren. Je schmaler der Reifen und je höher das Gesamtgewicht, desto mehr Luftdruck ist nötig. Am einfachsten lassen sich die Reifen mit einer Standpumpe mit Druckmesser aufpumpen.

Tipp: Fahrradgeschäfte bieten manchmal vor Ort gratis Pumpen zum Selbermessen und -aufpumpen an.

Nimm auch das Reifenprofil unter die Lupe: Entferne eventuelle Steinchen oder Scherben und halte nach Rissen oder Schnitten Ausschau. Wenn das Profil zu brüchig oder stark abgefahren ist, brauchst du einen neuen Mantel.

✓ Läuft wie geschmiert: Kette reinigen und ölen

Fürs Reinigen zuerst mit einem trockenen Tuch Kette von altem Fett und Schmutz befreien, indem du am Pedal drehst und so die Kette durch das Tuch ziehst. Den feinen Zwischenräumen kannst du wieder mit der Zahnbürste zu Leibe rücken. Danach Kettenöl, am besten biologisch abbaubares, auftragen, indem du es hinten auf die Kette träufelst, während du sie mit dem Pedal durchdrehst. Kurz einwirken lassen, dann mit einem Lappen das überschüssige Öl von der Kette abziehen.

Tipp: Hast du eine Kettenschaltung, schalte einmal alle Gänge durch, damit sich das Öl auf allen Zahnrädern verteilt.

Eine gut geölte Kette und der richtige Reifendruck machen außerdem ein E-Bike leichtgängiger, was die Akku-Reichweite erhöht.

 Schraube locker?

Prüfe regelmäßig die Schraubverbindungen der Steuerung (Lenker, Vorbau und Steuersatz), Laufräder, Pedale, Sattelklemmen und Anbauteile wie Schutzbleche und Gepäckträger.

Tipp: Legst du selbst Hand an, ist ein Drehmomentschlüssel am besten, damit du die Schrauben entsprechend den Drehmomentangaben für dein Fahrrad nachziehen kannst.

 Nichts kann dich stoppen, außer: die Bremsen

Prüfe, ob vordere und hintere Bremse einen gleichmäßig starken Druckpunkt haben. Öffne und schließe die Bremsen auch im Stand. Wenn bei hydraulischen Bremsen mehrmaliges Pumpen für einen soliden Druckpunkt erforderlich ist oder sich der Hebel bis zum Lenker durchziehen lässt, muss das System entlüftet werden. Wenn bei mechanischen Felgenbremsen die Bremsarme nicht gleichmäßig arbeiten, einstellen (lassen). Sind die Verschleißindikatoren auf den Bremsbelägen, kleine Rillen im Gummi, verschwunden, müssen die Beläge getauscht werden. Den Verschleiß von Scheibenbremsen kannst du bei relativ neuen Belägen mit einer Taschenlampe von oben durch den Schlitz im Sattel prüfen. Bei älteren und dünneren Belägen müssen die Räder zur Sichtprüfung ausgebaut werden.

Tipp: Gegen Verschmutzung und Korrosion der Bremszüge bei mechanischen Bremsen hilft ein Spritzer Teflonspray in die Enden der Außenhüllen. So gleiten die Kabel besser in ihrer Hülle.

 Damit dir ein Licht aufgeht: die Beleuchtung

Weil's am Abend auch schon mal später werden kann und du auch am Rückweg sichtbar sein möchtest: Sind Lichter und Reflektoren vorhanden und funktionieren sie?

 Für alle mit extra Antriebskraft: Akku & Motor

Bei längerer Nichtnutzung, zum Beispiel in der Winterpause, achte darauf, dass sich der Akku nie tiefentlädt. Korrosionsspuren bei den Steckverbindungen kannst du mit einem speziellen Kontaktspray entfernen. Fallen dir Schäden am Motorgehäuse auf, am besten schnell in eine Fachwerkstatt.

Los geht's!

© KOMPASS-Karten GmbH
Karl-Kapferer-Straße 5
A-6020 Innsbruck
www.kompass.de

IMPRESSUM

1. Auflage 2024 (24.01)
Verlagsnummer 3832
ISBN 978-3-99154-048-9

Texte nach Autor:in und Tour: Nicole Raukamp: 1; Kay Tschersich: 2, 3, 4, 19, 20; Raphaela Moczynski: 5, 7; Ralf Enke: 6, 10, 24, 27, 28, 29; Juliane Schumacher: 8, 9; Heinz Wüppen: 11; Ulrich Gerbing: 12; Susanne Münch: 13, 15; Elisabeth Odendahl: 14, 14,5, 17; Bernd Schadowski / Radreiseglück: 16; Maria Strobl: 18, 23; Maria Hager: 21, 22; Kai Glinka: 25; Sarah Bioly: 26; Sven Hähle: 30;

Titelfoto: Wochenendausflug mit dem e-Bike von © Brigitte – stock.adobe.com

Bildnachweis nach Autor:in und Seite:
AdobeStock: © Uwe – stock.adobe.com: 2, 8, 254; © modernmovie – stock.adobe.com: 16; © crimson – stock.adobe.com: 21; © Bergringfoto – stock.adobe.com: 24; © alaska-Tom – stock.adobe.com: 27; © helmut Schmidt – stock.adobe.com: 32; © Daniel Froehlich – stock.adobe.com: 40; © Mike Meyer – stock.adobe.com: 43; © Gabriele Rohde – stock.adobe.com: 48; © Comofoto – stock.adobe.com: 56; © Ana Gram – stock.adobe.com: 59; © kentauros – stock.adobe.com: 61; © R.-Andreas Klein – stock.adobe.com: 85; © famousonedesign – stock.adobe.com: 109; ©festfotodesign – stock.adobe.com: 112; ©Volker – stock.adobe.com: 115; ©hanseat – stock.adobe.com: 117; © JFsPic – stock.adobe.com: 119; © Sina Ettmer – stock.adobe.com: 125, 146, 186; ©travelview – stock.adobe.com: 138, © Alice_D – stock.adobe.com: 141; © EKH-Pictures – stock.adobe.com: 143, 175; © Janet Worg – stock.adobe.com: 149; © fotograupner – stock.adobe.com: 162; © Animaflora PicsStock – stock.adobe.com: 189; © Uwe Graf – stock.adobe.com: 191; © GezaKurkaPhotos – stock.adobe.com: 194; © TellyVision – stock.adobe.com: 197; © thomas_pics – stock.adobe.com: 215; © 9parusnikov – stock.adobe.com: 229; © Monika Wisniewska – stock.adobe.com: 237; © Sylvia Bentele – stock.adobe.com: 242;

pixabay.com: © olleaugust: 45; © axelmellin: 151;

Nicole Raukamp: 11, 13; Kay Tschersich: 19, 29, 35, 37, 154 – 159, 165, 167; Tanja A. Mehl: 51; had-foto@gmx.de: 53, Tomas Riehle/Arturimages: 122; Juliane Schumacher: 64 – 77; Claudia Ix: 93; Nikolai Wystrychowski: 96 – 101; Susanne Münch: 104, 107, 127; Blickfang: 80; Berggasthaus Niedersachsen: 83; Heinz Wüppen: 88, 91; Bernd Schadowski / Radreiseglück: 130 – 135; Maria Hager: 170; Stadt- und Burgmuseum Eppstein: 173; Stadt Usingen: 178 – 183; © lettas: 199; Kai Glinka: 202 – 207; Sarah Bioly: 210, 213; Bayernbike: 218, 223; Touristinfo Waldkirchen: 221; Landratsamt Freising: 226, bild-gestalten: 231; Ralf Enke: 234; Stiftung Kupfermuseum: 237; Bräustüberl Schloss Seefeld: 239; Sven Hähle: 245, 247;

Gestaltung / Illustration – Composing / Agenten und Freunde Iris Streck München
Illustrationen: AdobeStock: © Azar– stock.adobe.com, © askaja– stock.adobe.com, © mtmmarek– stock.adobe.com, © svetazi– stock.adobe.com, © val_iva– stock.adobe.com; creativmarket: © amber&ink, © NassyArt, © mchlskhrv– stock.adobe.com
Miniaturen auf Karten: © val_iva – stock.adobe.com (Schilfgras, Vögel, Schilf), © LiaRey – stock.adobe.com (Torte)
Grafische Herstellung: KOMPASS-Karten
Karten: © KOMPASS-Karten GmbH unter Verwendung OpenStreetMap Contributors (www.openstreetmap.org)

Alle Angaben und Tourenbeschreibungen wurden nach bestem Wissen gemäß unserer derzeitigen Informationslage gemacht. Die Radtouren wurden sehr sorgfältig ausgewählt und beschrieben, Schwierigkeiten werden im Text kurz angegeben. Es können jedoch Änderungen an Wegen und im aktuellen Naturzustand eintreten. Radfahrer und alle Kartenbenützer müssen darauf achten, dass aufgrund ständiger Veränderungen die Wegzustände bezüglich Befahrbarkeit sich nicht mit den Angaben in der Karte decken müssen. Bei der großen Fülle des bearbeiteten Materials sind daher vereinzelte Fehler und Unstimmigkeiten nicht vermeidbar. Die Verwendung dieses Führers erfolgt ausschließlich auf eigenes Risiko und auf eigene Gefahr, somit eigenverantwortlich. Eine Haftung für etwaige Unfälle oder Schäden jeder Art wird daher nicht übernommen.

Wir aktualisieren unsere Karten und Touren in regelmäßigen Abständen. Dies kann unter Umständen dazu führen, dass sich die Inhalte der digitalen Version eines freigeschalteten Wander- oder Fahrradführers bzw. einer Karte, von dem erworbenen Printprodukt unterscheiden. Diese Aktualisierungen sind aus rechtlichen oder sicherheitsrelevanten Gründen erforderlich und ein kostenloser Service mit Mehrwert für alle Nutzer.

Für Berichtigungen und Verbesserungsvorschläge ist die Redaktion stets dankbar:
www.kompass.de/service/kontakt

MIX
Papier | Fördert
gute Waldnutzung
FSC® C106600
FSC
www.fsc.org

BIKE-BUCKETLIST DEUTSCHLAND

DIE SKYLINE VON STRAL-SUND BEWUNDERN

Das Ozeaneum prägt die Skyline von Stralsund. Es beeindruckt mit einer modernen Architektur. Ein Besuch des Museums lohnt sich!

Tour 3 // **Seite 24**

TOUR 18

ABKÜHLUNG & ABENTEUER

Die Werra bietet sich super zum Raften und Kayaken an. Wieso also nicht einen Tag länger in der Gegend verbringen und an einem heißen Sommertag im Boot den Fluss entern?

Tour 18 // **Seite 146**

DURCH HÜGELIGES HOPFENLAND

Von Ende Juli bis in den September, wenn die Hopfenreben meterhoch in den Himmel ragen, stehen die Hopfengärten in voller Pracht. An diesen Tagen lockt eine Tagestour durch das sehr hügelige Hopfenland Hallertau.

Tour 28 // **Seite 226**

INDUSTRIEDENKMAL WASSERWERK

Auf der künstlich angelegten Elbinsel Kaltehofe wurde knapp 100 Jahre lang in einer „Langsamsandfiltrationsanlage" aus dem Fluss Trinkwasser für die Hamburger Bevölkerung gewonnen. Heute ist das ehemalige Wasserwerk ein Mix aus Industriedenkmal, Museum, Naturlehrpfad und Café. **Tour 5** // **Seite 40**

DIE LÄNGSTE THEKE DER WELT

Seinen Durst kann man in Düsseldorf in der „Längsten Theke der Welt" stillen. Gemeint ist damit die Düsseldorfer Altstadt mit der Vielzahl an Bars, Restaurants und Brauereien.

Tour 13 // **Seite 104**

STRANDGEFÜHLE AM BAGGERSEE

Am Lago Laprello die Füße in den Sand graben und die eigenen sowie die E-Bike Akkus aufladen. Holidayfeelings garantiert.

Tour 16 // **Seite 130**